التخطيط الإستراتيجي

الأستاذ الدكتور

هوشيار معروف

دار وائل للنشر

الطبعة الأولى

2009

رقم الايداع لدى دائرة المكتبة الوطنية : (2008/12/4239)

معروف ، هوشيار

التخطيط الاستراتيجي / هوشيار معروف. – عمان: دار وائل للنشر 2008

(314) ص

ر.إ. : (2008/12/4239)

الواصفات: التخطيط الاقتصادي / التنمية الاقتصادية / التنمية الاجتماعية

* تم إعداد بيانات الفهرسة والتصنيف الأولية من قبل دائرة المكتبة الوطنية

****

رقم التصنيف العشري / ديوي : 338.9

ISBN 978-9957-11-789-4 (ردمك)

* التخطيط الاستراتيجي

* الأستاذ الدكتور هوشيار معروف

* الطبعـة الأولى 2009

دار وائــل للنشر والتوزيع

* الأردن – عمان – شارع الجمعية العلمية الملكية – مبنى الجامعة الاردنية الاستثماري رقم (2) الطابق الثاني

هـاتف : 00962-6-5338410 – فاكس : 00962-6-5331661 – ص. ب (1615 – الجبيهة)

* الأردن – عمـان – وسـط البلد – مجمـع الفحيص التجـاري- هـاتف: 00962-6-4627627

www.darwael.com

E-Mail: Wael@Darwael.Com

بسم الله الرحمن الرحيم

صدق الله العظيم

إهــداء

الى ......

أخــــي

دلشــــاد

وفـــاءً

الفهرس

الموضوع	الصفحة

المقدمـــــة

شهد العالم خلال القرن العشرين صراعاً طويلاً إستمر لإكثر من سبعة عقود بين نظامين إقتصاديين متعارضين، أحدهما - فرض النماذج التنموية الجاهزة من قمة السلطة السياسية والآخر - ترك عمليات النمو والتنمية للمبادرات الفردية المعتمدة على آليات السوق وقوى المساومة النسبية في ظل المنافسة الإحتكارية Monopolistic Competition (أو ما يعرف أيضاً منذ ثلاثينات القرن العشرين بالمنافسة غير الكاملة Imperfect Competition).

وفي خضم هذا الصراع والإحتكاك الفلسفي بين النظامين، ظهرت منذ نهاية ستينات القرن العشرين سياسات إصلاحية معينة في الإتحاد السوفييتي السابق ودول أوروبا الشرقية بشكل عام وذلك بالسماح ولمجالات محدودة فقط بالتملك الفردي لرأس المال والأرض وبالمبادرة الإستثمارية خاصة في الإنتاج والتبادل.

وقد توجّت هذه السياسات الإصلاحية بإنهيار تام لنظام وفلسفة الاقتصاد الشمولي، فتحولت إقتصادات الدول المعنية ومنذ بداية التسعينات وبتسارع قياسي نحو إقتصادات السوق. وفي نفس الفترة إندفعت الصين نحو تبني نظام إشتراكية السوق الذي دعا اليه في ثلاثينات القرن العشرين كل من M.Kaletsky و O.Lang.

وبالمقابل برزت تجارب للتخطيط التأشيري في بلدان إقتصادات السوق الرأسمالية. ويعود البعض من هذه التجارب الى فترات بعيدة سابقة مثل اليابان التي بدأت ممارساتها التخطيطية منذ سبعينات القرن التاسع عشر[1] والمملكة المتحدة التي أسست في العام 1943 وزارة تخطيط المدن والقرى ومن ثم شكّلت في العام 1992 مجلس لمقاطعات ويلز لإعداد الخطط الإقليمية.[2] وفرنسا التي بدأت أولى تجاربها التخطيطية في النصف الثاني من القرن العشرين. والولايات المتحدة التي

أنشأت مجلس (أبلاشيا) للتخطيط الإقليمي[3] Appalachian Regional (ARC) Commission في العام 1964 والذي شمل في الثمانينات (30) ولاية أمريكية وذلك بهدف تقليل التفاوت الإقليمي وتلافي المشكلات الزراعية وتطوير التعليم المهني وتعزيز الرعاية الصحية والحدّ من الفقر.

وهكذا إزداد تدخل الحكومة وتبنيها للخطط التأشيرية في غالبية دول إقتصادات السوق الرأسمالية المتقدمة.

غير أن سيادة نظام المنافسة الإحتكارية في الإقتصادات المعنية، والذي يقوم أساساً على ركيزتين رئيستين، وهما: تمايز المنتوج وإهمال تسعيرة الآخرين قد دفع الباحثين الى التركيز على التحليل الجزئي لكيفية تحقيق التفوق التنافسي للمنشأة (أو الشركة).

ويُعَدُّ التخطيط الاستراتيجي من أكثر العمليات محورية في هذا المجال، وذلك لما أثاره منذ بروزه الأول في بداية الستينات من حوارات عملية وإجتهادات فكرية وممارسات ميدانية ما دفع الرئيس الأمريكي الأسبق (ليندون جونسون) الى أن يُطالب في العام 1965 كافة المؤسسات الأمريكية بضرورة إعتماد وتطبيق التخطيط الاستراتيجي. لقد وجد الكاتب بأن تركيز العلوم الإدارية في معالجتها للتخطيط الاستراتيجي على التحليل الإقتصادي الجزئي (لمنشأة أو لشركة تنافسية) لا يمنع من الإفادة من هذه العملية في نطاق التحليل الإقتصادي الكلي (لتنمية إقتصاد بلد أو إقليم ما).

وعليه جاء هذا المؤلف ليتناول التخطيط الاستراتيجي من منظوري التحليل الجزئي والتحليل الكلي معاً وذلك في دراسة إقتصادية إدارية.

وان ما دفع الى إخراج هذا المؤلف هو الشعور بضعف إطلاع المؤسسات التخطيطية في بلادنا على هذا الموضوع الذي مازال يُفهَم لدى الكثيرين بشكل مبتور وغامض في نطاق إدارة التنظيم التنافسي وحسب.و هنا لابد ان يعلم الجميع

ان التخطيط الاستراتيجى لايمكن تعلمه من الممارسات الميدانية البحتة بل لابد من الاطلاع على المراجع العلمية لفهم ابعاد هذه العملية واصولها الفلسفية واسسها النظرية وشروطها ومؤشراتها ومراحلها .

وفي الوقت الذي يُعرض هذا النتاج على الباحثين والمتخصصين والمهتمين بتخطيط إستراتيجيات التنمية الاقتصادية والتنافس السوقي فإن الأمل معقود على ملاحظاتهم السديدة بغرض التنقيح والتطوير مستقبلاً.

وختاماً اتوجَّه بالشكر والتقدير الى من يقف معي في كل ظروفي الصعبة، الى رفيقة عمري {زوجتي العزيزة} التي تحملت الكثير مع أولادي الثلاثة(Dlovan وSarwasht وRezhna)، بسبب إنشغالي عنهم وتفرغي للبحث والكتابة. وعذراً على ما سبَّبْته لهم أحياناً من متاعب نفسية ومادية عند نطقي بالحق و مواجهتي لأرباب الجهل. وما رَجائي إلاّ تقويم الخطأ ودفع النقيصة عن أهلي قبل أن ينخر الهوان في عروقهم.

كما وأرغب أن أُقدِّم الشكر الى كل من أسهم في طباعة وأعداد هذا النتاج وأذكرُ منهم السيدين: خالد حمه غريب وهونه ر اكرم عباس وكذلك الاخوة في دار
وائل بادارتها وكافة العاملين فيها.

ولا يسعني في هذا المجال اِلاّ أن أذكر وبتقدير عالٍ ما قدَّمه لي وما يقدِّمه على الدوام أخي العزيز (نبيل عبد المجيد عربيات) من دعم أخوي صادق. ويكفي
القول بانه رغم مشاغله الكبيرة تحمل وبصبر جميل عناء قراءة هذا المؤلف وتابع بكل جد نشره وتصحيح الأخطاء المطبعية فيه.

ومن الله التوفيق

الأستاذ الدكتور هوشيار معروف

hoshiar_marouf@hotmail.com

الهوامش

1- M.Shinohara (Economic Development and Foreign Trade in Pre-War Japan) in; T.Szentes; The Political Economy of Underdevelopment; Akademiai Kiado, Budabest, 1985, pp 242-244.

2- H.W.Richardson; Regional and Urban Economics, PITMAN, London, 1979, pp 145- 146.

3- U.A.Wannop, The Regional Imperative, Regional Planning and Governorance in Britain, Europe, and the United States, Regional Studies Association; Jessica Kingsley, London, 1995,pp 273-300.

4- M.Bradshaw, Regions and Regionalism in the United States, Macmillan, London,1988, pp3-5,124-164

الفصل الأول

مفاهيم أساسية وخصائص ونقد التخطيط الإستراتيجي

يعالج هذا الفصل الموضوعات الرئيسة الآتية في ثلاثة مباحث متتالية:

المبحث الأول- الإستراتيجية والتكتيك.

المبحث الثاني- التخطيط الإستراتيجي وخصائصه الرئيسة .

المبحث الثالث- نقد التخطيط الإستراتيجي.

المبحث الأول

الإستراتيجية والتكتيك

إن الإستراتيجية Strategy مفهوم قديم دخل لأول مرة كمصطلح عسكري يتناول فن القيادة ليركِّز على كل ما يقود إلى تحقيق الهدف المحور أو الأهم الذي يكفل تحقيق النصر في الحرب.

وقد إقتبست الكلمة المذكورة أصلاً من اللغة اليونانية وذكرها{Xenophon} بالتحديد Strategos لتُعبِّر عن: إنجاز الهدف العام الذي يتم إختياره ومن ثم إعتمدت الإستراتيجية كمفهوم سياسي عندما أشار {N.Machiavelli } في كتابه المعروف الأمير، الذي نشر في أوائل القرن السادس عشر الى دور الإستراتيجية في ملاحظاته لحوادث عديدة وإستخلص الى ان الناس يميلون عادة الى ما يهدفون اليه وليس الى ما يُفرض عليهم من إتجاه.

ودخل المفهوم المعني في العلوم الإدارية وخاصة في مجال إدارة الأعمال في بداية القرن العشرين مع نشر كتاب F.W.Taylor (مباديء الإدارة العلمية) الصادر في العام 1911.[1]

وإهتم علم الإقتصاد بالإستراتيجية على المستوى الكلي منذ أواخر القرن التاسع عشر عندما تبنت الحكومة اليابانية خططاً متوسطة الآجال .[2]

وعلى المستوى الجزئي منذ العام 1944 عندما قدَّم { J.Von Neuman و O. Morgenstern }نظريتهما المعروفة بنظرية الألعاب Theory of Games في كتابهما : { Theory of Games and Economic Behavior }.[3]

وقد تم ربط هذه النظرية بالبرمجة الخطية وذلك لبيان السلوك الأمثل لمشاركين في مباراة إستراتيجية كل يعمل على تعظيم أرباحه إعتماداً على قراراته وقرارات المشاركين الآخرين (أو ما يعرف بصنع القرارات المتبادلة). فأُعتمدت

نظرية الألعاب وبإستخدام البرمجة الخطية لتحليل التوازن العام وإتخاذ القرارات والمساومة السوقية.

وهنا ترتبط الاستراتيجية كمفهوم بمجموعة متوافقة من الأهداف والسياسات والخطط.

وتتسم الأهداف الاستراتيجية بما يأتي:

1. إنها تتناول المجال الأعم والأشمل لعملية التغيير ضمن الطموحات الأساسية للتنظيم((التنافسي- أو التخطيطي)) وتحت تأثيرات متأتية من أصحاب المصالحStakeholders (في هذه العملية).
2. إنها بعيدة المدى تتجاوز فتراتها غالباً خمس عشرة سنة، كافية لأحداث التغييرات الجوهرية المقرَّرة.
3. إنها أكثر الأهداف فاعلية (أو كفاءة) في عملية التغيير. أو ما يمكن أن يعرف بأهداف محور التغيير.

وفيما يخص السياسات فإن الاستراتيجية أشمل منها، لأنها تتعامل مع الممكن الملموسVisible أو الجاريCurrent أو الفعليActual الذي ينحصر- إهتمام السياسة عندها بالإضافة الى المحتمل أو الكامنPotential.

4. ويرى I.Ansoff(4) بأن السياسة قرار عام يتسم بالتكرار في طريقة صنعه وذلك حيث تتكرر نفس الظروف والطاقات الفعلية (المتاحة) . بينما تلتزم الاستراتيجية بتطبيق نفس المباديء مع المرونة في تغيير القرارات حيث تتغيير الظروف وتظهر طاقات كامنة جديدة.

وهكذا فإن الاستراتيجية وهي ملتزمة بنفس المباديء والقيم تتعدل مع تجدد الطاقات وظهور موارد كامنة جديدة. فمثلاً عندما يكون الهدف الاستراتيجي تطوير الموارد البشرية بالإعتماد على الكوادر التدريبية والمستلزمات التكنولوجية الموجودتين حالياً فإن من الضروري إحتساب نواتج التدريب المهني والتعليم

الأكاديمي وإنخراطهم في النشاط التدريبي بالإضافة الى توقع الإبتكارات المكتسبة من مصادر خارجية أو من مراكز البحث والتطوير (R&D)وتحديث المختبرات والأجهزة التطبيقية......

وكل ذلك يعدُّ من الطاقات الكامنة التي يفترض بالإستراتيجية أن تتّبعها في خارطة طريقها الطويل الأجل.

وقد يخرج الغاز من مكامنه بكميات كبيرة وإحتياطات تتجاوز في حسابات ربحيتها آفاق السياسات النفطية مثلاً، مما يفرض على الدولة ان تغيِّر ستراتيجيتها بشأن تخصيص الموارد مابين النفط والغاز.

كما وأن سياسات إقتصادية (تجارية أو مالية أو نقدية) معينة قد لا تتوافق حالياً مع متطلبات عملية التغيير الراهنة، من المحتمل أن تبرز في مرحلة ما من تطبيق الإستراتيجية. فتفرض نفسها، مما يتطلب تعديل الإستراتيجية.

وعليه فإن الإستراتيجية تعدِّل مسارها وبما يتجاوب مع تحوّل البيئة، إن تجاوزت مؤثراتها، الطاقات المتاحة لعملية التغيير المستهدف. كما هو الحال عند مواجهة الأسواق التنافسية وكيفية إستخدام قوى المؤسسة وبناء طويل الأمد لتوسيع حصص السوق وإشباع المزيد من حاجات الزبائن، وحتى يتطابق الغرض من وضع الإستراتيجية مع المنافع التي يمكن أن يحقّقها أصحاب المصلحة من نشاطات المؤسسة أو من مجال التغيير المستهدف. أو على مستوى الاقتصاد الكلي عندما يتدهور الإنتاج الزراعي بسبب الظروف غير الملائمة لهذا الإنتاج كإنحباس الأمطار في المناطق الديمية لعدة سنوات أو منع الدول المجاورة أو إعاقتها لتدفق المياه عبر حدودها خلال مواسم الإنتاج كما تفعل تركيا وإيران بالروافد التي تدخل الأراضي العراقية. فإن الإستراتيجيات الخاصة بالأمن الغذائي أو بتوسيع أو تطوير الصناعات الزراعية تصطدم بإختناقات شديدة، مما قد يفرض أحياناً البحث عن صيغ بديلة أو تعديل هذه الإستراتيجيات لنطاق زمني أو مكاني أو مؤسسي معيَّن.

وفي هذا السبيل من الضروري بالنسبة لأي إستراتيجية أن تجمع في أية مرحلة آراء وطموحات وفعاليات كافة الأهداف ذات المصالح المشتركة لفهم وضمان التغيير الإستراتيجي وفق تصميم مرن ومستمر في الحيوية. فمثلاً عند ظهور حوادث غير متوقعة مثل زلزال أو فيضان أو صراع إجتماعي أو حرب أهلية أو إنقلاب عسكري أو إضراب عمالي...... فإن من الضروري التجاوب السريع (ولكن المدروس) للحدث.

وهنا قد يجري تعديل الإستراتيجية المخططة لتلافي التأثيرات السلبية للحدث فيتم تشخيص نقاط القوة والضعف في البيئة الداخلية لمجال التغيير (منشأة أو شركة أو مدينة أو محافظة أو صناعة ما ......) كما تحدَّد الفرص والمخاطر المتأتيتين من البيئة المحيطة الخارجية (زبائن- منافسون - مجهزون - قوى السوق - تغييرات إجتماعية وتحولات تكنولوجية وتقلبات إقتصادية وسياسية....). وكل ذلك قد يكون بالإعتماد على الحدس والخبرة ومن ثم تقرَّر الأهداف الإستراتيجية من خلال مواجهة الحدث. فقد تهمل فعاليات تم إقرارها سابقاً في الإستراتيجية المخططة وتعدَّل فعاليات أخرى وبما يتكيَّف مع مستجدات الحدث. غير أن أهمية العمل على تعبئة نقاط القوة البارزة وإستثمار الفرص المتاحة وبما يدعم عملية إستدامة الإستراتيجية المخططة قدر المستطاع. وهكذا يظهر هجين إستراتيجي Strategy Hybrid بين إستراتيجية التفاعل مع الحدث والإستراتيجية المخططة.[5]

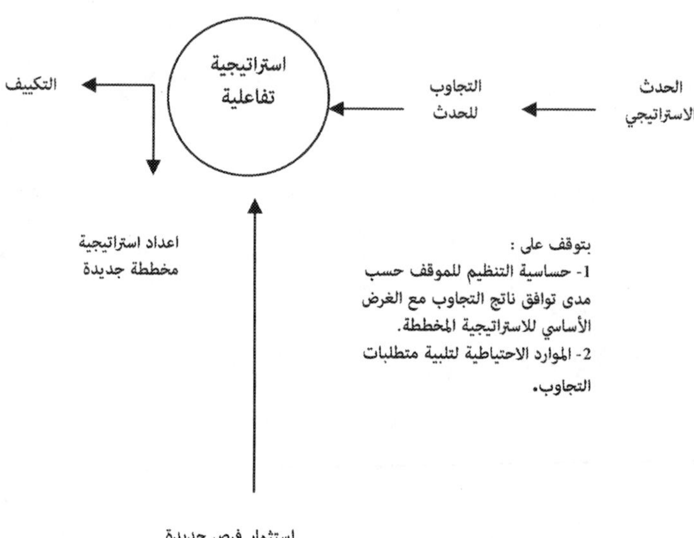

وعليه لابد أن يخضع تعديل أو تكيُّف إستراتيجية مخططة أو تصميم إستراتيجية جديدة ولكافة مراحل بناء التخطيط الإستراتيجي، إبتداءاً بتجديد أو بتشخيص الرؤية المستقبلية وإعتماد الأهداف الأساسية ومن ثم بناء (الهجين الإستراتيجي) أو(الإستراتيجية الجديدة) لتحقيق نواتج أو المخرجات المطلوبة. وآنذاك تأتي مراجعة وقائع التنفيذ وبما يجعل الأهداف بعيدة المدى متوافقة تماماً مع التحولات الجديدة في الظروف والوسائل والطموحات. وهنا تكون هذه الأهداف معايير أو مؤشرات قياسية لمتابعة الأداء ومدى تقدم المجال الإستراتيجي.

ومما يشار اليه هنا أن عملية التكيّف الإستراتيجي لابُدَّ أن تمرَّ بتدرج معيَّن، وهذا ما يكون أما من الأعلى الى الأسفلTop -Down أو من الأسفل الى الأعلىBottom - Up فمثلاً عند بناء الإستراتيجية لتطوير الصناعات النسيجية توضع إستراتيجيات على مستويات صناعات (الغزل) و (النسيج) و(الملابس الجاهزة...... ومن ثم تعدُّ إستراتيجيات خاصة بكل منشأة ضمن كل صناعة وحتى يستمر التدرج نحو وظائف المنشأة للأنتاج والتسويق والبحث والتطوير والإدارة المالية.....).

وبالمقابل يجري التدرج التصاعدي وعبر أُطر تنسيقية للإستراتيجيات إبتداءاً بوظائف المنشأة وإنتهاءاً بأعلى المستويات المسؤولة عن المهمة المقررة.

ويفترض بالصيغ الإستراتيجية المعتمدة سواءً كانت من الأعلى الى الأسفل أو من الأسفل الى الأعلى أن تكفل إستقلالية نسبية لكافة الحلقات وبما يتناسب مع الأحجام والإرتباطات والتأثيرات الخاصة بكل حلقة.

وهنا يمكن في بعض الحالات تبني صيغ متباينة لإستراتيجيات الحلقات المعنية.[6] فمثلاً عندما تُعاني شركة للملابس الجلدية (تابعة لصناعة الجلود) من هبوط مفاجيء في إيرادات مبيعاتها، فإن هذه الشركة قد تعتمد إستراتيجية الطواريء Emergent Strategy ، وعندما تعاني شركة للأحذية وهي تابعة لنفس الصناعة السابقة من تكاليف عالية للتشغيل فإن هذه الشركة قد تلجأ الى إستراتيجية الإلتفاف Turnaround Strategy. علماً بان الإستراتيجية الخاصة بالشركة الأولى وهي من إستراتيجيات إدارة الأزمات تعدُّ غالباً لمواجهة حالات طارئة كإنعكاس كساد خارجي على الشركة المعنية. وبالتالي يجري تخصيص موارد معينة تقتطع من الطاقة الإنتاجية المتاحة لهذه الشركة وتبقى كإحتياطات تحت الطلب. بينما في حالة الإستراتيجية المعتمدة من قبل الشركة الثانية لابد من إحداث تغييرات إدارية جذرية تمتد الى كافة وظائف المنشأة، وذلك للضغط على تكاليف التشغيل وخاصة

الثابتة مع إعادة صياغة الإستراتيجية الجارية لما يكفل هبوطاً ملموساً في تكلفة وحدة المنتوج.

ومما يؤكد هنا أن الاهتمام الاستراتيجي ومنذ أكثر من ثلاثة عقود لم يعد محصوراً في تعظيم حصص السوق التنافسية وتخفيض تكلفة وحدة المنتوج، بل تركّز هذا الاهتمام أكثر على الظروف (أو المتغيرات) البيئية (الداخلية والخارجية). وهو ما يكون عادة من خلال وضع التكتيكات الضرورية لاستكمال الإستراتيجيات المعتمدة ومواجهة التغييرات التي تحدث في هذه الظروف سواء كانت بالتجاوب أو بالتعديل أو بإعادة الصياغة .

وتجنباً لأي خلط أو إرتباك في المفاهيم وما يتولد عن ذلك من تعارض قد ينعكس سلباً على وقائع الإستراتيجية من الضروري التمييز بين الإستراتيجية والتكتيك. ويمكن أن نتبين ذلك بوضوح أكثر من تحليل نقاط الإختلاف بين المفهومين، كما أكدّها[7] {B.Miner و G.A.Steiner} وهذا ما يتم تباعاً فيما يأتي:

1. ترتبط الإستراتيجية بالإدارة العليا أولاً من ثم بالإدارات الوسطى والإشراف الأولي، بينما يرتبط التكتيك عادة بمستويات إدارية أدنى....)، ويرى الكاتب، أن مجرد كون الإداري، قائداً- بخصائصه الشخصية- في عملية التحول الإستراتيجي فإنه يمارس (فعلاً) دوراً إستراتيجياً. وان مجرد قيامه بواجباته الوظيفية (الاعتيادية والتنموية)، فإنه يعالج التفاصيل التكتيكية، وذلك مهما كان المستوى الذي يشغله (الإداري) وهذا لا يعني بالضرورة وجود تطابق كامل (في المهمات الإستراتيجية والتكتيكية) على المستويات الإدارية كافة وهناك فإن التمييز الحقيقي يكمن في التفاصيل وحسب كما هو واضح في الشكل الآتي:

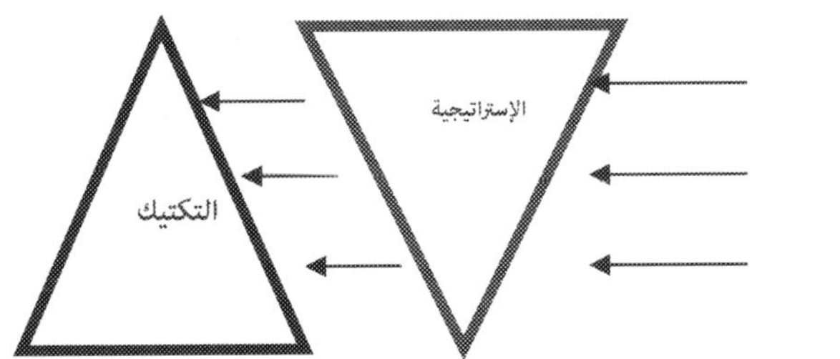

2. (إن الإستراتيجية عملية مستمرة لربط الوسائل بالأهداف. غير أن توقيت القرار فيها لا يكون دائماً منتظماً. وذلك بسبب مواجهة الحالات غير الدورية والظروف الإستثنائية .... مثل ظهور فرص جديدة، مبادرات إدارية، تحولات تكنولوجية وتقلبات سوقية وحوافز متنوعة.... وفي المقابل يعتمد التكتيك على علاقات دورية يتم إنجازها-إعتيادياً - حسب جدول زمني ثابت.... مثل إعداد الميزانية السنوية.....)

وبما أن الإدارة هنا ترتبط بجهاز يتابع عمليات التنمية الإقتصادية والتحول الإجتماعي والتطور التكنولوجي فإنها تنظر الى الإستراتيجية والتكتيك بإعتبارهما عمليتين متلازمتين، تستمران في مسار يقوم على برامج متكاملة، تتسم بالشمول والانتظام في النهاية.

وهكذا فإن التكتيك يتتبع الإستراتيجية ويعالج تفاصيلها. وهناك فإن حالات عدم إستقرار المسار الزمني(للإستراتيجية أولاً ومن ثم للتكتيك ثانياً) تتصل في المقام الأول بعدم إنتظام الظروف والإمكانات والإعتبارات الإقتصادية والإجتماعية والسياسية والتكنولوجية......

3. (إن القرار الإستراتيجي يتخذ بناء على القيم الذاتية للقادة، ويتم بوضوح أكثر مما يحدث في إتخاذ القرار التكتيكي).

ويرى الكاتب إن القرار الإستراتيجي، سواء كان بشأن تحول هيكلي في وظائف الجهاز وإرتباطاته أو بصدد توفير منافذ جديدة للتسويق...... من المفروض أن يعتمد (هذا القرار)على إجراءات متعددة يُشارك في إنجازها عدد غير قليل من أعضاء المنظمة، الذين يُسهمون بصورة مباشرة أو غير مباشرة في صنع القرار الإستراتيجي. ويعني ذلك ان القيم الذاتية تمثِّل متغيِّراً رئيساً ضمن العديد من المتغيرات والمعطيات الإدارية التي تشارك في صنع القرار المذكور.

وفي المقابل تمثِّل المؤشرات الموضوعية دوراً نسبياً متميِّزاً في إتخاذ القرار التكتيكي وذلك بسبب طغيان الجوانب التكنيكية.

4. (إن مجال البدائل المتباينة وإمكانات الإختيار بينها، في الإستراتيجية أوسع مماهو في التكتيك).

ويرى الكاتب أن هذه الحقيقة، يجب النظر إليها من زاوية المرونة (اللازمة) في الإستراتيجية.

5. (إن نتائج القرارات التكتيكية أكثر تأكداً من نتائج القرارات الإستراتيجية وذلك لسببين رئيسين:

أ. إختلاف البعد الزمني بين هذين النوعين من القرارات، حيث تتطلب القرارات الإستراتيجية فترة أطول مما تتطلبه القرارات التكتيكية.

ب. إن الإمكانات المتاحة لمعالجة المشكلات التكتيكية أكثر بل وأسهل من الإمكانات المتاحة لمعالجة المشكلات الإستراتيجية).

ومع التسليم بهذه الحقائق، فإن هناك سبباً آخراً يخص دور القائد الإستراتيجي. ففضلاً عن السببين السابقين، يرى الكاتب أن مجال التأثير المباشر للمدير على القرارات التكتيكية أدق مما هو متاح له على القرارات الإستراتيجية، حيث قد تكون

القرارات الأولى محصورة أصلاً بالمدير نفسه، بينما تكون القرارات الثانية خاضعة لمستويات إدارية أوسع. وهنا يختلف دور المدير في إقتصاد السوق حيث تنحصر في شخصه غالباً القـرارات الإسـتراتيجية والقـرارات التكتيكية معاً.

وهكذا يمارس القائد الإداري دوره الإستراتيجي ومن ثم التكتيكي(ضمناً) في مسـار موجَّـه يعمـل خلالـه (هذا القائد)على تحفيز عناصر التغيير (الإيجابية) وبالتالي يسهم في رفع معدلات النمو الإقتصادي والتحول الإجتماعي والتطور التكنولوجي، وذلك بدلاً من إعاقة التطور وتكريس حالات التخلف، كما هو سـائد الآن في بلادنا.

المبحث الثاني

التخطيط الإستراتيجي و خصائصه الرئيسة

يُفهَم التخطيط بشكل عام على أنه عملية إتخاذ القرارات التي تكفل تفعيل خارطة الطريق Roadmap للوصول الى هدف محدّد أو إتجاه المستقبل .

ويعدُّ التخطيط الوظيفة الأولى ومحورالعملية الإدارية، تتقرّر وتتعدّل بموجبه الوظائف الأُخرى في هذه العملية: التنظيم والتوجيه والرقابة وتطوير العاملين. فمثلاً رغم أن ما يتطلبه الهيكل التنظيمي وبكل مكوناته وإرتباطاته من إستقرار فإن هذا الهيكل لابد وأن يتعدل مع التوجهات التخطيطية وخاصة على الأمد البعيد. كما وأن التوجيه الإداري يرتبط تماماً مع قرارات التخطيط. وتتضمن الرقابة متابعة لتنفيذ الخطط المعتمدة مع بيان الإختلالات التي تحدث ما بين هذه الخطط وواقع التنفيذ فتشخص الإنحرافات وسبل معالجتها التصحيحية. كما وأن تطوير العاملين يتعلق غالباً بالإختصاصات التخطيطية وعلى كافة المستويات الإدارية (المؤسسية).

وهكذا يبرز تنظيم جديد يعتمد أساساً على الكوادر التخطيطية (العلمية) المتخصصة وتوضع إستراتيجيات مناسبة للإسراع بالإتصالات وتطويرها من حيث الأساليب والوسائل ومخططات إجراءات العمل، كما وتعدُّ مقاييس جديدة للرقابة وبما يتناسب مع مضامين وتوجهات ومستلزمات الخطط المقررة.

وعلى مستوى التحليل الكلي يعرَّف التخطيط الإقتصادي عادة على أنه: (عملية تعبئة وتنسيق وتوجيه ومتابعة الموارد الإقتصادية : البشرية والمالية والطبيعية والتكنولوجية.... لإقتصادٍ ما لتحقيق أهداف محددة خلال فترة زمنية معينة، وذلك بناءاً على بدائل مقارنة للنواتج والتكاليف، ضمن مجال مؤسسي أو قطاعي أو مكاني تصله العملية المعنية).

وإذا ما أخذنا بمفهوم التخطيط على أنه عملية موجهة نحو تغييرات إستراتيجية في التنظيم أو في الإقتصاد يبرز التخطيط الإستراتيجي كوظيفة محورية للإدارة الإستراتيجية على مستوى التحليل الجزئي غالباً وكخارطة الطريق لتنمية الإقتصاد الكلي في أي مجال شامل أو قطاعي أو مكاني أو مؤسسي.

وهنا يُفهَم التخطيط الإستراتيجي على أنه: (عملية بعيدة المدى تقود فيها الأهداف المقررة مسار تعبئة الموارد الجارية والكامنة من خلال سلسلة من المراحل تبدأ بمسح الحالة الراهنة وتشخيص الرؤية المستقبلية وتمرُّ بتحليل كمي ووصفي لنقاط القوة والضعف في البيئة الداخلية وللفرص والمخاطر في البيئة الخارجية، فتصاغ خارطة التغيير الإستراتيجي والتي تخضع لآليات محددة للتنفيذ ولمقاييس معينة للمتابعة سواء كان ذلك على مستوى تنظيم للأعمال أو على مستوى إقتصاد قطاعيٍّ أو إقليميٍّ أو وطنيٍّ ......).

وهكذا فإن التخطيط الإستراتيجي يتسم بالخصائص الآتية:

1. بدأ كوظيفة أساسية للإدارة الإستراتيجية وعلى مستوى التحليل الجزئي لمنشأة أو لشركة ما، وإتسعت مجالات تطبيقها لتشمل الصناعات والفروع على مستوى التحليل البيني Meso Analysis والإقتصادات القطاعية أو الإقليمية أو الوطنية على مستوى التحليل الكلي.
2. تقود فيه المتغيرات (المحدَّدة قيمها الداخلية)Endogenous Variables المنبثقة من الأهداف العامة أو المقررة لتنظيم الأعمال أو لإقتصاد ما والتي تقود بدورها عملية تعبئة الموارد الجارية والكامنة والمشكِّلة أصلاً لمتغيرات محدَّدة قيمها خارجياً Exogenous Variables.
3. اهدافه محورية، تعتمد على تحقيقها أهداف مرحلية وثانوية. أي أن هذه الأهداف هي الأكثر أهمية والمفتاح لحل كافة مشكلات مجال التغيير. فمثلاً عند مواجهة ضغوط الشركات المنافسة فإن (الحفاظ على إستقرار ومن ثم توسع حصص

الشركة في السوق) يصبح الهدف الإستراتيجي، بينما يكون (تخفيض التكلفة) و(تطوير المنتوج)هدفي الدعم أو هدفين ثانويين. وعند تحديد (هدف الأمن الغذائي) لبلد أو لإقليم ما كهدف إستراتيجي باعتباره الأكثر أهمية في تحقيق الأمن الإقتصادي فإن (رفع معدلات نمو إنتاج محاصيل الحبوب الداخلية الى مستوى ضمان الإكتفاء الذاتي المحلي) و (إستقرار السكان الزراعيين وتحفيز توجهاتهم الإنتاجية الغذائية)كهدفين ثانويين لدعم الهدف الإستراتيجي.

4. أهدافه بعيدة المدى وبالتالي فإنه يصبح عملية مستديمةSustainable. ففي حالة شركة ناشئة لايمكن مواجهة شركات أجنبية منافسة أقوى وأكثر خبرة في السوق، وهي تمارس الإغراق ومن ثم يصبح إستقرار أو تزايد حصص هذه الشركة وتوسعها في غضون بضعة أشهر أمراً لا يمكن تحقيقه، مما يتطلب (في بعض الأحيان) عدة سنوات.

وفيما يخص الأمن الغذائي فإنه يعدُّ هدفاً بعيد المنال مع وجود بيئة زراعية متخلفة وتدفق هجرة السكان الريف نحو مدن كبيرة. وهنا يفترض التفكير في خطط الأعمالAction Plans لمراحل الإنجاز (أو للتنظيمات الثانوية) وفي خطط العملياتOperation Plans للوحدات الصغيرة. كما ولابد من مجال كافٍ لوضع عدة خطط إستراتيجية ضمن مجال التغيير العام. فمثلاً في مؤسسة صناعية كبيرة تضم شركات إنتاجية والتي تشرف على عدة معامل فإن من الضروري وجود خطط إستراتيجية على كافة المستويات التنظيمية (المؤسسة والشركة والمعمل وحتى لكل وظائف المنشأة).

5. لايعتمد التخطيط الإستراتيجي على الموارد الجارية وحسب بل وعلى الموارد الكامنة أيضاً والتي يرتبط ظهورها بتغيير الظروف المحيطة وتحريك الموارد الجارية فمثلاً من الضروري أن يؤخذ في إعتبار المخططين تقلب أسعار البترول الخام وكذلك تطور الموارد البشرية بفعل تراكم المهارات العلمية

والتكنيكية وإنعكاساته على تجاوز المعدلات المحددة لزيادة الكفاءة الإنتاجية وتخفيض تكاليف وحدة المنتوج.

6. ان هناك مراحل للتخطيط الإستراتيجي والتي تشمل:

أ- مسح الحالة الراهنة أو ما يعرف بتقرير الرسالة Mission Statement حيث تحدد الإمكانات والمشكلات ويتم تحليل تفصيلي لكيفية إنجاز الوقائع السائدة.

ب - تقرير الرؤية Vision Statement والذي يتناول التحول المستقبلي من خلال الأهداف Goals المحورية أو الأكثر فاعلية أو كفاءة لتحقيق هذا التحول.

ت- تحليل كمي ووصفي: وبالإعتماد على أساليب البرمجة الخطية وغير الخطية ونظرية التوقعات العقلانية والتحليل العنقودي والتحليل العاملي وتحليل المسار وتحليل الإرتباطات الأمامية والخلفية .... وذلك إعتماداً على مسوحات ميدانية وحقائق إحصائية وصفية بغرض الكشف عن نقاط القوة والضعف في البيئة الداخلية والفرص والمخاطر في البيئة الخارجية. فتحدد مجالات الأهداف Objectives وتفاصيل الموارد المتوقعة.

ث – صياغة الخطة الإستراتيجية: وبموجبها يجري تحويل المهمة الإستراتيجية الى مجموعة من الخطط ومن ثم يتم تنسيق هذه الخطط وتكاملها في إطار تركيبي واحد يكفل عملية التغيير بعيدة المدى. ولهذا الغرض تعتمد مؤشرات معينة ويمكن الإفادة من نماذج تفسيرية أو تطبيقية. وقد تتناول صياغة الخطة الإستراتيجية الإعتبارات الخاصة بالزمن والمكان والقطاع والمؤسسة والبيئة والتكنولوجيا وحتى السلوك هذا بالإضافة الى معالجة القضايا ذات العلاقة بالإنماط الإستراتيجية كتوازن النمو وأحجام الوحدات واتجاهات التسويق.......

ج - تنفيذ الخطة : وخلال هذه المرحلة تحدَّد مجموعة من التغييرات المخططة في الأنظمة الإدارية وأساليب التعامل مع الموارد المتاحة وفي الثقافة التنظيمية للمجال المؤسسي للتغيير........

ح - متابعة التنفيذ : حيث يجري تحليل الفجوة Gap Analysis بين مسارات الخطط ببرامجها ومشروعاتها مع وقائع الإنجاز التطبيقي، فتشخَّص الانحرافات وتوضع المعالجات لتلافيها. كما وتكشف عن أساليب ووسائل مواجهة التغييرات التي تحدث في الظروف والموارد. وكل ذلك بما يُعزِّز تنفيذ الأهداف الإستراتيجية بأقصى كفاءة وبأدنى تكلفة ممكنة.

7. إنه تخطيط طوعي سواء كان على مستوى الوحدة التي تتبناه أو على مستوى صناعة أو إقتصاد ما ككل وبالتالي لا يعد التخطيط الإستراتيجي تخطيطاً إلزامياً بالمعنى الذي أُعتمِدَ في ظل إقتصادات التخطيط المركزي في الإتحاد السوفييتي ودول أوروبا الشرقية السابقة، بل يأتي الإلتزام من الأطراف المنفِّذة بعد مشاركتها في وضع أُسسه وتنضيج أهدافه وطاقاته ومن ثم في إقراره وتبني تفاصيله ..... فمثلاً في شركة ما يكون الإلتزام بالخطة الإستراتيجية ضمن واجبات الوحدة المعنية بالذات. ويتأتى هذا الإلتزام من مشاركات المدراء والعاملين في كافة مراحل وضع هذه الخطة للمختصين وإتخاذ القرار النهائي بشأنها للإدارة العليا.

غير أن مع وضع الخطة على مستوى إقليم ما أو دولة ما فإن العملية تختلف، سيكون التخطيط الإستراتيجي آنذاك تخطيطاً تأشيرياً (أو توجيهياً أو إرشادياً)، قد يخضع فيه الإلتزام لبعض الجدل. وهذا ما يرتبط تماماً بكل من :

أ. إرادة التغيير الإستراتيجي لدى الأجهزة التنفيذية في الحكومات والمنظمات المحلية والأجنبية (والدولية) الساندة وخاصة بالنسبة لإلتزاماتها الإدارية

والمالية واللوجستية الأخرى، وما يتعلق بهذه الإلتزامات من إنجاز البرامج والمشروعات الواقعة ضمن حدود مسؤولياتها.

ب. مدى إعتماد الخطط الموضوعة على المعلومات الدقيقة والضرورية حول إمكانات ورؤى التنظيمات أو الأطراف ذات المصالح المشتركة في تلك الخطط. وهذا بدوره يعتمد على مدى جدّية الباحثين (المخططين) من جهة ومستوى فهم وإستيعاب ومن ثم تبني الأشخاص المشمولين بالمسوحات الميدانية للعملية التخطيطية وقناعاتهم الذاتية والجماعية بان هذه العملية تخدم مصالحهم الإقتصادية والإجتماعية ....

ت. الكفاءات العلمية والتكنيكية لدى القائمين بعملية التخطيط وبالتالي مدى توافر قواعد وأُسس وأَساليب الصياغة العملية والواقعية في الخطط الموضوعة.

ث. مستوى إلتزام تنظيم الأعمال أو المؤسسة المسؤولة عن التخطيط الإستراتيجي بتطبيق علمي وتكنيكي جاد لكافة مراحل هذا التخطيط.

ج. دور نظام إقتصاد السوق الحرّ المحصّن تشريعياً وإدارياً من مظاهر التخلف والفساد والإحتكار والتواطؤ.......

ح. مستوى إلتزام السلطات التنفيذية بمباديء وقيم المجتمع الديموقراطي من جهة وبالمعايير (العلمية والتكنيكية) الموضوعة في كافة التوجهات والقرارات والسياسات المعتمدة وخاصة بالنسبة للدور الحقيقي للتكنوقراط في إدارة الأجهزة المسؤولة وانجاز الخطط الإستراتيجية والتكتيكية.

المبحث الثالث

نقد التخطيط الإستراتيجي

إن التخطيط الإستراتيجي ومنذ بداياته الأولى من نشوئه على يدI.Ansoff في أوائل ستينات القرن العشرين قد حظي بإهتمام متزايد في البحث والتطبيق والدعم من قبل العديد من الإداريين والإقتصاديين والسياسيين في دول إقتصادات السوق المتقدمة.

وكما أشرنا سابقاً أن الرئيس الأمريكي الأسبق ليندون جونسون قد دعا وبعد فترة قصيرة من نشر أولى الكتابات حول هذا الموضوع دعا كافة المؤسسات الأمريكية الى تطبيق التخطيط الإستراتيجي. غير أن هذا الحماس قد لقي إنتكاسة كبيرة على يد[8] H.Mintsberg الذي وجّه إنتقادات شديدة الى التخطيط الإستراتيجي برمته. وقد أبرز هذا الكاتب في التسعينات عدداً من نواحي القصور في هذا التخطيط نحاول فيما يأتي عرض أهم إنتقادات H.Mintsberg مع بيان رأينا بشأن كل منها:

1. (ما زال التخطيط الإستراتيجي يعتمد على الميول والطموحات والتصورات الإبداعية الفكرية للباحثين في الإقتصاد والإدارة . ولم تتمخض جهود هؤلاء عن نظرية عامة لِتُشَكِّل هذا التخطيط علماً بذاته). نرى ومن متابعتنا لأدبيات التخطيط الإستراتيجي أن هناك جملة من المفاهيم والخصائص والأساليب الواضحة والمتميِّزة للتخطيط الإستراتيجي. كما وإتفق الجميع تقريباً على مراحل معينة لإنجاز هذه العملية إبتداءاً ببيان الحالة الراهنة وتشخيص الرؤية المستقبلية وتحديد الأهداف والوسائل ومن ثم التنفيذ والرقابة، بالإضافة الى ضرورة توافر قواعد واسعة لتحليل المعلومات ومتابعة المسوحات الميدانية في كافة المراحل.

ولا شك بأن كل ذلك يجعل من التخطيط الإستراتيجي ومن خلال نقد تحليليّ لنماذجه وأساليبه وممارساته مجالاً خصباً لبناء طروحة نظرية Theorem تضم قوانين التصميم والتنفيذ والرقابة حسب الأصول العلمية لبناء النظرية الإقتصادية[9].

2. (إن مجرد وجود إدارات خاصة بالتخطيط لا يعني بالضرورة وجود خطط علمية فعلية). لاينكر هذا الأمر في كثير من الأقاليم والبلدان المتخلفة (المعروفة بالنامية) وذلك لأسباب عديدة:

أ. نقص وحتى أحياناً عدم توافر الكوادر العلمية والتكنيكية المتخصصة في الدوائر المهتمة بالتخطيط.

ب. تشوّه البيروقراطيات السائدة في الجهاز الإداري الحكومي.

ت. عدم إستيعاب فكرة التخطيط وأهميته أصلاً. وهذا ما يتلمسه الكثيرون بسبب إنخفاض المستوى العلمي وحتى الثقافي العام لكبار الرؤساء الإداريين حيث يرى هؤلاء أن هناك تناقضاً بين التخطيط وإقتصاد السوق الحرّ واستمدوا هذه الفكرة من ربط التخطيط بالدول الإشتراكية ذات التخطيط المركزي الإلزامي الشامل وحيث يرفض حالياً أي توجه شمولي للإقتصاد يحاول الإداريون المعنيون التملص من مسؤولياتهم الرسمية في التخطيط بهذا الحجة!! في وقت نسي- هؤلاء تعاظم دور التخطيط في غالبية الدول الرأسمالية وتبني نظام إشتراكية السوق في الصين...... ونظراً لتمادي هؤلاء في تخلفهم لايجدون بين أيديهم غير إقتصاد تعُّمه الفوضى ويجمع إنقاض العالم ولا يقدِّم إنتاجاً فعلياً كافياً للمجتمع وحتى لضمان أمنه الغذائي.

ث. دور تناقضات المصلح المرتبطة بالتخطيط الإستراتيجي سواء كان ذلك على مستوى منشأة ما أو الإقتصاد ككل، وخاصة بالنسبة لمصالح الأحزاب والكتل السياسية أو مصالح عناصر النخبة.

ومع كل ذلك فإن وجود إدارة مؤسسية للتخطيط وعلى أي مستوى كان ومع توافر خبراء متخصصين يمكن إنتقاؤهم إعتماداً على خلفياتهم العلمية ومؤهلاتهم الشخصية وتبني أنظمة متقدمة تستطيع الإدارات المسؤولة الإفادة منها وتطويعها لصالح التغييرات المخططة في التنظيم أو الإقتصاد المعني.

وفي ظل هذه الظروف يمكن بناء إدارات تخطيطية قادرة على وضع ومتابعة تنفيذ الخطط الإستراتيجية حسب الصيغ المقررة.

3. (أن الخطط بعيدة المدى تفقد مرونتها).

إن الخطط الإستراتيجية بسبب فتراتها الطويلة قد تفقد مرونتها، ولكن ذلك فقط عندما تطبق صيغ جاهزة ومفروضة من القمة ودون أي تمييز واضح بين الخطط الإستراتيجية بعيدة المدى وخطط العمليات التكتيكية قصيرة المدى.

أن تنسيق هذه الخطط وإتساقها لمختلف المستويات الإدارية قد يتجاوزان كافة حالات الجمود أو الفشل عند صياغة الخطط المعنية وتنفيذها ومتابعتها حسب البرامج المتضمنة لأوليات المشروعات الأكثر كفاءة. ومن خلال هذا التنسيق والاتساق أيضاً يمكن تجنب الكثير من مخاطر تغييرات الظروف خلال الفترات الطويلة.

4. (تعارض الابتكار الفردي الحرّ مع التخطيط).

يمكن أن يبرز هذا التعارض عندما تستند الخطط الموضوعة على تقييد حرية الإبتكار لدى المنظمين أو الكوادر التخطيطية أو العلمية. غير أن الأسهام الفاعل لهؤلاء في صياغة الخطط الإستراتيجية بفعّالية ومن ثم المشاركات المباشرة أحياناً في إتخاذ القرارات الخاصة بتبني هذه الخطط سيؤدي غالباً الى إزالة التعارض المذكور.

5. (ان التخطيط الإستراتيجي يقيِّد سلطات الإدارة العليا).

لا نرى واقعية في هذا القصور المفترض في التخطيط الإستراتيجي، خاصة وأن القرارات المتعلقة بالخيارات التكنولوجية وخططها تخضع لمصادقة الإدارة العليا وذلك رغم دور قاعدة الإدارة (الديموقراطية العلمية) في تحديد هذه الخيارات وحتى المشاركة - ومن خلال الكوادر المتخصصة - في صياغة خططها. كما وأن من الضروري - كما أشرنا سابقاً - وجود خطط تفاعلية مع الأحداث المتوقعة وبالتالي تحقيق ما يعرف بخطط هجينيةHybrid Plans تجمع مسارات الخطط الإستراتيجية بمسارات الخطط التفاعلية(المستمدة من تغييرات الظروف والإمكانات).

وهناك يمكن تحرير سلطات الإدارة العليا من قيود وتحديدات التخطيط الإستراتيجي.

وفضلاً عن ذلك فإن إدخال اسلوب التوقعات العقلانية Rational Expectations في تحليل وصياغة الخطط الإستراتيجية قد يسهم الى حدٍ كبير في تحقيق مرونة أكبر في صنع القرارات التخطيطية فيما بعد ويجعل الإدارة العليا والمخططين في أمان أكبر من عواقب سوء التقديرات.

6. (صعوبة القياس الكمي لمتغيرات إجتماعية، سواء كانت داخلية ضمن الأهداف الضرورية أو خارجية ضمن الموارد البشرية).

لاشك أن في ذلك جانباً من الحقيقة حيث يصعب تقدير السلوك البشري بدقة كما ويصعب ضبط التصرف العشوائي في هذا السلوك في أي ظرف زمني أو مكاني أو مؤسسي أصلاً. ولكن في نفس الوقت لابد وأن نشير الى أن الإقتصاد القياسي (ونمذجته التحليلية الكمية) يمدّ التخطيط الإستراتيجي ببعض الأساليب كالمتغيرات الصماءDummy Variable والأداتية Instrumental ومختلف المعالجات الأخرى المستمدة من علاقات التباين. وهذا ما قد يسمح بتجاوز مشكلة التحليل

الكمي للأبعاد الإجتماعية في تحديد الأهداف والموارد وتقدير المؤشرات الخاصة بصياغة الخطط الإستراتيجية ومتابعة تنفيذها.

7. (ان التخطيط الإستراتيجي لا يتجاوب مع دور الحدس الفكري والتجاوب الحرّ).

يبرز هذا التعارض عندما لا يقوم الحدس الفكري ومن ثم التجاوب الحرّ على الدراسات العلمية الموضوعية. ولكن مع هذه الدراسات وإمكانية مواجهة الحوادث بعلمية وعقلانية ومهنية عالية فإن الخطط التفاعلية قد تكون كفيلة بالحفاظ على مسارات التخطيط الإستراتيجي.

وهنا يؤكد عادة على أن التنبوء حسب التوقعات العقلانية وإدخال هوامش السلوك العشوائي (ومتغيرات الاضطراب) يجعل بالإمكان بناء مسارات متوافقة للخطط الإستراتيجية بعيدة المدى مع الآفاق المستقبلية الحقيقية.

8. (وضع سيناريوهات لأهداف إستراتيجية أفضل من الخطط الإستراتيجية).

يمكن تجاوز هذا التحفظ عندما تبنى خطط بديلة كسيناريوهات إستراتيجية بغرض مواجهة مخاطر متوقعة لتغيير الظروف والإمكانات . غير أن إستقرار الهدف وتحديده الدقيق في النهاية يُعدُّ أمراً جوهرياً لضمان التغيير الإستراتيجي دون الوقوع في فخ البدائل المتفاضلة كمن يقف في مفترق الطرق.

9. (نقص المعلومات وتقييد المنفذين لنشرها).

يتطلب التخطيط الإستراتيجي معلومات تفصيلية حديثة ولسلاسل زمنية سابقة. وان توافر هذه المعلومات يعتمد من جانب على المسوحات الميدانية التي يتولاها الباحثون (والمخططون). ومن جانب آخر على الحقائق الإحصائية التي يوفرها العاملون في التنظيمات المعنية بالمهمة الإستراتيجية.

وهنا فإن في غياب إرادة سياسية وأجهزة إحصائية مختصة يصعب توفير وتحليل المعلومات المطلوبة مما يدعم النقد الموجَّه. غير أن من أهم الشروط الأولية تحقق هذه الارادة التي لا يمكن بدونها القيام بالتخطيط الإستراتيجي أصلاً.

وان مع الإرادة السياسية الحقيقية ومن قبل قادة يتسمون بمؤهلات تكنيكية وثقافية حقيقية يمكن قيام الأجهزة المختصة بالتحليل الإحصائي وبتوفيرمختلف المقوّمات العلمية والتكنيكية. فإذا ما يصعب توافر هذه الأمور داخل البلد أو الأقليم المعني فان باستطاعة أصحاب القرار أن يستقدموها من الخارج.

10. (صعوبة تعميم نموذج للتخطيط الإستراتيجي مع مختلف الأنماط التنموية، حسب الأحجام المتباينة والكثافات النسبية للعنصر الإنتاجي وإتجاهات التسويق، وكذلك مع مختلف الأنظمة السياسية : المركزية واللامركزية الديموقراطية).

إن تعميم مطلق لأي نموذج تخطيطي أمرٌ لا يتسم بالمنطق أو التطبيق العملي. وبالتالي لا بد من بناء نماذج تتلاءم مع الحالات الخاضعة للتغيير المخطط. غير أن من الأهمية الاتفاق على تبني وتطوير نفس المراحل المعتمدة حتى الآن لتصميم الخطط الإستراتيجية ومتابعة تنفيذها.

11. (إن وضع الموازنات يكون عادة على السنوات السابقة وهذا ما قد لا يتوافق مع الخطط الإستراتيجية).

في رأينا ان من الضروري تعديل هذا الإتجاه من خلال تبني ما يعرف بموازنات البرامج والمشروعات وذلك بدلاً من الموازنات التقليدية الحالية القائمة على عرض مجرد لجدولي الإيرادات والنفقات.

كما ويفترض العمل على ربط الجداول الزمنية للخطط الإستراتيجية وبالموازنات المذكورة.

12. (صعوبة الإلتزام بالتخطيط الإستراتيجي في ظروف عدم الإستقرار المؤسسي وتقلب الإدارات العليا بشكل خاص وتضارب المصالح مع الأهداف المعتمدة في الخطط المعنية).

وتُعدُّ هذه الصعوبة من أشدّ عوائق التخطيط الاستراتيجي في البلدان (والأقاليم) النامية حيث تسود فيها التغييرات المفاجئة والسريعة في الأجهزة الإدارية وخاصة في المراكز الرئاسية للمؤسسات والشركات بجانب تخلف الأجهزة الإدارية (وتعقد البيروقراطيات المشوَّهة) الذي يمنع أو يقيِّد التفكير الإبتكاري. هذا بالإضافة الى سيطرة النخبة من المحترفين السياسيين الذين يعانون من ضيق آفاقهم الثقافية والعلمية والتكنيكية. وكل ذلك يسهم مباشرة في الاعداد السيء للخطة وقد يجعلها بالتالي مركزَّة على الأزمات وأثنائها فقط. كما وأن عدم تفاعل مراكز الإدارة العليا مع القواعد التنظيمية يعيق تعميم الخطة ويجعلها من مسؤولية جهة محددة مختصة بالتخطيط دون غيرها من التقسيمات الإدارية.

وقد إستتبع ذلك عدم المشاركة الفعالة لغالبية العاملين في وضع الصياغات النهائية. وهو ما حدَّ من فهم وإستيعاب وتبني الخطط المعتمدة .

وهنا على المخططين أن يواجهوا العوائق السابقة التي تقف دون الإهتمام بتوفير مستلزمات عملياتهم التخطيطية وحتى الإكتراث بمنجزاتهم من الخطط العلمية والتطبيقية. كما وأن لعدم أولضعف مستويات تنفيذ الخطط المعتمدة وخاصة عند تغيير الظروف المحيطة بالتطبيق دوراً هاماً في عدم معالجة التأثيرات السلبية بشكل رئيس عندما تظهر أزمات إقتصادية حادَّة. ولا يعالج كل ذلك إلاّ من خلال بناء إرادة سياسية تنموية تعزِّز التفكير والعمل الإستراتيجي مع تطبيق برامج للإصلاح الإداري يسهم في تطوير عمليات صنع القرارات ودعم القطاع الخاص عن طريق نشر الوعي بالفرص الإستثمارية وتحفيز القدرات التكنيكية والعلمية للمنشأة الخاصة. وكل ذلك يدفع الى التجاوب المؤسسي. مما يرفع من معدلات الانجاز الحقيقي المنظم. وهناك ستكون الأهداف العامة واضحة للجميع وعلى أي مستوى إداري أو إقتصاديّ كان. وتنبثق من هذه الأهداف خطط قطاعات الانتاج والإدارات المختلفة وبما يكفل إشباع الأطراف ذات المصالح المشتركة.

وفضلاً عما سبق لابد من حدوث تغييرات جذرية من خلال عملية التخطيط الإستراتيجي ذاتها وخاصة :

أ. بالنسبة للعلاقات للقطاعية فيما بين الصناعات والمنشآت والنشاطات.

ب. بالنسبة للحدود المؤسسية المتعلقة بالتدرج الهرمي من المؤسسات الى الشركات ومن ثم المعامل وحتى خطوط الإنتاج والمنتجات.

ت. التوجّه المتزايد نحو الأسواق الخارجية مع تعزيز الأذواق المحلية والتجاوب معها ليتمتع المُسْتَهْلِك في الداخل بالمنتوج الوطني أولاً كما هو الحال في اليابان.

ث. تعزيز دور البحث والتطوير {R&D} في كل مؤسسة وحتى على مستوى مدن علمية متقدمة. وهنا يفترض الإهتمام الجاد بالوحدات المتخصصة في المعرفة لتحظى المعلومات العلمية بالأولية في أهداف التغيير.

وبالنتيجة يمكن التجاوب الهادف مع تغيير الظروف والإمكانات، وتصمّم خطط إستراتيجية تتسِّم بنوع من التكامل والمرونة في التطبيق تنبثق منها خطط الإدارات والقطاعات والمواقع. وهذا ما يُساعِد على التحكم في إتجاهات القرارات الإدارية بمختلف مستوياتها المؤسسية والمؤسسية الإقليمية والقطاعية مع تنسيق أهداف أصحاب المصالح الأولى. فمثلاً أن رفع القدرة التنافسية في السوق يتطلب:

(1) تخفيض تكلفة وحدة المنتوج مع إنتاج واسع النطاق وهو ما يرفع من ربحية المنتج والبائع من جانب ويزيد من منفعة المشتري بسبب إنخفاض السعر التنافسي.

(2) توحيد التصاميم وتبسيطها مما يزيد من تعميمها، فتنتشر التكنولوجيات الحديثة ونشاطات العاملين بسهولة أكبر، فتتضاءل التوجهات الإحتكارية في الأسواق وتزداد خدمات الصيانة والتصليح في المجتمع الذي يعاني من ضعف الخلفية العلمية والتكنولوجية.

(3) تقديم خدمات أفضل للتوزيع وما بعد البيع وهذا ما يعزِّز من ترويج المنتوج، ويزيد من ثقة المشترين ويقلِّل من تكاليف الإستخدام .

وهكذا يمكن من خلال خطة إستراتيجية تحقيق هدف إستراتيجي في التفوق التنافسي في السوق وإرضاء كافة الأطراف من أصحاب الأعمال والمشترين والعاملين والمجتمع.

الهوامش

(1) قارن ولمزيد

علي عبدالمجيد عبده: الأصول العلمية للإدارة والتنظيم، الجزء الأول، مطبعة التقدم، القاهرة، 1963.

عبدالكريم درويش وليلى تكلا: أصول الإدارة العامة، مكتبة الأنجلو مصرية، القاهرة، 1972.

هوشيار معروف:مبادئ الادارة،مكتب بغداد , بغداد,1974, الفصل الأول.

(2) قارن ولمزيد من التفاصيل:

K.Takashi; The Rise and Development of Japans Modern Economy, Jiji, Tokyo, 1969,pp 40 -41.

G.C.Allen; (Factors in Japans Economic Growth)in;

C.D.Cowan; The Economic Development in China and Japan, Allen, London,1964,pp 192- 194.

(3) لمزيد من التفاصيل، راجع:

A.Koutsyiannis ; Modern Micro economics ;Macmillan ,London ,1982,p404.

R.Y.Awh; Microeconomics; John Wiley, New York,1976, p371.

A.C.Chiang; Fundamental Methods of Mathematical Economics, McGraw-Hill, New york, 1974,p 770.

H.I.Ansoff; Corporate Strategy ;Penguin, London, 1965,p7.

(4)R.W.Bradford and J.P.Duncan; Simplified Strategic

(5) Planning,Chandler House,New York ,2007.

(6) J.B.Barney and W.S.Hesterly; Strategic Management and Comparative Advantage; Pearson Prentice Hall; NewJersey,2006,pp23-24.

(7) قارن

G.A.Steiner and J.B Miner; Management Policy and Strategy ; Macmillan, London,1977, pp 20-21,77.

H.Yoshihara; (Towards Comprehensive Concept of Strategic Adaptive Behaviour of Firms); in;

H.I.Anstoff et.al; From Strategic Planning to Strategic Management, John Wiley,London, 1976, p 106.

P.Tabatoni and P.Jamiou; (The Dynamics of Norms in Strategic Management,)

In;

H.I.Anstoff et.al; op.cit p33.

L.Horvath and L.Zelko;(Features of Strategic Planning in Hungary); in;

H.I.Ansoff et.al.cit P 143.

(8) H.Mintzberg; The Rise and Fall of Strategic Planning, Prentice Hall, London,1994.

H.Mibtzberg et.al; Strategy Safari, Prentice Hall, London, 1998.

(9) لمزيد من التفاصيل، راجع:

هوشيار معروف: أزمة علم الإقتصاد وبناء النظرية الإقتصادية، الجامعة المستنصرية، بغداد، 1986.

الفصل الثاني

مقوِّمات التخطيط الإستراتيجي

يتطلب التخطيط الإستراتيجي مجموعة من المهام، يمكن وضعها على خارطة طريقRoadmap تكفل تطبيق أفكار تهدف الى حدوث تغييرات هامة في مستقبل التنظيم أو الإقتصاد، وذلك عن طريق وضع خطط علمية واقعية وتنفيذها ومتابعتها وتصحيح مساراتها وبما ينسجم مع التغييرات التي تحدث في الظروف والطاقات المتاحة والكامنة لمجال التغيُّير المستهدف.

وتشكِّل المهام المعنية مقومات أساسية للتخطيط الإستراتيجي والتي نعالجها في المباحث الآتية:

المبحث الأول- مبادرة التغيير الإستراتيجي.

المبحث الثاني- قيادة التغيير الإستراتيجي المخطط.

المبحث الثالث- تنظيم إستراتيجي مخطط.

المبحث الرابع- بيئة التخطيط الإستراتيجي.

المبحث الأول

مبادرة التغيير الإستراتيجي المخطط

يتباين دور المبادرين أو المؤثرين في المبادرات حسب مواقعهم في صنع القرارات الإستراتيجية وقدراتهم الشخصية على إتخاذ هذه القرارات وتأثر مصالحهم الإقتصادية والإجتماعية و الثقافية والسياسية .... بالقرارات المعنية.

ويمكن في هذا المجال تمييز بعض المبادرين الرئيسين، والمؤثرين(أو المحفزين) على مبادرات التغير الإستراتيجي المخطط. ومنهم:

أولاً . القادة السياسيون.

ثانياً . القادة الإداريون.

ثالثاً . المنظمون المبتكرون.

رابعاً . أصحاب الأسهم.

خامساً . الباحثون العلميون.

سادساً . الإعلاميون.

أولاً : دور القادة السياسيين في مبادرات التغيير الإستراتيجي المخطط.

يضم القادة السياسيون أعضاء النخبة في قمم السلطات التنفيذية بجانب أصحاب مراكز التأثير في هذه السلطات، ويتوقف دور هؤلاء من جانب على المستوى الثقافي والعلمي والتكنيكي الذي يتسمون به بالإضافة الى مدى إعتمادهم على الخبراء المتخصصين والدراسات السابقة . ومن جانب آخر على مدى جدية هؤلاء في مبادراتهم الإستراتيجية أو مدى تأثرهم الأكثر بإجراء الإنتخابات والتحضير لها.

فإذا ما كانت المبادىء تأتي من أحدى القيادات الرسمية في السلطة التنفيذية وضمن سياقات سلطات هذه القيادة، فإن الإقتراح يرتبط بالإنجاز. غير أن معدل الإنجاز الحقيقي، كما أشرنا يعتمد على الخلفية الثقافية والعلمية والتكنيكية وعلى مدى الجدية في المبادرة. وهنا كلما كانت هذه الخلفية اعمق وأوسع وإرتبطت المبادىء بإرادة التغيير الإستراتيجي، فأن الدعم الإداري المستمر للمبادىء يخلق الضمان الكافي لعملية التنفيذ بل ويمكن تعميم التصاميم النموذجية أحياناً وحتى خلق الظروف الملائمة أو تطويعها لصالح إستدامة التحول الإستراتيجي.

وفي المقابل، ان التخلف الثقافي وضعف المستوى العلمي والتكنيكي من جانب وجعل المبادرات وسيلة إعلامية للتأثير في الناخبين من جانب آخر يجعلان المبادرات المعلنة مجرد شعارات غير قابلة للتنفيذ.

ومما يؤسف له، أن الواقع الأخير يتكرر مع بعض المتنفذين (المؤثرين) خلال قوى القرار أو الضغط السياسي حيث يناور هؤلاء قبيل الإنتخابات ومع ظهور حالات القلق والاضطراب وبما يسلط الضوء على أدوارهم الشخصية في اللعبة السياسية. فتخرج المبادرات مجرد فقاعات إعلامية كبيرة، تنتهي بمجرد التوجه نحو وضع التصاميم وتنفيذ الخطة الإستراتيجية. بل ويمكن أن يوضع أكثر من حجر أساس لمشروع معيّن، فكيف الأمر مع مناهج إستراتيجية تضم العديد من المشروعات ذات الأهمية الجوهرية في عملية مستديمة .

ثانياً: دور القادة الإداريين في مبادرات التغيير الإستراتيجي المخطط

ان فاعلية دور القادة الإداريين في تبني وتنفيذ المبادرات الإستراتيجية تعتمد على الشروط الآتية:

1- المؤهلات الشخصية الثقافية العلمية والتكنيكية الخاصة بالقادة أنفسهم.

2- مستوى إرادتهم في عملية التغيير الإستراتيجي.

3- النفوذ الإقتصادي والإجتماعي والسياسي. وما يرتبط بهذا النفوذ من عناصر الجذب والعلاقات الإجتماعية والتأثير على صناع القرار في أعلى السلطات السياسية والتنفيذية.

4- مستوى إستجابة (وتفاعل) التابعين للمبادرات الإستراتيجية للقادة الإداريين وخاصة بالنسبة للإندفاع الذاتي وتحمل المسؤوليات وروح الإبداع وعمل الفريق......

ولا شك بأن تأثير هؤلاء القادة عند توافر الشروط السابقة يكمن في الأعداد العلمي التكنيكي السليم لتصاميم الخطط الإستراتيجية وتنفيذها ومتابعتها بالدقة المطلوبة وذلك لأن القادة الإداريين هم الذين يتحملون مسؤوليات التصميم والتنفيذ والمتابعة ......

ثالثاً : دور المنظمين المبتكرين في مبادرات التغيير الإستراتيجي المخطط(1)

تبيّن خلال العقود الثلاثة الأخيرة ومع التحولات التكنولوجية السريعة وخاصة في الإتصالات الفضائية أن نسبة عالية من الإبتكارات الإستراتيجية قد نفذت من قبل منظمات عرفت بمؤسسات المنظمين Entrepreneurial Organizations مثل Intel وDell وMicrosoft وApple وNike وAmazon.com وغيرها والتي بدأت بمخاطرات منظمين عرفوا فيما بعد برواد المبادرات الإستراتيجية للتنظيمات المذكورة. لقد بدأ هؤلاء بمنشآت صغيرة تعاني غالباً نقصاً في الموارد إلآ أنهم ومن خلال خطط إستراتيجية تبنوها تمكنوا أن يحوِّلوا هذه المنشآت الى أكبر المؤسسات العالمية.

ومما يؤكد عليه هنا، إن المنظمين المبتكرين لا يتبعون الحوادث ليتأثروا بها وحسب، بل أنهم يخلقون الحوادث أيضاً.. ويبادرون بنشاطات جديدة، ويتبنون في

هذا السبيل قرارات إستراتيجية تتعلق بخلق منافذ تسويقية جديدة وإدخال سلع جديدة في نشاطات الإنتاج وتطوير المواد الأولية والتكنولوجيات المستخدمة.

غير أن من الضروري التأكيد على أن الريادة في القيادة الإستراتيجية لا تعتمد بالضرورة على الباعث الإقتصادي السريع، بل تنبثق من عوامل إقتصادية وإجتماعية وسياسية وثقافية وسلوكية مركبة تمتد الى جميع المستويات الإدارية.

كما ولابد أَن نعلم بأَن الدور الذاتي في بروز الريادة الإقتصادية أهم من المؤثرات الخارجية كدور الدولة وذلك رغم أَهمية هذه المؤثرات في تركيبة ومدى فاعلية هذه الريادة.

رابعاً: دور أصحاب الأسهم في مبادرات التغيير الإستراتيجي المخطط

إن دور أصحاب الأسهم في المبادرات الإستراتيجية وخاصة في التخطيط الإستراتيجي ضعيف في الغالب. وقد تظهر حالات محدودة يبرز فيها هذا الدور والتي هي تكون عبر المؤتمرات العمومية للمساهمين. ويُذكر في مقدمة هذه الحالات فشل المدراء في إنجاز مسؤولياتهم تجاه عملية التخطيط الإستراتيجي أو عند كشف وقائع تتسم بالفساد المالي والإداري أو عند حدوث خسائر جسيمة سبَّبت أو هدَّدت بإنهيار كبير في موازنة الشركة.

وعليه يفترض عند تشريع القوانين الخاصة بالشركات المساهمة، أن تتضمن هذه القوانين وأنظمتها وتعليماتها نصوصاً واضحة بشأن كيفية عقد المؤتمرات العمومية وحول دور وواجبات وسلطات هذه المؤتمرات.

وبغرض إبراز ودعم دور المؤتمرات المعنية قد يكون من الضروري أن تضم هذه المؤتمرات في المقام الأول ثلاث مجموعات رئيسة:

(1) ممثلي المساهمين من بين أكثرهم خبرة وأعلاهم مؤهلاً.

(2) عدد من كبار المساهمين الراغبين في المشاركة ويأتي الاختبار أولاً حسب حصصهم النسبية، وثانياً حسب إستعدادهم الشخصي.

(3) خبراء إقتصاديين يتم إختيارهم وفق معايير موضوعية وبناء على سيرهم الذاتية.

ويمكن إعداد القوائم الخاصة بهذه المجموعات ومن ثم يتم تنضيج هذه القوائم في المؤتمر العمومي الأول لمجموع المساهمين.

أن تشكيل مؤتمر تنظيم الأعمال وعقده بشكل دوري سنوي أو نصف سنوي يمكن أن يتمخض عن مبادرات هامة للتغيير الإستراتيجي. وبذلك يمكن زيادة توكيد دور أصحاب الأسهم في هذه المبادرات.

خامساً : دور الباحثين العلميين في مبادرات التغيير الإستراتيجي

ان الباحثين في مراكز التخطيط (التابعة لوزارات أو هيئات أو تنظيمات الأعمال)كثيراً ما يقترحون مبادرات بغرض التغيير الإستراتيجي. وتتأتى هذه المبادرات عادة من بحوث علمية أو ميدانية بشأن الإقتصاد ككل أو حول الإنتاج أو التسويق أو الموارد البشرية. ......

كما وأن هؤلاء الباحثين يدعمون التوجه المستهدف ومتطلباته التنفيذية من خلال البحوث العلمية بشكل رسمي منظم وضمن البرامج المؤسسية المعتمدة.

ويفترض بالباحثين أيضاً أن يستمروا بعد تبني الخطة الإستراتيجية على دعم عمليات التنفيذ والمتابعة عن طريق الدراسات الميدانية الهادفة الى زيادة فهم وإستيعاب محتويات الخطة وأهدافها...... ومن ثم الإسهام الفاعل في توعية المجتمع ونشر الرؤية التخطيطية وبما يخلق بيئة الدعم الملائمة لنشاطات التنفيذ سواءُ كان ذلك من داخل المهمة وضمن الأطراف المباشرة ذات المصالح الأولى

لتكريس التأثيرات الإيجابية للإدارة وتنظيماتها الرسمية أو من البيئة الخارجية للمجال المعني وذلك بإيصال التوافق مع هذه البيئة.

ومما يُشار اليه هنا، أن هؤلاء قد لا يهيّئون مباشرة الصيغة النهائية للخطة الإستراتيجية, لكن الأهم أن يكون لهم دوراً فاعلاً في المعالجات التكنيكية الأساسية لإعداد هذه الخطة وفضلاً عن ذلك يمكن للباحثين أن يواصلوا تأثيراتهم الإيجابية في مسار التخطيط الإستراتيجي من خلال متابعة تنفيذ وتشخيص الإنحرافات مع تمييز الفروقات الإيجابية عن الفروقات السلبية والتوصية بكيفية معالجة الفروقات السلبية مع دعم الفروقات الإيجابية وبما يحقّق فوائض إقتصادية تنعكس بمزيد من النمو والتحول الهيكلي في الإنتاج.

سادساً: دور الإعلاميين في مبادرات التغيير الإستراتيجي

يقوم الإعلاميون بدور الإثارة والترويج وأحياناً عرض علمي لمبادرات مقترحة. وكل هذا يجري من خلال تقارير هادفة تكشف عن مرحلتي بيان الرسالة حول الوقائع السائدة وكيفية بلوغها وبيان الرؤية المستقبلية. كما ويمكن أن يمتد دور هؤلاء الى متابعة تنفيذ الخطط المقررة وتسليط الضوء على بعض الإنحرافات وخصائصها وإقتراح معالجات معينة.

وبصورة عامة يمكن للإعلاميين المهتمين بالخطط الإستراتيجية أن يمارسوا دور القوة المؤثّرة في المبادرات وإتجاهاتها ودعم سبل تنفيذها ومتابعتها.

ولا شك بأن مستوى فعّالية دور الإعلاميين في تعزيز مبادرات التغيير الإستراتيجي يعتمد على كل من:

1. الخلفية الثقافية والعلمية والتكنيكية للإعلاميين المهتمين بالتخطيط الإستراتيجي. ويفضل أن يكون هؤلاء (الإعلاميون) من ذوي الخلفيات الأكاديمية الإقتصادية والإدارية بالإضافة الى تخصصاتهم الإعلامية.

2. إطلاق حرية الرأي والنشر وعدم تقييد هذه الحرية تحت مبررات مفتعلة تنعكس سلباً على دور السلطة الرابعة في تعزيز التخطيط الإستراتيجي.
3. التغذية الخلفية الإيجابية لتنظيم الأعمال أو للإجهزة المعينة بالتخطيط الإستراتيجي.
4. قيام أصحاب السلطة في الدولة (أو الإقليم) بتحفيز المختصين وذوي الخبرة سواء كانوا خارج التنظيمات المسؤولة عن التخطيط لإبداء ملاحظاتهم وإنتقاداتهم وإقتراحاتهم وعلى الملأ وعن طريق مختلف وسائل الإعلام ودون أن يترتب على ذلك أي تصرف إنتقامي من بعض المسؤولين المتشبثين بمراكزهم كما يحدث الآن في كثير من البلدان والأقاليم المتخلفة حيث يعمل هؤلاء المسؤولون على تغطية عيوب مؤسساتهم بمنع أحدٍ فيها عن كشف مكامن الجهل في هذه المؤسسات.

المبحث الثاني

قيادة التغيير الإستراتيجي المخطط [2]

تفهم القيادة على أنها: توجيه سلوك الأفراد وتنسيق جهودهم وموازنة دوافعهم ورغباتهم، بغية الوصول بالجماعة الى تحقيق أهداف المنظمة بكفاءة عالية. وهو ما يكون من خلال إنقياد العاملين عن رغبة وطواعية للرئيس الإداري وذلك لما يتمتع به هذا الرئيس من طاقات متميِّزة وظروف مواتية تُؤَهلانه للتأثير في أعضاء الجماعة.

وعليه فأن القيادة حصيلة ضرورية للتفاعلات النفسية الإجتماعية بين العاملين والقائد، تفاعلات تقوم على علاقة واعية يركن اليها الجانبان في جوٍّ مفعم بالثقة. فلا يشوب فكر العاملين شعورٌ بالتمايز في توجيهات الإدارة ولا يعتري ذهن القادة إحساس بالشك في تجاوب العاملين وذلك حيث يبقى التوجيه قائماً على توفير الفرص المتكافئة للجميع ويكون التجاوب نابعاً عن قناعة جماعية بالعمل الذي تديره القيادة.

ولا ريب في أن لهذه التفاعلات دوراً كبيراً في مستوى التنظيم وإنتاجيته، ويتجسد هذا الدور في إلتقاء وتكامل المصالح الرسمية والإجتماعية والفردية.

ويستتبع ذلك إعتماد فاعلية القيادة على التأثيرات المتبادلة لخمسة مصادر رئيسة:

أولاً: دور التنظيم الرسمي للقائد الإداري- من حيث الصلاحيات المناطة به التي تعتمد عادة على ثقة المنظمين أو أصحاب الأسهم أو السلطات الحكومية (في القطاع العام) بالإضافة الى التشريعات النافذة التي تمنح بموجبها هذه الصلاحيات.

ثانياً: الخصائص الشخصية للقادة- مثل القدرات الثقافية والعلمية والتكنيكية والمهارات الخاصة كالثقة بالنفس وبالآخرين والتفاعل الديموقراطي في الحوار وتقبل النقد والثبات في المِزاج وعدم الأنانية وتجنب ميول الإنحياز الأُسري أو

الطائفي أو الديني أو العرقي .... بالإضافة الى التحلي بالصبر والهدوء والبشاشة والصدق والوضوح والإلتزام بالمباديء والقيم الرصينة والإيجابية مع التوجهات التنموية للتنظيم وكل ذلك بالإضافة الى روح المبادرة والإبتكار وبالتالي، العمل على الإسهام الفاعل والكفوء في تقييم التجارب السابقة للمنظمة وفي بناء الرؤية المستقبلية للتغيير الإستراتيجي. وهناك كلما تعمقت القيادة الإدارية في بعض نشاطات العمل التكنيكي عن وعيٍ ودراية وفهم للقواعد الأساسية فإن القيادة المعنيَّة تحقق دوراً أكثر فاعلية وكفاءة في التغيير الإستراتيجي، خاصة إذا ما تركزت مشاركة هذه القيادة في الإشراف العام وإبداء النُصح والحث على الإنجاز بروح الفريق ودون أي تقييد إداري ينعكس سالباً على الطاقات الإبتكارية للكوادر التكنيكية العاملة في إعداد الخطط الإستراتيجية.

ثالثاً : النفوذ السياسي والإجتماعي والإقتصادي داخل المنظمة وخارجها- وهذا ما يعتمد الى حد كبير على التنظيم غير الرسمي، حيث يبني القائد تنبؤاته بشأن التغييرات المخططة على الدعم الذي يحظى به في المجتمع المحيط وأجهزة السلطة السياسية القائمة وعلى الإحساس بالرضى عن مستوى إشباعه لحاجاته المادية.وكل ذلك بما يكرِّس من قيمه القيادية والالتزام برسالته في التغيير الإستراتيجي ودون العكس.

وآنذاك يجد القائد الإستراتيجي نفسه في وسط مجموعات نشطة، تتجاوب عن وعيٍ وقناعة، وهي محاطة بنطاق من أنظمة التحفيز والتطوير يمكن من خلالها (أي هذه المجموعات) نشر مباديء تعزيز الشخصية الإبتكارية وروح الفريق وجماعية الإنجاز وتسخير كافة الإرتباطات الخارجية (شخصية أو أسرية أو إجتماعية عامة أو سياسية .....) لصالح الرؤية المعتمدة في الخطة الإستراتيجية.

وهنا كلما رافقت النفوذ السياسي والإجتماعي والإقتصادي للقادة الإداريين سلطات إدارية مالية (رسمية) أكبر فإنهم يصبحون مؤهلين أكثر لإنجاز مهام إستثنائية في حالة التجديد والإبتكار.

ويؤكد هنا على أن النفوذ الأكثر فاعلية وديمومة لصالح عملية التخطيط الإستراتيجي هو النفوذ المشروع والذي يتعارض تماماً مع (الإحتراف السياسي) و(البحث عن مآرب خاصة أو تمجيد الذات).

رابعاً: تجاوب المختصين في التخطيط الإستراتيجي- ودراسات الجدوى الإقتصادية وتقييم المشروعات وتقويم الكفاءة الإنتاجية وذلك بالنسبة لكافة توجيهات القادة الإستراتيجيين وفي الوقت المناسب، على أن يتسم هؤلاء بالإندفاع الشخصي لتطوير أدائهم والعمل ضمن الفريق والمشاركة في صنع القرارات، ومن ثم الإسهام الإبداعي في كافة مراحل إعداد الخطط الإستراتيجية ومتابعة تنفيذها.

خامساً: البيئة الإقتصادية والإجتماعية والسياسية والثقافية والتكنولوجية..... الملائمة للقادة الإستراتيجيين- حيث لابد للمخططين أن يتابعوا بشكل مستمر التغييرات التي تحدث في عناصر هذه البيئة، وبالتالي عليهم أن يعملوا على تحقيق تفاعل ديناميكي بين مساري عملية التخطيط وهذه التغييرات. فإذا ما حدث إختلال مؤثّر معيَّن في هذه العلاقة، يفترض بالمختصين أن يعملوا إما على تغيير التكوين الثقافي والتكنيكي الداخلي للتنظيم أو إعادة توجيه التأثيرات البيئية وتعديلها لصالح التخطيط الإستراتيجي، وهذا ما يكون بالإعتماد على:

(1) إرادة التغيير لدى القيادات الإدارية

(2) دعم هذه القيادات للقيم الإنتاجية وتكريس أنظمة التحفيز المختلفة والأكثر فاعلية في التأثير السلوكي لدى العاملين.

(3) الطاقات الكامنة التي سيتم إطلاقها وعرضها لصالح التخطيط المعني والتطوير المستمر للموارد البشرية.

وفي خضم تفاعل المخطط والموجَّه للمؤثرات السابقة، يمكن تحقيق النتائج الآتية، والتي تنعكس إيجاباً على عملية التخطيط الإستراتيجي وتنفيذه:

1. رفع معدلات كفاءة الأداء (ومردود الإنتاج) من خلال تعميق الإنتمائية الفردية للتنظيم وبالتالي تبني السلوك المؤسسي.
2. تعزيز الرقابة النوعية وتبني سياسة مُثلى للتسعيرة مع زيادة الثقة بالمنتوجات المحلية.
3. تقديم الحوافز المادية والمعنوية وربط أنظمتها بالأهداف الأساسية للخطط المعنية.
4. فهم الأبعاد الإقتصادية والإجتماعية والسيكولوجية للبيئة الداخلية والخارجية لنطاق التخطيط الإستراتيجي.
5. إبراز الفروقات الفردية في مجال التنظيم ومن ثم توجيه هذه الفروقات لتطوير الموقع الشخصي- في المجتمع وهذا ما يكفله الدور المتميِّز في صياغة الخطط ومتابعة كافة مراحل العملية التخطيطية وما يشهده والآخرون من إنجازاته المؤسسية الإجتماعية. وهذا ما يتكامل مع روح الفريق لدى الأشخاص المتميِّزين حيث يربط هؤلاء إنجازاتهم بالتكافل مع الآخرين ودعم السلوك الديموقراطي العلمي في الإدارة الإستراتيجية.
6. نشر التكنولوجيا بكافة عناصرها من أجهزةEquipments وأساليبTechniques ومعلومات Information ونظم Systems وأنماط Patterns. وكل ذلك حسب الخطط الإستراتيجية المعتمدة وتكتيكاتها.
7. وضع الحلول المسبقة لكثير من الإختلالات. وهذا ما قد ينعكس إيجابياً بأبعاد المؤسسات المتبنية للتخطيط الإستراتيجي عن الإضطرابات الإجتماعية والسياسية التي تظهر من فترة لأُخرى ولأي سبب كان.

وهكذا فإن دور قادة التغيير الإستراتيجي المخطط يختلف تماماً عن دور قادة التنظيم الإعتيادي، وذلك مع تكرار الخصائص الرئيسة للقيادة الإدارية في حالتين، حيث يندمج قادة التغييرالإستراتيجي في عملية التخطيط منذ مراحله الأولى وحتى تنفيذ المبادرات الإستراتيجية ومتابعتها اليومية وتصحيح مساراتها. فيغيِّر هؤلاء طريقة تفكير الناس والميول أو الإتجاهات السلبية لدى بعض المدراء وكل ذلك من خلال العمل المشترك والتدريب الهادف الى تكريس أفكار وقناعات جديدة وبما يتوافق مع الرؤى والأهداف والتوجهات الإستراتيجية المعتمدة.

وبالنتيجة يمكن عن طريق القيادة الإستراتيجية كسر الحلقات المفقودة Missing Links التي تبدأ بالتخلف الإداري وتنتهي به وذلك مروراً بإهمال المواصفات والمقاييس وعدم تكافؤ الفرص وسوء تخصيص الموارد الإنتاجية وما يتوالد عن ذلك من تبذير هذه الموارد وإنخفاض كفاءتها وإرتفاع تكلفة وحدة المنتوج، وبالنتيجة ضعف المركز التنافسي للمنشأة المعنية و/ أو تفاقم إختلال هيكل الإنتاج المحلي.

وهكذا تُسهم القيادات الإستراتيجية في عملية التغييرات الشاملة وعلى كافة مستويات تنظيمات الأعمال والإقتصاد الإقليمي والوطني

المبحث الثالث

تنظيم إستراتيجي مخطط (3)

لا يُنكر أن القرارات الهامة وخاصة الإستراتيجية ، تصدر من قبل القيادات الإدارية العليا. كما وإن وظائف التوجيه والتنسيق والرقابة وتنمية الموارد البشرية التي تعدُّ ذات أهمية بالغة في تحقيق الأهداف الإستراتيجية تتولاها القيادات المعنية. غير أن التفاصيل العلمية والتكنيكية والإجراءات الإدارية الجارية والبحوث (والإستقصاءات الميدانية) التي تدخل مباشرة في عملية التخطيط الإستراتيجي تتوقف الى حدّ كبير على الجهود الفكرية والبدنية التي تقع على عاتق الكوادر المتخصصة في المنظمة وعلى نظم التنسيق والإتصال التي تربط إهتمامات ونواتج هذه الكوادر العاملة سواء كانت في منشآت أو شركات في القطاع الخاص أو في وزارات أو مؤسسات أخرى في القطاع العام. كما ولاشك أن تنفيذ ومتابعة الخطط الإستراتيجية يعتمدان ميدانياً على هذه الكوادر.

وبما أن الإنجاز الحقيقي للتخطيط الأستراتيجي في أي تنظيم للأعمال أو في الإقتصاد الكلي لا ينحصر في سيطرة القادة على إنجاز وظائفهم الإدارية وذلك مهما كانت طاقاتهم الفكرية والتطبيقية، بل يعتمد أيضاً على خلق نطاق أوسع وتطور أكثر لتأثير التنظيمات القائمة. وبالتالي لابد وأن يسبق التخطيط الإستراتيجي تحولٌ هام وجذريٌ للتنظيمات المختلفة بكافة تقسيماتها المرتبطة بإعداد وتنفيذ ومتابعة الخطط المعنية.

وعلى أية حال، يُفهم التنظيم على أنه: (تحديد مستلزمات الإنتاج من الموارد البشرية والتجهيزات الرأسمالية وتجميعها وتنسيقها وتصنيفها في نشاطات مختلفة يتم توزيعها على وظائف محددة مع تنسيب المسؤوليات وتخويل الصلاحيات

وتعيين المستويات الإدارية وعلاقاتها المتداخلة وربط العمليات بعضها ببعض بشكل منظم يسمح بتحقيق الأهداف المعينة بكفاءة عالية).

وإعتماداً على هذا التعريف يُنظر الى التغيير الإستراتيجي للتنظيم بإعتباره عملية متكاملة وجذرية لكافة الوظائف والمستويات وأنماط السلوك والأساليب والوسائل، وكل ما يتضمنه تطور التنظيم من تغيير نمطي مستمر وشامل في المستويات الثقافية لجميع العاملين وتكامل أهداف المنظمة مع حاجات الأفراد الأعضاء في المجموعات المخططة وذات المصالح الأولى في التخطيط الإستراتيجي. وعليه يتناول التغيير الإستراتيجي للتنظيم أموراً عديدة، أهمها:

1. الإنتفاع الأفضل من الموارد البشرية والتجهيزات الرأسمالية.
2. تصميم (وإعادة تصميم) الهياكل والأنظمة والإجراءات التي تسهّل الإتصالات وتجعل القرارات أقرب الى مصادر المعلومات.
3. الإلتزام باللامركزية وتفويض السلطات.
4. تنسيق جهود العاملين وفق الأساليب الديموقراطية وذلك برفع درجة مشاركتهم في القرارات التي تمسهم مباشرة وبخلق الظروف الكفيلة بتفاعلهم في علاقات إنسانية موجهة.
5. تطوير أنظمة المعلومات وإعداد بحوث العمليات بغرض الوصول الى تنبوءات واقعية ومتوافقة مع الأنماط المخططة.
6. إستيعاب المؤشرات الإقتصادية والسياسية والعمل على تحقيق التوافق الهادف مع عناصر البيئة المحيطة.
7. تطوير أنظمة المكافآت والحوافز وبما يتلاءم مع تطبيق مبدأ تكافؤ الفرص لجميع العاملين وتقويم كفاء أدائهم حسب مقاييس موضوعية إنسانية مقبولة لجميع الأطراف.

8. تعميم التعليم والتدريب وبما يسهم في نشر الإبتكار وعناصره ومجالاته من جانب وفي رفع معدل التغذية الخلفية للإبتكار نفسه في التنظيم متوافقاً مع التطور، وبما يدعم تغيير السلوك المؤسسي للعاملين جميعاً. وهذا ما يتحقق بالنسبة لكل من:

(1) السلوك الرسميFormal Behaviour الموجَّه كلياً نحو إنجاز واجبات وإلتزامات التنظيم الرسمي.

(2) السلوك اللارسمي Normal Behaviour وهو يسهل إنجاز الأعمال الرسمية خلال توجيه ما يمتلكه الأعضاء من مبادرات وميول وتصرفات لا تقوم على نمط مرسوم بقواعد وإجراءات محددتين بموجب قوانين وأنظمة وتعليمات مقررة، فيخدم السلوك اللارسمي التنظيم الرسمي.

(3) السلوك غير الرسمي Informal Behavour : وهو سلوك موجَّه كلياً نحو إشباع الحاجات الإنسانية والإجتماعية للأعضاء والتي لا تتعلق بإنجاز الأعمال الرسمية أصلاً، وهنا لابد من أحداث تحوّل أساسي في السلوك الإجتماعي لصالح التفاعل الإيجابي أي بما يضمن تكامل السلوكيات الثلاثة، وتوجيهها نحو تعميق إنتمائية جميع العاملين لعملية التخطيط الإستراتيجي.

وفضلاً عما سبق من الضروري الخروج من السياسات التقليدية السائدة في كثير من البلدان النامية والتي تقوم عادة على التوسع الكمي للأجهزة الإدارية على حساب التطور النوعي لهذه الأجهزة. وبالتالي يفترض وضع إستراتيجيات تكفل ربط الطاقات الإستيعابية للأجهزة المعنية بالطاقات الإنتاجية.

ويتطلب التوافق بين الطاقتين: الإنتاجية والإستيعابية تبنى إستراتيجية للتغيير التنظيمي المتوازن، حيث تتم محاكاة التنظيم الجديد للشكل أو النمط الإستراتيجي في الخطة المعتمدة. ولتحقيق ذلك لابد من وجود آلية تعمل على تصحيح أي إختلال قد يحدث في التوازن السابق، ليعود التنظيم دائماً الى وضعه

النموذجي الأول. وهذا ما يجب أن يكون في أطار تنموي يسمح بتنويع نشاطات المنشآت المختلفة وتحديثها بإضافة منتوجات جديدة (سلعية وخدمية) مع إضافة موارد جديدة الى قائمة مستلزمات الإنتاج.

وبالنسبة لتأثيرات البيئة من الضروري إعداد إستراتيجيات تهدف الى أحداث تحول جذري من المنظمات المتفاعلة مع التأثيرات المذكورة Reactive Organizations الى المنظمات الفعالة أو المؤثِّرة Proactive Organizations في هذه التأثيرات.

ويقتضي هذا التحوّل التمييز بين التغييرات المتوقعة {والمؤكدة} والتغييرات الطارئة حيث تُعدُّ خطط قصيرة المدى لمعالجة مختلف الأزمات وبما يكفل الإستجابة أو المواجهة السريعة فيكون التنظيم مرناً تجاه مختلف التغييرات، وبالتالي تزداد الطاقات الفعلية لتوليد المبادرات.

ولترصين دور التنظيم في التخطيط الإستراتيجي، يؤكدُّ البعض على ما يعرف بالدورة الإستراتيجية، التي تتضمن الإنتقال من حالة تقدير الهياكل التنظيمية البيئية الى تغيير السلوك التنظيمي العام ومن ثم الى تقييم الإنجاز وأخيراً الى التعميم.

وبهذا يمكن لتغيير التنظيم أن يقترن بالتطوير وذلك كما أشار W.W.Burke عندما يستجيب هذا التغيير للحاجات الفعلية للعاملين ويكفل لهم تحولاً ثقافياً وعلمياً وتكنولوجياً شاملاً. وكل ذلك بما يزيد من إندفاعهم للمشاركة الفعالة والمستمرة في إنجاز مهامهم ضمن عملية التخطيط الإستراتيجي. وبغرض تجاوز أي خلط أو إرتباك عند البحث عن التغيير الإستراتيجي، من الضروري التمييز أيضاً بين تغيير الهياكل التنظيمية وتغيير الصيغ التنظيمية.

يتناول الهيكل التنظيمي مجموعة من العلاقات أو النسب التي تربط الوظائف والمواقع المختلفة (لأعضاء المنظمة) وفي كافة الإتجاهات: الأفقية والعمودية مع بيان الأدوار الخاصة بهذه الوظائف والمواقع وبهؤلاء الأعضاء. وكل ذلك مع

تحديد العلاقات ما بين الصلاحيات والمسؤوليات وما بين المواصفات الوظيفية والمؤهلات الشخصية وما بين السلطات الإستشارية والسلطات التنفيذية....... ومن ثم تقسيم العمل ما بين وظائف المنشأة الواحدة وما بين المنشآت والصناعات والفروع الإنتاجية) المسؤولة عن تنفيذ أو متابعة الخطة الإستراتيجية.

وفيما يخص الخطة التنظيمية فإنها تتحدَّد بسلطة إتخاذ القرارات. فقد يكون شكل التنظيم قائماً على دور المنظم وذلك حيث يسود الدور المتميِّز للبعض، كما أشرنا سابقاً بالنسبة لشركاتDell وMicrosoft وApple و Amazon.com التي تحولت بتأثير المنظمين من وحدات صغيرة الى مؤسسات عالمية.

وهكذا تكون تنظيمات المنظمينEntrepreneurial Organizations وبالصيغة الأخيرة تنظيمات قائمة على قدرات إبتكارية والتي كثيراً ما تكون علمية وتكنيكية وإدارية في آن واحد.

وقد يتخذ التنظيم الشكل **الملائم لنفوذ التكنوقراط** حيث يمارس أصحاب الخبرات التكنولوجية والعلمية دوراً هاماً في المنشأة أو الشركة.

وعندما يربط المخطط الإستراتيجي تكتيكات معينة لإنجاز خطط عمليات قد يحتاج الأمر الى إنشاء تنظيمات قائمة على أغراض معينة بالذات فتكون هذه التنظيمات قائمة على شكل مشروعات محددة.

وتعدُّ اللامركزية الإدارية وضمن أي تنظيم وفيما بين تنظيمات جهاز قائم إقليمياً أو وطنياً من أفضل صيغ التنظيم وأكثرها توافقاً مع عملية التخطيط الإستراتيجي وذلك مع توزيع كافٍ للصلاحيات ومع هيكل كفوء ومتطور ومرن للموارد البشرية.

وبغرض تكريس اللامركزية الإدارية مع تحقيق مكاسب التضامن ما بين التنظيمات المختلفة، يمكن تبني ترتيبات مشتركة تكثِّف من صيغ التشابك عندما تستكمل هذه الترتيبات بشبكات منظمة للإتصالات المفتوحة. ويلاحظ هنا أن تنويع

الوظائف يستمر في الحالتين الأخيرتين ولكن بدرجات متفاوتة تقررها الخصائص الهيكلية للتنظيمات المعنية.

وعند الإشارة الى الصيغ المهتمة بالتشابك الإنتاجي في التنظيم الإستراتيجي يتم التأكيد عادة على (سلسلة القيمَة الحَرِجَةCritical Value Series) حيث تصبح نشاطات هذه السلسلة المكوِّنات الرئيسة التي يُبنى عليها التنظيم الأكثر توافقاً مع التخطيط الإستراتيجي. وللإشارة الى أهمية هذا التشابك القائم على زيادة تكثيف الإرتباطات التكنيكية مع الحفاظ على الإنجازات الإبتكارية للمنشأة نشير الى تجربة الشركة Polaroid التي قامت لسنوات طويلة بشراء أفلامها الخام من شركة Eastman Kodak والأجهزة الألكترونية من شركة Taxax Instrument وآلات التصوير من شركة Timex بينما ركزَّت هي (أي Polaroid) على إنتاج مجموعات الأفلام ذاتية التحميض ومن ثم قامت بتصميم الجيل الثاني من الأفلام ومن آلات التصوير.

ومهما كان الهيكل أو الشكل التنظيمي، فأن التوفيق بين التنظيم كمقوِّم أو متطلب رئيس للتخطيط الإستراتيجي وإنجاز هذا التخطيط بكافة مراحله يفرض توافر كافة المؤثرات أو القوى المحرِّكة أو المحفِّزة الضرورية كتكثيف الطاقات المتاحة والكامنة وإستثمارها بكفاءة إقتصادية وتكنولوجية وحضارية عالية، وبما يحقق معدلات متصاعدة لنمو القدرات التنافسية والعلاقات الهيكلية، فتصبح التنظيمات الإدارية القائمة بهياكلها وأشكالها المختلفتين داعمة ومرنة لعملية التغييرالإستراتيجي. وهذا ما يرفع من إمكانات هذه التنظيمات وقياداتها على تحقيق أهدافها الإستراتيجية بإستخدام أفضل الخبرات البشرية وأكفأ الأساليب العلمية وأحدث الوسائل التكنولوجية. وهكذا كلما أتسع نطاق فرق الأعمال من ذوي المهارات التكنيكية (والعلمية) المهنية وتشابكت المصالح المتأثرة بنشاطات التنظيم،

إزدادت مكاسب التخطيط الإستراتيجي وتحولت (هذه المكاسب) من نطاق محدود لتنظيم ما الى نطاق مؤسسي أو قطاعي أو إقليمي وحتى وطني أوسع.

وعلى ما سبق يمكن بناء تنظيمات متوافقة تماماً مع عملية التخطيط الإستراتيجي، والتي تكون قادرة على الإفادة من التغييرات المتولدة من الظروف السائدة والتفاعل معها بكفاءة عالية.

المبحث الرابع

بيئة التخطيط الإستراتيجي

أشرنا سابقاً الى أن محوري تمايز الإنتاج وتدني تكلفة وحدة المنتوج لم يعودا المحورين الوحيدين للتخطيط الإستراتيجي على مستوى تنظيم الأعمال. كما ويمكن القول أن محور أعلى معدل لنمو الدخل القومي (أو تشغيل القوى العاملة) أو محور أعلى معدل لتحوّل العلاقات الهيكلية لايمكن إعتباره المحور الوحيد للتخطيط الإستراتيجي على مستوى الإقتصاد الكلي. وذلك (في جميع هذه الحالات) لابد من إعطاء نفس الإهتمام بالبيئة كمحور رئيس لهذا التخطيط وخاصة بعد أن تم ربط مفهوم التنمية المستديمة(4) Sustainable Development منذ بداية السبعينات (بعد مؤتمر ستوكهولم)بهدفين إستراتيجيين: أولهما- الحفاظ على سلامة البيئة، وثانيهما – حماية الموارد القابلة للنضوبExhaustible Resources من الإستنزاف.

إن لتأثيرات البيئة مجالات وعناصر وإتجاهات متباينة، لابد من الإهتمام بها جميعاً كظواهر متداخلة وبكافة إيجابياتها وسلبياتها.

فمن حيث المجالات التي تمتد خلالها التأثيرات المعنية، تظهر التشكيلات البيئية الآتية:

1.البيئة الداخلية (ضمن موقع أو مواقع المهمة الإستراتيجية).

2.البيئة المحيطة (الخاصة بموقع أو بمواقع المهمة الإستراتيجية).

3.البيئة العامة (الخارجية لموقع أو لمواقع المهمة الإستراتيجية).

ويمكن توضيح العلاقات المتداخلة لهذه المجالات في الشكل الآتي:

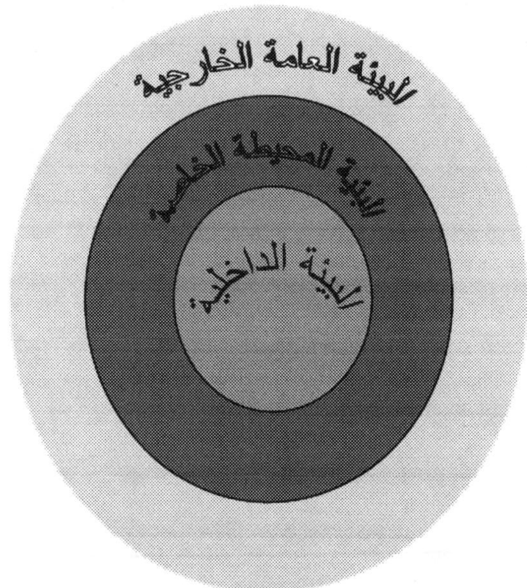

ان هناك عناصر معينة ضمن كل مجال بيئي سابق. تؤثر هذه العناصر في بعضها البعض وتؤثر في عناصر المجال البيئي التالي (أو الآخر).

وهنا يفترض بالمخطط الإستراتيجي أن يدرس كل عنصر من عناصر البيئات الثلاث السابقة ويحاول أن يصل الى ما يمكن أن نسميه بعملية التكافؤ البيئي Environmental Equivalence للتخطيط الإستراتيجي. وتتضمن هذه العملية الشروط الآتية المعروفة للتكافؤ:

1. شرط الإنعكاسية Reflexive Condition

يعكس المجال البيئي الواحد نفسه بكافة عناصره وتفاصيله. وهذا ما يتحقق عندما يسود نوع من التفاعل فيما بين هذه العناصر ومن ثم يصبح هيكل المجال المعني متوازناً من حيث التأثيرات المتأتية من كل عنصر رئيسي أو ثانوي وكذلك في العلاقات البنيانية لهذه التأثيرات ومصادر توليدها. وبالنتيجة يعمُّ نوع من التناغم

في تأثيرات عناصر المجموعة الشاملة Universal Set للمجال البيئي الواحد. وان هذا التناغم سيكفل إستمرار خاصية أو شرط الإنعكاسية في المجال المعني.

2. شرط التماثلية أو التناظرية Symmetric Condition

يُقابل تأثير كل عنصر سواء كان ضمن المجموعة الجزئية Partial Set أو المجموعة الشاملة تأثير مقابل يأتي من عنصر آخر يعاكسه في الإتجاه ويعادله في القوة أو الفاعلية.

ويطبق هذا الشرط على التأثيرات المتقابلة ضمن المجال البيئي الواحد فيُكرِّس شرط الإنعكاسية لذلك المجال، كما ويطبق على العلاقة البينية للمجالات الثلاثة. أي فيما بين البيئة الداخلية والبيئة المحيطة والبيئة العامة الخارجية وكما هو موضح أدناه.

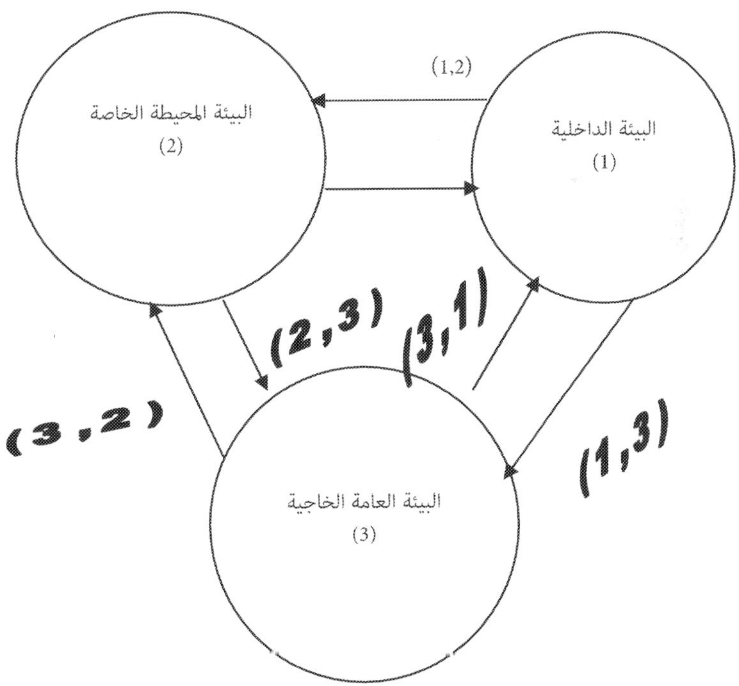

فإذا كانت تماثلية (أو تناظرية) عناصر المجال البيئي الواحد تكرّس التوازن البنياني ومن ثم إنعكاسية المجال البيئي الواحد فإن تماثلية (أو تناظرية) المجالات البيئية المتقابلة تزداد من حيث الكفاءة والإستقرار عندما يتحقق شرط الإنعكاسية لكل واحد من المجالات الثلاثة.

3.**شرط الإنتقالية** Transitive Condition

يتعلق هذا الشرط بكيفية وواقع إنتقال تأثيرات المجال البيئي الواحد الى مجال ثالث عبر مجال وسيط فمثلاً ينتقل تأثير مجال البيئة الداخلية الى البيئة العامة الخارجية عبر مجال البيئة المحيطة. وهذا ما يمكن تطبيقه من أي مجال آخر الى مجال ثالث وعبر مجال وسيط. كما هو واضح في الشكل الآتي:

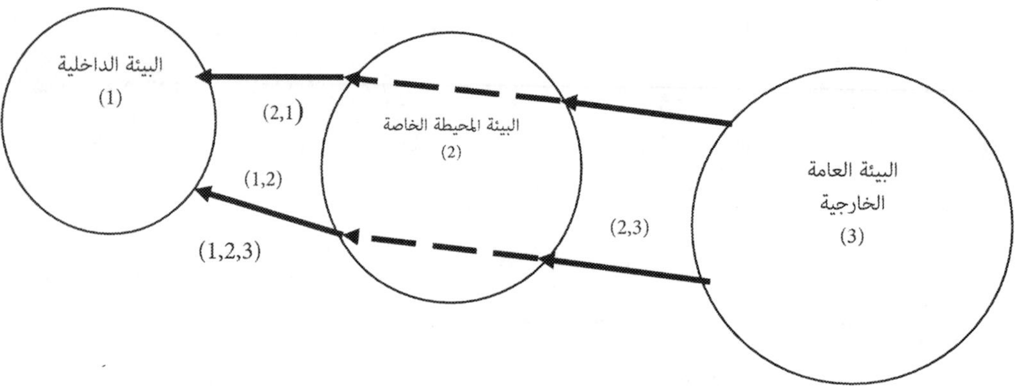

وهنا فإن شرط التماثلية (أو التناظر) لكل مجالين ضمن المجالات الثلاثة سوف يُكرّس شرط الإنتقالية.

وهكذا فإن توافر كل شرط من الشروط الثلاثة للتكافؤ البيئي يدعم شرطاً آخر.

ولبيان آلية تحقق هذا التكافؤ نشير الى إتجاهات التأثيرات المتولدة من العناصر والمجالات الواردتين. وتتركز إتجاهات التأثيرات المعنية فيما يأتي:

1.التغذية الخلفية (أو الإرتدادية) الموجبة Positive Feedback.

2.التغذية الخلفية (أو الإرتدادية) السالبةNegative Feedback.

3.التغذية الأمامية الموجبة Positive Feedforward.

4.التغذية الأمامية السالبةNegative Feedforward .

أن التغذيتين الأولى والثانية تشكّلان تغذية خلفية صافية Net Feedback بينما تشكل التغذيتان الثالثة و الرابعة تغذية أمامية صافية Net Feedforward.

وتهتم التغذية الخلفية بإرتداد تأثير قرار أو تصرف أو توجيه ما بصورة إيجابية أو سلبية الى مصدره مادياً أو معنوياً خلال فترة زمنية معينة. وفي المقابل ينتقل التأثير المتولد حسب التغذية الأمامية من مجال الى مجال آخر دون أن يرتد هذا التأثير الى مصدر حدوثه خلال فترة زمنية معينة.

ويمكن تمييز أربعة أنواع من التأثيرات البيئية التي تخضع للتغذيتين الخلفية والأمامية:

1. المشاركة في القرارات و حتى في فرق العمل. فتظهر تغذية إيجابية تامة.

2. القبول العام وهذا ما يكون غالباً تجاوباً مع رأي أو حماس الغالبية أو نتيجة لسيطرة مصدر التأثير الأولي أومحاباة لهذا المصدر ومهما كانت أداة أو وسيلة السيطرة : شخصية أو إجتماعية أو سياسية أو إقتصادية...... وهنا تظهر إيجابية معتدلة.

3. القبول المشروط أو المقاومة الأولية. حيث يُقَيَّد القبول بشرط أو قد تحدث مقاومة ولكنها تعتمد أساليب الحوار (الشخصي أو المادي). فتظهر في هذه الحالة تغذية إيجابية قابلة للتعديل أو تغذية سلبية معتدلة.

4. الرفض، وبموجبه تظهر السلبية التامة.

ولتشخيص هذه الحالات ومعالجتها يفترض بالمخطط الإستراتيجي أن يأخذ في إعتباره عنصر الزمن، وذلك لأن ما يعدُّ إيجابياً في فترة ما قد يصبح سلبياً في فترة أخرى أو بالعكس قد يتحول ما هو سلبيٌّ في فترة ما الى ما يمكن أن يكون إيجابياً في فترة أخرى. وبالتالي من الضروري إعداد خطط قصيرة ومتوسطة المدى تعمل على تغيير هادف ومحدَّد للتأثيرات أو للتغذيات السلبية الى أخرى إيجابية وذلك من خلال تلافي أسباب الرفض ودعم أسباب القبول، فتبرز نقاط القوة وتسود حالة التأكد وفرصها الإيجابية على حساب نقاط الضعف وحالة عدم التأكد ومخاطرها الكامنة.

وزيادةً في توضيح شروط التكافؤ البيئي نُعرض عناصر المجالات الثلاثة تباعاً ومن ثم نشير بتركيزٍ شديد الى كيفية تطبيق هذه الشروط.

1. **عناصر البيئة الداخلية (ضمن موقع أو بمواقع المهمة الإستراتيجية)**

أ. وظائف المنشأة.

ب. المدخلات الأولية.

ت. المدخلات الوسيطة.

ث. وسائل النقل والإتصالات والخزن.

ج. المباني.

ح. الهيكل الثقافي.

خ. القيادة والتنظيم.

2.عناصر البيئة المحيطة(الخاصة بموقع أو بمواقع المهمة الإستراتيجية)

أ. المجهزون.

ب. المشترون.

ت. المنافسون .

ث. الحكومة.

ج. مجموعات المصالح(حملة الأسهم والسندات والمؤسسات الإئتمانية.......).

ح. نقابات (عُمالية) وإتحادات (مهنية كالصناعيين) وجمعيات (لحماية المستهلكين).

خ. الاعلام (الخاص بمجال المهمة).

د. بحوث علمية وتكنولوجية وبراءات إختراع وإبتكارات مكتسبة وعلامات تجارية وإتفاقيات إمتياز........

ذ. المجتمع المحيط الخاص بالمهمة.

3.عناصر البيئة العامة (الخارجية لموقع أو لمواقع المهمة الإستراتيجية)

أ. البيئة الإقتصادية العامة.

ب. البيئة الإجتماعية العامة.

ت. البيئة السياسية العامة.

ث. البيئة التعليمية والثقافية العامة.

ج. البيئة التكنولوجية العامة.

ح. البيئة الإدارية والتشريعية العامة.

خ. البيئة الطبيعية العامة.

ان توافر شرط الإنعكاسية يتطلب القيود أو المحددات الآتية بالنسبة لكل من المجالات الثلاثة.

في حالة البيئة الداخلية (ضمن موقع أو مواقع المهمة الإستراتيجية)

1. تطبيق كافة متطلبات الإدارة الحديثة على وظائف المنشأة، مثل:

أ- إدارة متطورة للموارد البشرية تهتم بتدريب وإعداد ومتابعة شؤون العاملين من خلال أبحاث الأفرادPersonnel Researches مع ربط أنظمة التحفيز بالأهداف الإستراتيجية والتكتيكية. وتعميق العلاقات الإنسانية وإبراز الفروقات الفردية لصالح تعزيز ونشر نقاط القوة وتجاوز نقاط الضعف.

ب- إدارة حديثة للشؤون المالية وبما يُعزِّز الرقابة الداخلية وإعتماد معايير دقيقة للتكاليف ورفع مستوى الدقة في تقديرات الموازنة لتكون هذه التقديرات مطابقة أو قريبة جداً من الأرقام الحقيقية (في الحسابات الختامية). وهذا ما يحقق شرط التوازن حسب المدرسة السويدية: (القيم التقديرية Ex- ant- Values تساوي القيم الحقيقية Ex- post- Values). وهنا يمكن التأكد من مدى القدرة على السيطرة على التكاليف التنافسية.

ت- إدارة متقدمة للإنتاج تعمل على تعبئة الكوادر الهندسية المختلفة في فرق العمل والتي تتسم بالمرونة التكنيكية تجاه التحولات التكنولوجية المستهدفة وبما يضمن إختزال الوسائل والأساليب والإجراءات والمواد المستخدمة في خطوط الإنتاج والسيطرة على الخزين.

ث- إدارة مرنة للتسويق تتجاوب مع تغييرات الأذواق والدخول ...... وتعمل على إدخال أساليب حديثة في الإعلان والترويج وتطوير المنتوج....... وكذلك في معالجة تغييرات الأسعار حسب مرونات الطلب السائدة في كل سوق ....

ان توافر الموارد البشرية بكفاية وكفاءة عاليتين وبشكل متوافق مع الأجهزة الرأسمالية الحديثة ومتطلباتها من الموارد الوسيطة يجعل إدارة الإنتاج مرنة تجاه تغييرات برامج إدارتي التسويق والبحث والتطوير وذلك لتوفير المنتجات التي يجري الترويج لها في الأسواق التنافسية من جهة ولتوفير بعض الوسائل

والتسهيلات المختبرية من جهة أخرى. كما وأن الإختراعات والإبتكارات والنتاجات العلمية والتكنولوجية الأخرى التي ينتجها قسم البحث والتطوير تسهم في تحفيز إدارة الإنتاج على تطويع وتطوير أجهزتها وأدواتها ومستلزمات تشغيلها.

كما وأن توافق عمليات الإنتاج والبحث والتطوير والتسويق سيساعد على رفع نسبة القيمة المضافة الى القيمة الكلية للإنتاج وهذا ما يعني تزايد معدل التصنيع.

ومن ناحية أخرى فإن وجود برامج متعددة للتدريب والتعليم سيُساعد على تغيير السلوك المؤسسي باتجاه تفاعل أكبر بين القيادات والتنظيم. فيتم تنسيق كافة الجهود والنشاطات والعمليات داخل المؤسسة.

ويمكن للإدارة المالية الحديثة أن تسهم في الحفاظ على توازن متحركMoving Equilibrium لكافة الوظائف والنشاطات من خلال موازنة التنظيم من جهة وتطبيق مقاييس متقدمة للتكاليف Cost Standards وبذلك يمكن تجاوز الأعمال الهامشية في مختلف الأقسام وهذا ما يسمح بالسيطرة أكثر على التكاليف التنافسية.

2. بالنسبة للمدخلات الأولية يفترض القيام بدراسات دقيقة لمرونات الاحلال ما بين عناصر الإنتاج المتاحة وتبني أحدث المقاييس التكنيكية لتوليفات الإنتاج من المدخلات الأولية Input Combinations.
3. العمل على رفع معدلات التصنيع(نسبة القيمة المضافة الى قيمة الإنتاج الكلية). وهذا ما يتطلب الضغط قدر المستطاع على المستلزمات الوسيطة من المواد الخام والسلع شبه المصنوعة والتامة الصنع.
4. تطوير وسائل النقل والإتصالات (من خلال زيادة الحمولة والإسراع بالحركة والدقة في أساليب السيطرة والتخفيض في التكاليف.....) .
5. إعداد المباني الملائمة لعمليات الإنتاج والنقل والخزن مع توفير المناخ الصحي والنموذجي لإقامة وحركة العاملين والمهتمين الآخرين بالنشاطات الجارية.

6. تطبيق برامج (تدريبية وتعليمية)عامة ومتخصصة بغرض توسيع الخلفية الثقافية وتعميق الخبرات المتوفرة وتنميط السلوك المؤسسي.
7. تحقيق التفاعل بين القيادة والتنظيم وبما يتلافى نقاط التعارض التي تبرز من خلال تنفيذ الخطط والتوجيهات فيسود التنسيق الهادف فيما بين كافة التقسيمات المعتمدة ضمن التنظيم....
8. قيام قسم متخصص بالبحث والتطوير R&D يضم أفضل الكوادر العلمية والتكنولوجية ولمختلف الإختصاصات المطلوبة، ويكون مجهزاً بأحدث المختبرات والمكتبات والوسائل العلمية والإنتاجية الاخرى.

وفضلاً عما سبق يسهم التطورالمستمر في تسهيلات النقل والإتصالات والخزن وبالكفاءات الملائمة لإنجاز مهمات الوظائف المختلفة في رفع قدرات المنظمة على تحقيق أهداف الخطة في زيادة الإنتاجية وتخفيض تكلفة وحدة المنتوج.

ولا يخفى على أحد دور المباني الملائمة من حيث التصاميم العمرانية والمواصفات الصحية في تحفيزالعاملين على زيادة الإنتماء لموقع العمل وتجنب المشكلات الصحية التي قد تتسبب في إعاقة الإنتاج وحتى إرتفاع التكاليف الخاصة بالتأمينات أو الضمانات الضرورية لمواجهة الأمراض المهنية وأصحاب العمل.

وعلى ما سبق يمكن ملاحظة إتجاهات التغذيتين الخلفية والأمامية. فإذا تصورنا إدارات الإنتاج والتسويق والبحث والتطوير فإن بالمستطاع تمييز الإتجاهات الآتية:

1- توجيه إدارة التسويق لأدارة الإنتاج بإدخال تغييرات معينة في الإنتاج بهدف تطوير المنتوج وبما يتناسب مع التفضيلات الجديدة للمشترين فإن إستجابة إدارة الإنتاج للتوجيه المذكور تصبح تغذية خلفية إيجابية مادية.

2- توجيه إدارة الإنتاج لإدارة التسويق بغرض تصريف منتجات عرضية معينة فإن إستجابة الإدارة الأخيرة تصبح تغذية أمامية موجبة وذلك عندما لا تحمل هذه الإستجابة أية مزايا مادية أو مالية لإدارة الإنتاج.

3- توجيه إدارة البحث والتطوير لإدارة الإنتاج بتوفير مواد معينة لأغراضها أو توجيه إدارة التسويق لتوفير أجهزة مختبرية معينة فإن الإستجابة عبارة عن تغذية خلفية.

4- توفير إدارة البحث والتطوير مكائن أو مواد جديدة لإدارة الإنتاج قد يؤدي الى زيادة حجم الطاقة المتاحة وهذا ما يدفع إدارة التسويق الى تصريف الكميات الإضافية للإنتاج وبذلك ينتقل تأثير إدارة البحث والتطوير عبر إدارة الإنتاج الى إدارة التسويق.

وهكذا وبمرور الزمن تعمل التغذيتان الخلفية والأمامية على زيادة التفاعل ما بين الوظائف المختلفة للمنشأة ومع أخذنا في الإعتبار توافر شروط التكافؤ في العلاقات السائدة ما بين تلك الوظائف فأن إندماج مجال البيئة الداخلية يظهر بوضوح. وهذا ما يستتبع تحقق شرط الإنعكاسية في هذا المجال. وخاصة ونحن مفترضين بأن كافة المدخلات (الأولية و الوسيطة) ووسائل النقل والإتصالات والخزن والمباني متوفرة بكفاية وكفاءة تامتين. كما ويسود هيكل ثقافي متطور بكافة المباديء والقيم والتقاليد الإيجابية. وكل ذلك مع تفاعل وتنسيق عاليين ما بين القيادة والتنظيم.

إن تحقق شرط الإنعكاسية وبمعدل عالٍ كما تم عرضه سابقاً، يجعل البيئة الداخلية بيئة نموذجية للتخطيط الإستراتيجي.

في حالة البيئة المحيطة (الخاصة بموقع أو بمواقع المهمة الإستراتيجية)

ان المجهزين- من خلال نوعيات عروضهم وأسعارها- يمكن لهم أن يمارسوا في ظل ضعف قوة المساومة النسبية للتنظيم المعتمد دوراً خطيراً في

تدهور الموقع التنافسي لهذا التنظيم وذلك بسبب عرضهم لمواد وسلع وأجهزة رأسمالية تُعاني من إنخفاض جودتها النوعية ومن إرتفاع أسعارها وحتى من تفاقم تأثيراتها السلبية على البيئة الطبيعية والصحية.

وهذا ما يلاحظ بالنسبة لكثير من تجهيزات الموردين في العراق وذلك من مناشيء ضعيفة في الدول المجاورة والآسيوية فإمتلأت الأسواق المحلية بسلع هشَّة، سواء كانت إستهلاكية أو إنتاجية، معمَّرة أو غير معمَّرة، غذائية أو دوائية...فقد تجد سلعاً غذائية لا تصلح للإستخدام البشري وأجهزة كهربائية وأثاث خشبي ومكائن لا يستمر إستخدامها أحياناً حتى لبضعة أيام ومواد كيماوية ودوائية, إنتهى مفعولها منذ فترة غير قصيرة بل وفي بعض الحالات من عدة سنوات. وأسوء من كل ذلك هو خطورة بعض السلع والمواد الغذائية والطبية نظراً لمكوِّناتها المحظورة دولياً.

وهكذا يرفض المجهِّزون الطلبات الحقيقية للمستثمرين والمنتجين والمستهلكين. وينعكس هذا الرفض على نوعيات وكميات وتكاليف السلع والخدمات الموجهتين للأسواق المحلية والخارجية وللنشاطات الإنتاجية من خلال الإرتباطات التكنيكية الأمامية، وهذا ما يعني أن سوء الإرتباطات التكنيكية الخلفية قد إمتد الى سوء الإرتباطات التكنيكية الأمامية. لذلك تتداعى سلسلة القيمة ويتحمل المشترون الآثار السلبية لإنخفاض جودة المنتوج ولزيادة تلوث البيئة والمخاطر الصحية ولإرتفاع التكاليف والأسعار المفروضة.

وهذا ما ينعكس على تفضيلات المشترين فيتحولوا الى منتوجات المنافسين وخاصة من المناشيء المعروفة بسمعتها التنافسية العالية. وعندما تُعاني الأجهزة الحكومية من ظواهر الترهل والتخلف والفساد الإداري والمالي فإن المناشيء السيئة- وبدعم حكوماتها- تغرق الأسواق بمنتجات تتسم بإنخفاض مرونات الطلب

السعرية لها. وفي نفس الوقت تترك النشاطات الإنتاجية المحلية دون رعاية تحت داعي القبول بنظام الإقتصاد الحرّ!

وبالنتيجة تتقلّص حصص تنظيم الأعمال من الأسواق وتصطدم خطط نمو هذا التنظيم أو تنمية الإقتصاد الإقليمي بهبوط شديد في الطلب فتتراكم التكاليف والخسائر المخزنية، مما يؤدي الى تعطل في الطاقات الإنتاجية المتاحة وتنتشر البطالة. وهنا مع ضعف دور النقابات العمالية والإتحادات المهنية فإن سوق العمل تتشوّه خاصة عندما تقوم الحكومة بإستيعاب العاطلين وخلق أو توسيع البطالة المقنعة في أجهزتها الإدارية، وما يرافق ذلك من إهمال كبير لذوي المؤهلات العلمية والتكنيكية المتخصصة، فتسود البطالة الإحتكاكية وما يتولد عن كل هذا الواقع من إهمال نشاطات البحث والتطوير R&D، مما يزيد من الإعتماد على المصادر الخارجية لتوفير الموارد البشرية والتكنولوجية والمنتوجات الضرورية.

وهذا هو حال بلادنا، في وقت تزخر بالكوادر المتخصصة التي يتهالك عليها الأجانب، يصطدم هؤلاء بكل أنواع الهلاك والخيبة والإغتراب. ويبحث كبار المسؤولين عن كل من يحمل الجنسية الأجنبية سواء كان من أصول محلية أو خارجية ليغدقوا عليهم الأموال دون أن يتقصوا كفاءاتهم الحقيقية وقد يأتي ذلك جزئياً بسبب ضعف الخلفيات الثقافية والعلمية لهؤلاء المسؤولين أو بسبب توجهات التنظيمات التي ينتمون اليها أو قد يكون السبب إحساسهم بالإحباط تجاه خريجي الكليات المحلية.

وإذا ما أضيف الى الظروف السلبية السابقة تعطل الاعلام الخاص بالمهمة الإستراتيجية فأن البيئة المحيطة الخاصة بموقع هذه المهمة تكون غير ملائمة تماماً للتخطيط الإستراتيجي.

وهنا يفترض تدخل الأجهزة أو السلطات الأربعة: التشريعية والتنفيذية والقضائية والاعلامية بغرض جعل عناصر البيئة المحيطة الخاصة متوافقة تماماً

مع متطلبات التخطيط الإستراتيجي. وهـذا مـا يسـهم في تحصـين هـذا التخطـيط مـن التـأثيرات السلبية لتقلبات الظروف المتوقعة وغير المتوقعة.

وعليه نقترح ما يأتي:

أ. ربط ممارسة المهن التجارية والصناعية والزراعية والسياحية باتحاد عام مشترك لغرف التجـارة والصـناعة والزراعة والسياحة. ولايسـمح لأحـد مـن أصـحاب هـذه المهـن مـن ممارسـة نشـاطاتهم عنـد إسـقاط العضوية عنهم أو عند تعلق هذه العضوية لفترة معينة. وبالتالي يكون الإتحاد المذكور جهازاً رقابياً من بين أرباب الأعمال أنفسهم وذلك إذا ما ساء أحدهم التصرف وخرج عـن القـيم المهنيـة كـأنْ إلتجـأ الى التواطؤ والإحتكار والإغراق أو عرض منتوجات لا تتسم بالجودة النوعية أو بالقيود البيئية أو بالشروط الصحية أو إذا أقدم على أساليب التحايل والرشوة والتزوير والأعمال غـير المشروعة الأخـرى وفي كافـة هذه الحالات يفترض خضوع المشتبه بهم للجنة تحقيقيـة (محايـدة). وعنـد تثبيـت خروقـات هـؤلاء للتوجهات المعطاة لابد وأن تعطل عضويتهم نهائياً أو تعلَّق هذه العضوية لفترة معينة وإبلاغ الجهات الإدارية والقضائية المعنية وتزويدها بالدلائل والوثائق المتوفرتين.

ب. إصدار حزمة تشريعية متكاملة بشأن تطبيق المواصفات والمقاييس وحمايـة المشـترين تتضـمن قـوانين وأنظمة وتعليمات تتناول:

(1) تأسيس جمعية لحماية المشترين.

(2) تأسيس قضاء خاص بالمواصفات والمقايس وحماية المشترين.

(3) تحديـد دور الأجهـزة التنفيذيـة المختصـة بـالأمن الإقتصـادي والمواصـفات والمقـاييس وحمايـة المستهلكين وغيرهم من المشترين ترتبط مباشرة بالقضاء السابق.

(4) تجهيز دوائر المواصفات والمقاييس التابعة لهيئة مركزية أو إتحادية بكافة الوسائل والمواد والبرمجيات والكوادر والمتطلبات الأخرى للفحص والإختبار والمتابعة.

ت. تعبئة كافة وسائل الإتصال الجماهيري وخاصة المرئية والمسموعة بالإضافة الى شبكات (الإنترنيت)والمجلات العلمية بغرض تسليط الضوء على أنواع السلع والخدمات (الإنتاجية والإستهلاكية) المعروضة في الأسواق العالمية مع بيان مواصفاتها ومقاييسها النموذجيتين ومكوِّناتها الرئيسة ودرجات تلوث هذه المنتوجات , وكشف الجرائم المترتبة عن عدم الإلتزام بالمواصفات والمقاييس المعتمدتين وكذلك الجرائم الإقتصادية الأخرى المتعلقة بالتواطؤ والإحتكار والإغراق والغش والتحايل والرشوة..... ان هذا الكشف قد يصبح رادعاً أقوى من عقوبات وظيفية أو حتى قضائية.

ويمكن الإفادة من وسائل الإعلام المتاحة لنشر تفاصيل ضرورية حول فرص الإستثمار والتمويل والتشغيل والتسويق والعناوين الألكترونية الخاصة بمختلف المؤسسات والدوائر ومجموعات المصالح المرتبطة بمجال المهمة الإستراتيجية.

ث. إلزام الشركات الصناعية والزراعية الكبرى ضرورة تأسيس دوائر خاصة بالبحث والتطوير R&D مع حثّ الحكومات المركزية (الإقليمية والمحلية) على إنشاء مراكز للبحث والتطوير R&D وتخصص لها سنوياً ومن موازنات هذه الحكومات بما لايقل عن (3%).

ج. تدخل الحكومة للدفاع عن المصالح الإقتصادية للقطاعين الخاص والعام محلياً وفي المحافل الدولية ولابد أن تدرك كافة السلطات بأن المصالح الإقتصادية تسبق المصالح السياسية وأن الأخيرة يجب أن تتحرك حيث تخدم الأولى (أي المصالح الإقتصادية). وبدون هذا التدخل لايمكن تحصين عملية التخطيط

الإستراتيجي من تخبطات النخبة السياسية وأصحاب النفوذ في المجتمع المحيط بالمهمة الإستراتيجية.

ح. زيادة عدد المؤتمرات الدورية للمساهمين، وإعداد برامج واضحة مسبقة لكل مؤتمر وذلك بما يرفع من تفاعل أصحاب المصالح الأولى بشؤون تنظيماتهم الإقتصادية. وهذا ما قد يزيد من الدعم على كافة المستويات الإقتصادية والإجتماعية لعملية التخطيط الإستراتيجي.

خ. دعم إستقلالية النقابات والإتحادات والجمعيات والمنظمات الأخرى للمجتمع المدني بغرض تفعيل دورها في حماية مصالح أعضائها وتحقيق نوع من التوازن ما بين قوى السلطة والنفوذ والتأثير داخل الإقتصاد والمجتمع.

وفي حالة البيئة (الخارجية لموقع أو لمواقع المهمة الإستراتيجية)

أ. في البيئة الإقتصادية العامة

يلاحظ تشوه واضح في العلاقات الهيكلية السائدة في غالبية الإقتصادات النامية وذلك كما هو مبيِّن أدناه:

(1) إرتفاع نسبة القوى العاملة غير الماهرة الى مجموع القوى العاملة الخاضعة للتشغيل.

(2) إرتفاع نسب أنواع البطالة المقنعة والأحتكاكية والموسمية الى مجموع القوى العاملة في البلد.

(3) إنخفاض معدلات تكوين رأس المال الثابت وخاصة بالنسبة للمكائن والمعدات والأدوات الإنتاجية.

(4) إنخفاض متوسط نصيب الفرد من الدخل الوطني الحقيقي (في البلدان غير المصدرة للبترول الخام).

(5) إنخفاض معدلات تراكم رأس المال بشكل عام.

(6) تدهور حصص القطاعين الزراعـي والصـناعي التحـويلي لصـالح حصـص القطاعـات الإسـتخراجية و/أو التوزيعية والخدمية الأُخرى.

(7) ضعف الإرتباطات (الأَمامية والخلفية) فيما بين الصناعات والنشاطات الإنتاجية الأُخرى.

(8) تقلب العلاقة ما بين القطاعين : العام والخاص.

(9) قصور البنية الفوقية Super Structure البشرية المعلوماتية والبنية التحتية Infra Strutcture المادية عـن تلبية متطلبات البنية الإنتاجية المباشرة Direct Prodution Structure وبالتـالي فـإن أي برنـامج يضـم مشروعات لتنمية أي قطاع أو صناعة أو نشاط أو إقليم أو موقع.... يصطدم بعوائـق يسـبِّبها تخلـف أو ركود قطاع أو صناعة أو نشاط أو اقليم أو موقع مقابل يرتبط به تكنيكياً.

(10) عدم تفاعل الوحدات الكبيرة مع الوحدات الصغيرة والمتوسطة. ففي الوقت الذي يلاحظ أن إنخفـاض متوسط نصيب الفرد من الدخل القومي القابل للتصرف وضعف تكوين رأس المـال الثابـت الإجـمالي وقلـة الكـوادر التكنيكيـة المتخصصـة وضـيق المنافـذ السـوقية يفـترض نهـوض الوحـدات الصـغيرة والمتوسطة إِلاّ أن هـذه الوحـدات تتـدهور أمـام منافسـة منتجـات الوحـدات الكبـيرة والإسـتيرادات الأجنبية.

(11) عدم نضوج وتقدم وإنتشار المعرفة العلمية التكنولوجية والتي تنحصر غالباً في معرفة الوصف-Know What أولاً والى حدٍ كبير ومن ثم في معرفة الأداء Know-how ولكن في نطاق محدود.

(12) تمركز غالبية الوحدات الإنتاجية (السلعية والخدمية) الحديثـة في عاصـمة البلـد والعواصـم الإقليميـة و(المدن الرئيسة). وبذلك تركـت المنـاطق الريفيـة والنائيـة دون خـدمات أساسـية وبالتـالي لا تظهـر مبررات إقتصادية لنشر الإستثمارات في هذه المناطق التي صارت مناطق طاردة للسكان.

(13) تُعاني غالبية البلدان غير البترولية من عجز مزمن ومتراكم في موازين مدفوعاتها. كما وأن عدم توافر قوى عاملة ماهرة وتكنيكية وقلة المعلومات بشأن الفرص الإستثمارية المربحة وإنتشار الصراعات والإضطرابات والقلق السياسي والضعف الشديد في البنية التحتية ..... كل ذلك يدفع المنظمين و أصحاب الأموال لإتخاذ إتجاه معاكس نحو خارج البلد.

وفضلاً عن ذلك فإن ظروف عدم الإستقرار والضغوط البيروقراطية والمؤثرات السلوكية في التقليد والمحاكاة تدفع الى هجرة القوى العاملة الشابة والماهرة الى البلدان الأخرى وخاصة المتقدمة.

وبصورة عامة لا تُعد البيئة الإقتصادية السابقة وبكافة تشوّهاتها الهيكلية بيئة صالحة تلائم بسهولة التخطيط الإستراتيجي.

ومما يعقِّد هذه التشوّهات ويزيد من إعاقتها لأي عملية تخطيطية هو تخلف البيئات العامة الأخرى.

ففيما يخص البيئة الإجتماعية يلاحظ ضعف دور المرأة والتمييز في الجنس عند إجراء التعيينات في كثير من المواقع الوظيفية.

وما زالت الخلافات الدينية والمذهبية العرقية تستغل من قبل أطراف داخلية وخارجية وتؤجِّج نيرانها أطماع إقتصادية وسياسية. وهذا ما برح أن أسهم في تعطل النشاطات الإقتصادية في كثير من البلدان والأزمنة. ولا ننسى التشكيلات القبلية و(العشائرية) التي تعمل عناصر النخبة السياسية على إعادة الحياة إليها لتحقيق مآرب إنتخابية أو لتجنيدهم في الحروب والصراعات السياسية.

وهنا يظهر توزيع جديد للمراكز الإدارية العليا على أُسس قبلية أو(عشائرية) فتوزع الحصص دون أي إكتراث للمواصفات الوظيفية و (المؤهلات الشخصية) فتسَّلم قرارات التنمية والتخطيط الإستراتيجي الى أناس يجهلون صنعها تماماً وبالتالي يقبلون ما يُمليه عليهم الزائرون! دون أي تفكير أو إدراك.

ولا شك بأن هذه البيئة الإجتماعية المتخلفة قد غذّت البيئة السياسية المتعثرة وتغذّت عليها. فبدلاً من أن يكون أفراد النخبة السياسية (في كثير من البلدان النامية) صفوة المجتمع وفي خدمته فإنهم يُنفقون أموالاً طائلة على حماية أنفسهم وتمويل مشروعاتهم الشخصية. فلا يظهر دور للرأي العام وتتسّع الفجوات ما بين أركان الدولة الواحدة. ويزداد إحساس المواطن الإعتيادي وخاصة من بين المثقفين وأكثرهم كفاءة وعلميّة بالإغتراب في وطنه وبين أهله. فيتفشى الكره لكل ما هو محليٌ أو وطني Demophobia..... فيبحث الجميع لإشباع حاجاته عن كل ما هو أجنبي: بضاعة، خدمة، خبرة، إستشارة، عمالة، حماية أجنبية..... وهكذا رمت السياسة بكل الطاقات الكامنة في الإقتصاد والمجتمع وابتلت بعقدة الخواجة!!

ومما يتعارض مع التخطيط الإستراتيجي بعيد الأمد يلاحظ بأن بعض المسؤولين السياسيين لا يتذكرون المشروعات الإستراتيجية إلاّ في الفترات القصيرة السابقة لإنتخابات المجالس البلدية والبرلمانية.

ولا شك أن جانباً واسعاً من السلبيات السابقة يعود الى إنخفاض المستوى التعليمي ومن ثم الثقافي لصناع القرار الذين وفي حلقة مفقودة أسهموا بتدخلاتهم الشخصية والسياسية في تدهور وتعطيل المؤسسات التعليمية وذلك عندما يسلّمون المقاليد الجامعية الى أشخاص لاتتناسب مؤهلاتهم الشخصية و (سيرهم التعليمية) مع مواصفات المراكز الإدارية والأكاديمية التي يحتلونها. ولقد أُهملت تقاليد التدرج الأكاديمي للتدريسيين والتخصص العلمي عند التنسيب الى الأقسام العلمية أو المراكز الوظيفية وقد تجري ترقيات بعض المسؤولين والمتنفذين دون رقيب! وبالنتيجة تداعت المحاضرات وأُهمل الى حدّ ما الإعتماد على المصادر العلمية الحديثة وصار الإلتزام بالحضور اهم من تطبيق المناهج العلمية (في الإستقراء والإستنباط).

وهكذا إتسعت الفجوة ما بين مواصفات الطلب في سوق العمل والمؤهلات الحقيقية للخرجين. وهذا ما زاد من إتكال المؤسسات الحكومية والشركات الخاصة على القوى العاملة الوافدة.

ونظراً لتخلف البيئة التعليمية والثقافية فقد إستمرت البيئة التكنولوجية في البلدان النامية ضيقة وقليلة الأهمية نسبياً(4) فمثلاً ان نسبة العلماء والتكنيكيين المتخصصين العاملين في البحث والتطوير الى مجموع السكان أقل من(0.01%) في البلدان النامية ذات الدخل المنخفض وحوالي (0.07%) في البلدان النامية ذات الدخل المتوسط وفي مصر- حوالي (0.05%) وفي تركيا حوالي (0.03%) بينما بلغت النسبة المذكورة في اليابان(0.49%) وفي الولايات المتحدة الأمريكية(0.37%).

وفيما يخص نسبة الأنفاق على البحث والتطوير الى(GNP) تؤكد دراسات عديدة على أن هذه النسبة في حالة مجموعة البلدان النامية قد قُدّرت بحوالي (0.4%) بينما في حالة مجموعة البلدان الرأسمالية المتقدمة قد وصلت (2.5%).

أما نسبة براءات الإختراع المسجلة محلياً الى مجموع براءات الإختراع المسجلة في العالم فقد قُدرت في اليابان بأكثر من (44%) وفي الولايات المتحدة الأمريكية بحوالي (16%) بينما كانت في مصر- (0.06%) وفي تركيا (0.03%).

وفضلاً عما سبق تعاني البلدان النامية من ضآلة المعلومات المتاحة حول البدائل التكنولوجية وضعف القدرة التفاوضية في الأسواق التكنولوجية و وتعقد التبعية التكنولوجية والإقتصادية للأسواق والمؤسسات الدولية المتقدمة وتسرب العقولBrain Drain لديها وتراكم الديون الخارجية وبالتالي إستنزاف الموارد الإقتصادية. وكل ذلك بالإضافة الى قلة المؤسسات القائمة على العلوم Science-Based Institution وتعدد التكنولوجيات المطبقة في نفس المعمل بسبب إختلاف مناشيئها ومواصفاتها وحتى فترات إنتاجها.......

لقد تراكمت التأثيرات السلبية للبيئات الإقتصادية والإجتماعية والسياسية والتعليمية والثقافية والتكنولوجية العامة , مما ادى الى بروز وتكريس العديد من مظاهر التخلف في البيئة الإدارية العامة السائدة في البلدان النامية. ومن هذه المظاهر نذكر ما يأتي:

أ. ضعف الهياكل التنظيمية لمختلف الوزارات والمؤسسات وحتى الشركات.

ب. تطوير إجراءات العمل وإختناق المعاملات بمراجعات غير ضرورية.أي تعقيد الروتين.

ت. تضخيم الجهاز الإداري بتوسيع نطاق التنظيمات القائمة وإضافة تقسيمات إدارية جديدة.

ث. إزدواجية العمل وتداخل الإختصاصات للأفراد والوحدات في آن واحد.

ج. إنخفاض الكفاءة الانتاجية للعاملين والوحدات الإدارية وذلك بسبب ضعف أساليب الإختيار والتدريب والتطوير.

ح. المغالاة في مركزية صنع القرارات.

خ. التمسك بحرفية القوانين والتحايل عليها أحياناً.

د. الإسراف والتبذير في إستخدام الأموال والتخصيصات المتوفرة وخاصة في الأمور الهامشية والنشاطات الشكلية التي لاتخدم غالباً إلاّ إشباع طموحات أو تطلعات شخصية للمسؤولين. ويشمل ذلك إصطناع المبررات للقيام بالسفرات الخارجية ولعقد المؤتمرات والندوات وورشات العمل التي كثيراً ما تخرج بنتائج إيجابية على التنظيمات المعنية وكفاءات العاملين فيها.

ذ. المحاباة وضعف الخلق الإداري.

وهكذا تشوّهت البيروقراطيات المتحكمة في الأجهزة الإدارية القائمة وسادت الإزدواجية البنيانية في تزامن المنشآت (التقليدية) المتأخرة مع المنشآت الحديثة وبروز التنظيم غير الرسمي بكل سلبياته مع التنظيم الرسمي. واهملت المباديء

الأساسية في الإدارةالحديثة مثل (تكافؤ الفرص) و(وحدة الإشراف) و(والشخص المناسب في المكان المناسب) و(وحدة الهدف) و(ربط الحوافز بإنجاز الأهداف) ...... وتضاءل دور التخطيط والمتابعة ضمن العمليات الإدارية الجارية وتفشت حالات الفساد الإداري والمالي.......

ومما يسهم في هذا التدهور الإداري هو نقص وتضارب التشريعات المعتمدة. ففي عديد من تشريعات الدول النامية هناك حاجة الى قوانين وأنظمة وتعليمات موحدة ومستقرة تعالج قضايا إقتصادية وإجتماعية وإدارية عديدة كتلك المتعلقة بحماية المستهلكين وتشجيع المستثمرين ودور القطاع العام والملكية الفكرية والرقابة الإدارية.......

وبالنسبة للبيئة الطبيعية يلاحظ ان هناك إختلافاً كبيراً فيما بين البلدان النامية من حيث الإحتياطات الفعلية والكامنة للموارد التعدينية والزراعية ومستويات تركز وتمركز وإستثمار هذه الموارد. وكل ذلك ينعكس على مدى الإفادة من الفرص الإستثمارية المتاحة.

ومن ناحية أخرى يفترض تحديد المخاطر المتوقعة بالنسبة لتقلبات مواسم الأمطار ولحوادث الزلزال والبراكين والعواصف والأعاصير المختلفة.

ولاشك أن السيطرة على هذه الظواهر تعتمد بشكل رئيس على مستوى التطور في البيئات السابقة وخاصة التكنولوجية.

ولمواجهة سلبيات البيئات العامة السابقة من الضروري إحداث تغييرات جوهرية، تتفق عليها وتبادربها كافة الأطراف ذات المصالح الإقتصادية والإجتماعية والسياسية المتأثرة بـ(أو المؤثِّرَة في) رفع القدرة التنافسية لتنظيمات الأعمال القائمة ونمو الإقتصاد أو تنميته الشاملة. وهنا وفي الإقتصادات النامية بالذات لابد وأن تتفاعل المصالح الخاصة مع المصالح العامة وذلك لأن أي تحول هيكلي في الإقتصاد الكلي ينعكس حتماً على الموقع التنافسي لتنظيم الأعمال كما وأن بروز

مؤسسات كبيرة في الأسواق الإقليمية والدولية سيسهم بالضرورة في تحريك معدلات النمو الإقتصادي وهذا ما قد يحقِّق موارد إضافية لتمويل عملية التنمية بشكل عام.

وعليه يفرض إعادة إستثمار الفوائض المتحققة ومن قبل القطاعين الخاص والعام داخل البلد وذلك لتمويل مشروعات البنية التحتية ولتحديث إعادة تشغيل الوحدات الإنتاجية المعطلة ولتطوير الموارد البشرية وخاصة لكل ما يسهم في ربط مخرجات التعليم العالي والتعليم المهني باحتياجات سوق العمل مع تحقيق تغييرات أساسية في السلوك المؤسسي من خلال إصلاح الجهاز الإداري وذلك بما يكرّس مبادىء الإدارة الحديثة: العلمية الديموقراطية في كافة المنشآت ويجذّر في نفوس القادة والعاملين القيم الإجتماعية الأصيلة التي تتناول التكافل في الحياة والعمل والصدق في العلاقات مع الآخرين والإلتزام عند القبول والتجاوب والحرص على الأمانة سواء كان على البشر أو المكائن أو المباني أو كل ما يعود الى الآخرين.

ومما يؤكد عليه هنا إن إستقلالية الأجهزة الإدارية والمؤسسات التعليمية (إدارياً ومالياً وسياسياً) تمثل جوهر أي تغيير إستراتيجي يجعل البيئة العامة ملائمة لعملية التخطيط فإذا ما إقترنت هذه الإستقلالية بإدارة سياسية حقيقية لتطوير هذه الأجهزة والمؤسسات فإن المجتمع سيزخر بكوادر علمية وتكنيكية متخصصة تستلم مواقعها الملائمة لمؤهلاتها وتخصصاتها وخبراتها.

وبالنسبة للتعليم الأكاديمي والمهني بشكل عام ولكافة الأقسام (بدرجة أو بأُخرى) يتم توزيع اليوم الدراسي بين ساعات المحاضرة صباحاً وساعات المكتبة والمختبر مساءً، على أن يخصص اليوم الواحد لمادة واحدة فقط وأن يجري تقويم فهم وأداء الطلبة خلال تقارير يومية ولكافة ساعات المحاضرة والمختبر والمكتبة. علماً بأن ساعات المختبر بالنسبة لبعض التخصصات الإنسانية كالقانون وعلم الإجتماع والعلوم السياسية...... يمكن أن يرتّب بشكل حلقة نقاشية لموضوع معيَّن

يسهم فيها جميع الحاضرين. وان المهم هنا هو إغناء موضوع محاضرة التدريسي- نفسه بحالة تطبيقية وبمطالعة في كتاب حديث أو دورية علمية متخصصة. وفي كافة الحالات تجمع وتقوّم ملاحظات وإسهامات الطلبة يومياً.

وبهذا التحول المنهجي فقط يمكن أن تمدّ الأجهزة الإدارية الحكومية والشركات الخاصة للأعمال ومراكز البحث والتطوير بالكوادر العلمية التكنيكية المتخصصة.

ومن خلال هؤلاء الخرجين ومؤسساتهم التعليمية وبرامج الإصلاح الإداري والتوجيه الإعلامي الواعي يمكن تجاوز التقاليد والمحاور والمفاهيم والقيم الإجتماعية البالية التي ما زالت تعيق عملية التخطيط الإستراتيجي سواء كان على مستوى تنظيم الأعمال أو الإقتصاد الكلي.

وفضلاً عن ذلك فإن تلافي سلبيات البيئة الإجتماعية سينعكس حتماً على البيئة السياسية بتغييرات جوهرية نحو التمسك بإدارة أقوى لدعم برامج الخطط الإستراتيجية المعتمدة. وبذلك يمكن الوصول الى كافة المؤسسات والقطاعات والأقاليم فينتشر- الإستثمار ليتجاوز كافة حدود أو قيود التمركز والتركز الإنتاجيين وبالتالي يخضع جميع الإحتياطات الفعلية والكامنة لعملية التخطيط الإستراتيجي.

ونشير هنا الى أن التغييرات البيئية بشكل عام وهي تحمل نقاط القوة مقابل نقاط الضعف وفرص الربحية والتطور مقابل مخاطر الخسارة والتدهور لابد وأن تتمخض عن تفوق تأثيراتها الإيجابية على تأثيراتها السلبية. وذلك لأن حتى في حالة تعادل التأثيرات الإيجابية مع التأثيرات السلبية فإن التوازن الذي سوف يتحقق يكون من النوع الركودي مما ينعكس سلباً على عملية التخطيط الإستراتيجي. لأن هذا التوازن يحمل تجاوباً صفرياً للبيئة مما يسبّب هدراً كبيراً في الموارد المتاحة لتحفيز البيئة التنافسية لصالح تنظيم الأعمال من جهة ولتحقيق أهداف النمو (أو التنمية) وعلى أي مستوى وفي أي إقتصاد كان.

وعليه لابد للمؤسسات المبادرة والمخططة والمشرفة على برامج التنفيذ والمتابعة أن تعمل جاهدة على أحداث تغييرات نوعية في البيئة بما ينعكس برفع مستويات التجاوب الإيجابي وهذا ما يكون أكثر ضرورة في البلدان النامية التي تعاني من التأثيرات السلبية لأولى أشكال الإعلام أي الشائعات.فإذا تعادلت التأثيرات السلبية للبيئة فإن تدفق بالونات الشائعات قد يحفِّز التأثيرات الجانبية السلبية كما هو الحال بالنسبة لوتائر التضخم وهروب رؤوس الأموال وإعلانات الإفلاس للشركات المحلية.....ويمكن القول بأن مجرد الإعلان عن الخطط الإستراتيجية وما يتطلب تنفيذها من نفقات إضافية وتدفقات للدخول...... ودون إنتظار التأثيرات المادية قد يسبِّب (أي هذا الإعلان) عن تأثيرات سلبية كتغذية خلفية مادية!

وعليه لابد من إعداد جيد لوسائل الإعلام ونشر المعلومات والحقائق بمنتهى الشفافية والوضوح لتظهر للجميع نقاط القوة والفرص المواتية. خاصة وان شفافية الإعلام ستسهم في تعبئة جهود المفكرين وأصحاب المصالح الأولى لمعالجة نقاط الضعف أو المخاطر المتوقعة في البيئة.

وهنا لابد من تنسيق برامج التنظيم مع مستلزمات التحول المناسب للبيئات الديناميكية السائدة في العالم المتقدم فتتبنى المنشأة المعينة أساليب مبتكرة في الإتصالات وتعرض نماذج حديثة للإنتاج وتعتمد أنماطاً متطورة للعلاقات الإدارية والسلوكيات المؤسسية.

ولاشك أن إستدامة عملية التغيير ضمن التخطيط الإستراتيجي (بعيد الأمد) ستكفل تكامل الحلقات المتتابعة لهذا التغيير من خلال تفوق نقاط القوة على نقاط الضعف في البيئة الداخلية وتفوق فرص الإنجاز على مخاطر الفشل في البيئة الخارجية.

وعلى ما سبق، يمرُّ التغيير الإستراتيجي المخطط بمسار صعب تكتنفه تعقيدات وإختناقات ومخاطرة عديدة. وكل ذلك يتطلب وجود مصادر كافية للضمان تتسم

بالكفاءة العالية والتي تجعلها قادرة على دعم عملية إستدامة خارطة طريق الخطة المقررة.

وتعد التشريعات المتكاملة والمرنة والمتطورة خير ضمان في هذا المجال وذلك بإعتبار هـذه التشريعات مراجع أساسية لتجاوز حالات عديدة من الغموض وعدم التأكد والتي قد تعيق- كتعقيدات الأجهزة البيروقراطية- تدفق أو إنسيابية سلسلة القيمة Value Chain أو قد تزيد من صعوبات دمج مشروعات البرنامج الواحد.

وبذلك تعمل التشريعات المعنية وبمواصفاتها السابقة على تجاوز بعض مظاهر التخلف الإداري وضعف الوعي الإجتماعي.

الهوامش

(1) قارن :

C.Christensen; The Innovators Dilemma, Harvard School Press, Boston,1997.

J.A.Schumpeter;Business Cycles, McGraw-Hill, New York,1939,pp 103-105.

(2) قارن وللتفاصيل:

هوشيار معروف، المرجع السابق ص ص 41-50، 64- 75.

A.M.Glassman; The Challenge of Management ,John Wiley , New York,1978,pp 66-67.

G.A.Steiner and J.B.Miner; Management Policy and Strategy, Macmillan, **London,1977,pp76-78.**

H.I.Ansoff et.al, From Strategic Planning to Strategic Management, John Weliy, London,1976, pp 1,2,45,50,139-140,181-197.

H.Macmillan and M.Tampoe; Strategic Management,OUP, New York, 2000,pp197-207.

J.R. Morrison;(Three Strategies for Successful Growth); in;

R.Mann The Arts of Top Management, McGraw- Hill, London, 1970, p4.

هوشيارمعروف : القيادة والتنظيم، وزارة الثقافة والإعلام ، بغداد 1992،ص ص 49-50.

(3) هوشيار معروف : المرجع السابق ص ص 19-40، 83-103.

عن

J.B. Barney and W.S.Hesterly; op.cit pp 77, 164-172.

W.L.French abd C.H.Bell;Organization Development- Prentice-Hall, London, 1973,p14.

H.Macmillan and M.Tampoe, op. cit pp 248-252,264-271.

W.W.Bruke, et.al; Techniques of Organizational Change, McGraw-Hill, New York, 1981, pp 185-186.

Theodore T.Herbert; Dimensions of Organizational Behaviour, Macmillan, New York, 1976, pp 299-30.

Gisele Asplund and Goran Asplund, An Integrated Strategy, John Wiley, New York, 1982, pp 3, 17-35.

L.J.Mullins, Management and Organizational Behaviour, PITMAN, London, 1999.

د. أ. تومسون و د.ا. ستريكلاند: الإدارة الإستراتيجية ، مكتبة لبنان، بيروت، 2006، ص 385-402.

(4) هوشيار معروف : تحليل الإقتصاد التكنولوجي، دار جرير، عمان، 2006، ص 275-288.

الفصل الثالث

مؤشرات التخطيط الاستراتيجي

ان هناك مؤشرات عديدة للتخطيط الاستراتيجي، يمكن ان تستمد من العلاقات الهيكلية[1] لتنظيم الأعمال او لإقتصاد كلي (وطني أو اقليمي أو قطاعي أو مؤسسي.....) .

وعليه نعالج عدداً من هذه المؤشرات في المبحثين الاتيين :

المبحث الاول - المؤشرات المستمدة من العلاقات الهيكلية لتنظيم الأعمال .

المبحث الثاني - المؤشرات المستمدة من العلاقات الهيكلية لاقتصاد كلي (وطني اقليمي).

المبحث الاول

المؤشرات المستمدة من العلاقات الهيكلية لتنظيم الاعمال

تضم العلاقات الهيكلية كافة النسب التي تربط عناصر المجال الذي يتناوله التخطيط الاستراتيجي. ففي مجال تنظيم الاعمال او منشاة ما ، يجري التركيز عادة على العلاقات الآتية :

اولاً. العلاقات مابين عناصر الانتاج (او ما يعرف بالمدخلات الاولية او الاساسية): العمل و رأس المال والارض والتنظيم .

ثانياً. العلاقات مع التنظيمات و(النشاطات) الأخرى ضمن مختلف قطاعات الانتاج: الزراعي والاستخراجي والتحويلي والخدمي .

ثالثاً . العلاقات مع القطاع العام .

رابعاً. العلاقات مابين وحدات الانتاج (الصغيرة والكبيرة) و(الاستهلاكية والانتاجية).

خامساً . العلاقات مابين المعارف التكنولوجية.

سادساً . العلاقات ما بين مكونات الدخل: (تعويضات العاملين والفوائد والايجار والارباح) و (الاستهلاك والادخار أو الاستثمار).

سابعاً . العلاقات مابين المواقع وما بين الاقاليم .

ثامناً . العلاقات مع القطاع الخارجي .

ان تحديد العلاقات الهيكلية السابقة وفي اي تنظيم للأعمال يتطلب الالتجاء الى معايير معينة والتي منها ما يتعلق بالتنظيم، مثل:

التكاليف النسبية للمدخلات الوسيطة والاولية والمساهمات النسبية للمنتجات المختلفة في القيمة الكلية للانتاج ومن ثم في العائد الصافي ونسب تكاليف العمل الى كل من رأس المال والأرض (أو العقارات).... ومنها (أي المعايير) مايتعلق

بعلاقات التنظيم، مثل: معدلات الارتباطات التكنيكية الامامية والخلفية، قيم الصادرات والاستيرادات للمنشأة، قيمة الطلب النهائي المحلي، قيم المدخلات الوسيطة والاولية المستوردة (أو الموردة) للتنظيم من خارجه، قيم براءات الاختراعات والابتكارات المقتبسة ....

وعليه يفترض بالمخطط الاستراتيجي دراسة العلاقات الهيكلية السابقة وبالتالي تصنيفها بدقة تحليلية كمية ومن ثم عليه آن يستمد المؤشرات التخطيطية الضرورية لتطبيق استراتيجيات وتكنيكات المنشأة.

ونفرض هنا مؤشرات معينة مستمدة من العلاقات الهيكلية المذكورة على سبيل المثال لاعلى سبيل الحصر:

اولاً . المؤشرات المستمدة من العلاقات ما بين عناصر الانتاج .

1 . مؤشر التوازن ما بين الكفاءة الانتاجية ومعدل المكافأة لكل عنصر :

يعمل تنظيم الاعمال على تحقيق معدلات متزايدة للكفاءة الانتاجية لكل عنصر من العناصر المستخدمة في الانتاج وبما لايقلّ عن معدل المكافأة الخاصة بذلك العنصر مثل قيمة انتاجية العمل مع معدل الأجر ، وقيمة إنتاجية رأس المال مع سعر الفائدة . ويتحقق التوازن في النظرية الاقتصادية الجزئية للمنشأة وذلك عندما تتساوى التكلفة الحدية مع الايراد الحدي فتتعادل الانتاجية لعنصر ما مع معدل مكافأته . وفي ظل المنافسة التامة يكون متوسط الايراد مساوياً لمتوسط التكاليف فيحقّق المنظم (او صاحب العمل) ربحاً عادياً Normal Profit غير ان في ظل المنافسة الاحتكارية يكون متوسط الايراد اعلى من متوسط التكاليف وبالنتيجة يتحقق هامش إضافي للربح .

2 . مؤشر التوازن ما بين الكثافة النسبية للعنصر المستخدم والسعر النسبي لذلك العنصر:

إن توافر شرط المرونة التكنولوجية الكامنة اي شرط مرونة الاحلال Elasticity of Substitution لعناصر الانتاج يدفع ادارة الانتاج الى تحويل دالة الانتاج Production Function نحو ارخص عنصر ليزيد كثافته النسبية ضمن هذه الدالة :

فاذا كانت لدينا دالة انتاج (Q) معتمدة على عنصري العمل (L) ورأس المال (K):

$$Q = f(L,K)$$

فان مرونة الاحلال (e_s) تتحدد بموجب الصيغة الاتية :

$$e_s = \frac{d\left(\frac{K}{L}\right)}{dMRTS} \cdot \frac{MRTS}{\left(\frac{K}{L}\right)}$$

Marginal Rate of Technical Substitution = MRTS

اي المعدل الحدي للاحلال التكنيكي والذي يساوي نسبة الناتج الحدي لأحد العنصرين مثل العمل (MQ_L) الى الناتج الحدي للعنصر الآخر اي رأس المال (MQ_K)

أي أن :

$$MRTS = \frac{MQ_L}{MQ_K} = \frac{\frac{d_Q}{d_L}}{\frac{d_Q}{d_K}}$$

وتتحدد الكثافة النسبية عادة من خلال طريقتين رئيستين إحداهما حساب نسبة تكلفة العنصر المعني الى مجموع تكاليف الانتاج والاخرى نسبة مرونة انتاج احد العنصرين الى مرونة انتاج العنصر الآخر . فأذا كانت مرونة انتاج العمل تساوي:

$$e_L = \frac{d_Q}{d_L}\frac{L}{Q} = a$$

ومرونة انتاج رأس المال تساوي :

$$e_K = \frac{d_Q}{d_K}\cdot\frac{K}{Q} = b$$

فان نسبة مرونة عنصر العمل الى مرونة عنصر راس المال تساوي a/b: فاذا كانت هذه النسبة اكبر من الواحد الصحيح فان الانتاج يعتمد نمط كثيف – العمل Labour- Intensive واذا كانت هذه النسبة اقل من الواحد الصحيح فان الانتاج يعتمد نمط كثيف – رأس المال Capital – Intensive ويترتب على النمط الاول توفير رأس المال واستيعاب اكبر لعدد من القوى العاملة وبالعكس عند تبني النمط الثاني حيث يقل الاعتماد على القوى العاملة ويزداد الاعتماد على المكائن والمعدات والادوات واساليب الأتمتة Automation .

وبغض النظر عن حركات الاسعار النسبية لعناصر الانتاج المتسمة بمرونة تامة أو عالية للاحلال فأن تعديل هذا المؤشر قد يكون بسبب التحولات التكنولوجية المتوقعة . وهذا ما يمكن التحقق منه عن طريق سجلات براءات الاختراع المسجلة في مختلف دول العالم وكذلك بالاعتماد على دراسات مراكز البحث والتطوير والدوريات العلمية والتكنولوجية الصادرة من الكليات والمعاهد والجمعيات المعروفة برصانتها العلمية . فمثلاً مع توقع تعاظم الإتجاه نحو الاتمتة الالكترونية سيكون من الصعب الانجرار وراء هبوط معدلات الاجور (لاسباب ديموغرافية) او

(لظروف اسواق العمل) بل سيفرض قيد التحول التكنولوجي المتوقع خلال فترة الخطة الاستراتيجية نفسه كعامل حاسم للتوجه نحو تبني كثافة نسبية أعلى لرأس المال وذلك مع تدهور الاسعار النسبية للعمل (مقابل اسعار رأس المال) .

3 . مؤشر الاسعار النسبية للمستلزمات الوسيطة للانتاج ما بين المواد الخام من جهة والسلع شبه المصنوعة و تامة الصنع من جهه اخرى :

ان ارتفاع نسبي لأسعار المواد الخام مقارنة بأسعار السلع شبه المصنوعة وتامة الصنع يدفع أي تنظيم للاعمال للتفكير في الاتجاه نحو تفضيل العمليات التجميعية Assembly Operations على تحويل المواد الخام الاولية .

فمثلاً عندما ترتفع تكاليف المواد الخام المستخرجة من البنجر او القصب بغرض انتاج السكر الابيض وذلك مقارنة بسعر السكر الخام المستورد قد يكون القرار المنطقي هو اهمال كلي او جزئي للانتاج الزراعي المحلي (للبنجر) او (القصب) وبالتالي التوقف عن عمليات التحويل الاولى للمادة الخام المنتجة من اي من هذين المصدرين والاعتماد كلياً او جزئياً على السكر الخام المستورد.

وكذلك الحال عندما ترتفع تكاليف تحويل المواد الاولية المستخدمة في انتاج سلعة كهربائية منزلية معمرة Durable مقارنة بتكاليف استيراد المكونات الرئيسة لهذه المكوِّنات بدلاً من انتاجها وبالتالي تهمل سلسلة القيمة Value Chain للسلعة المعنية (ابتداءً بالمواد الخام وانتهاءً بالمنتوجات النهائية). وقد يكون هذا دافعاً رئيساً للمنتجين في البلدان النامية على زيادة التكالب على الصناعات التجميعية .

4. مؤشر الاسعار النسبية للمستلزمات الوسيطة وللمنتوجات الرئيسة للتنظيم:

ان ارتفاع اسعار مستلزمات الانتاج الوسيطة وإقترابها من اسعار المنتوجات النهائية قد يبلغ حداً يصعب معه الاستمرار في النشاط الانتاجي . فمثلاً عندما بلغ سعر الكيلوغرام الواحد من السكر الخام(17) سنتاً وكان سعر الكيلوغرام الواحد من

السكر الابيض لازال عند (20) سنتاً فقد وجد ان هذا الفرق لن يحفز المنتج على الاستمرار في عمليات الانتاج، اخذين في الاعتبار تكاليف التشغيل والنقل وبالتالي كان القرار الافضل التحول نحو الاستيراد بدلاً من الانتاج التحويلي.

ثانياً – المؤشرات المستمدة من العلاقات مع التنظيمات و (النشاطات) الاخرى ضمن مختلف قطاعات الانتاج :

1 . مؤشر النشاطات القيادية Leading Activities.

ان هناك دوراً كامناً Potential Role لكل نشاط فيما اذا يقع – في مرحلة ما من عملية التحول الهيكلي- ضمن مجموعة النشاطات القيادية لهذة العملية او ضمن مجموعة النشاطات التابعة Depending Activities او مجموعة النشاطات المساندة Supporting .

ويتطلب هذا التصنيف :اولاً – استعراض حالات دراسية لاقتصادات اخرى مماثلة في علاقاتها الهيكلية او في مرحلة النمو. وثانياً- تشخيص واقع الارتباطات الانتاجية فيما بين الوحدات الاقتصادية المختلفة في الاقتصاد المعني من حيث الكثافة النسبية لهذه الارتباطات واتجاهاتها التاريخية وبالتالي اختيار نشاطات ضمن اقوى الحلقات وثالثاً- الافادة من بعض الدراسات النظرية المستمدة من حالات تطبيقية عديدة كما قدمه A.Hirschman [(2)] في مؤلفه المعروف المنشور في العام 1959:

The Strategy of Economic Development

ورابعاً- استخدام البرمجة الخطية لتمييز النشاطات المرشحة واسعار (ظلها) المخططة .

فاذا ما تبين ان الاستثمار في نشاطات معينة سوف يقود الى مجموعة كبيرة نسبياً من الاستثمارات التي ترتبط بهذه النشاطات لتوفير بعض مستلزماتها او

لتنويع منتجاتها او لاستخدام نواتج النشاطات المرشحة في تحقيق تحولات تكنولوجية والتي قد تمتد بتأثيراتها لمجالات واسعة محلياً ودولياً.

وفي كافة هذه الحالات من الضروري تركيز الخطط الاستراتيجية على تلك النشاطات القيادية التي تحقق للتنظيم المبادر (او المعني) موقعاً قطاعياً او اقليمياً او مؤسسياً متميزاً على الامد البعيد.

2 . مؤشر سلسلة القيمة Value Chain

ادخل M.E.Porter مفهوم سلسلة القيمة في دراسات الادارة الاستراتيجية في العام 1985 وذلك في مؤلفه:

Competitive Advantage and Sustaining Superior Performance

وهنا فان القيمة عبارة عن السعر الذي يكون الزبون Customer مستعداً لدفعه مقابل عرض معين (سلعة او خدمة) وان الربح يتحدد بالفرق بين هذا السعر والتكاليف الكلية التي يتحملها التنظيم .

ويوزع تحليل سلسلة القيمة التنظيم الى مجموعة من النشاطات المتتابعة ، بحيث ان كل حلقة من هذه المجموعة (او السلسلة) تعطي جزءاً من القيمة الكلية الى الزبون وتساهم في نفس الوقت بجزء من الربح الكلي وبذلك يتراكم هامش الربح خلال حلقات سلسلة القيمة وينعكس على التكاليف فيما بعد .

فمثلاً عند تحليل نشاطات انتاج الملابس القطنية الجاهزة يمكن تمييز السلسلة الاتية:

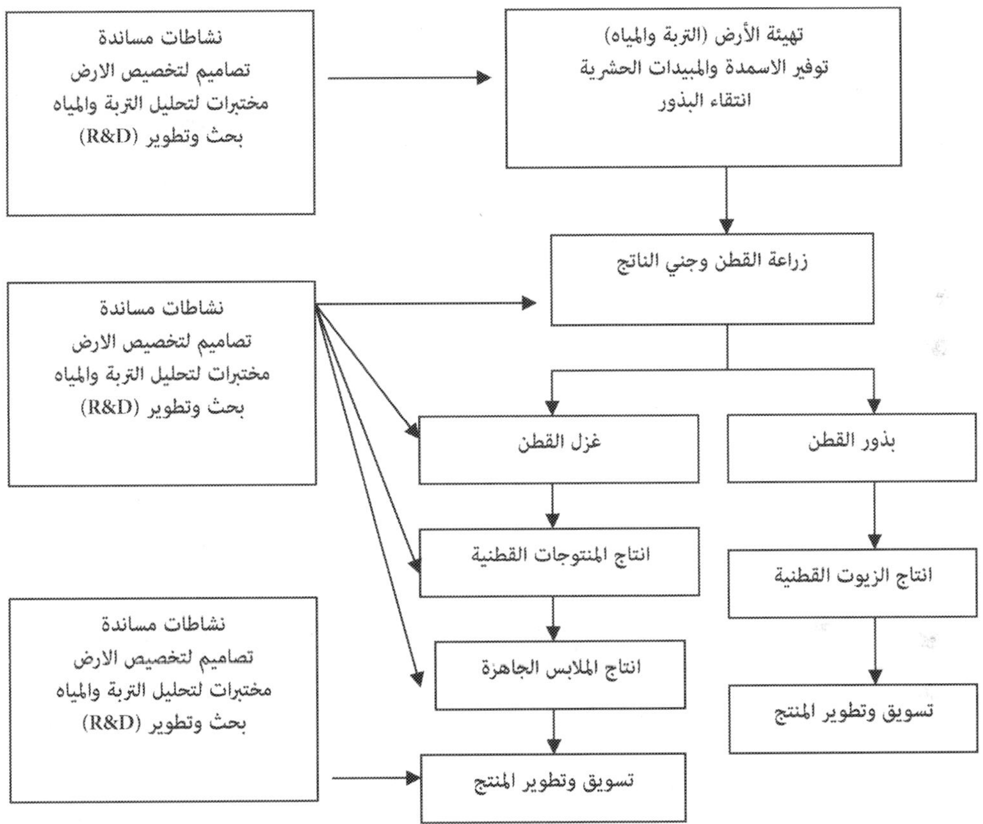

ويهدف تحليل سلسلة القيمة الى تشخيص الموارد والطاقات الاكثر اهمية والتي يمكن لمنشاة ما السيطرة عليها . فتكون هذه السلسلة عبارة عن مجموعة مرتبة من نشاطات الاعمال الرئيسة و المساندة و المكملة ففي مثالنا السابق كانت النشاطات الرئيسية تتركز في انتاج الاقمشة القطنية الجاهزة والنشاطات المساندة

تتناول البنيتين التحتية المادية والفوقية الاجتماعية (البشرية والمعلوماتية) والنشاطات المكملة تعالج انتاج الزيوت القطنية .

وعليه فان التخطيط الاستراتيجي لابد وان يركز على الحلقات التي تحقق الجزء الاكبر او غالبية القيمة الكلية، ويهمل او يعطي اهتماماً اقل بالحلقات الاخرى التي لاتولد الا جزءاً صغيراً من هذه القيمة .

وهناك فأن سلسلة القيمة تعد اداة تحليلية اساسية لكيفية تحقيق التمايز الانتاجي من جانب والتكلفة التنافسية للمنتوج من جانب آخر، اي لكيفية تحقيق التفوق التنافسي الاستراتيجي من حيث النوعية والسعر. فمثلاً ان ادخال منتوج جديد قد يسبب زيادة في تكاليف الخدمات، وهذا ما قد يفرض على المنشأة تقليل تكلفة نشاط ما عن طريق تخفيض تكلفة نشاط آخر و ذلك لأن تكاليف أي نشاط ضمن سلسلة القيمة تتقاسمها كافة نشاطات هذه السلسلة. وبالتالي يمكن اعادة ترتيب سلسلة القيمة، مثل: وفورات السعة وتطوير مناهج التعليم والتدريب وتنويع مصادر الطاقة وتكثيف الارتباطات التكنيكية . فمن خلال سلسلة القيمة تمكن منتجو اجهزة تسجيل الفيديو اليابانية في العام 1984 من تخفيض اسعار منتوجاتهم من 1300 دولار الى ما يقرب من 300 دولار وذلك من خلال التأثير في تكلفة وحدة المنتوج وفي احدى حلقات سلسلة القيمة .

ثالثاً . المؤشرات المستمدة من العلاقات مع القطاع العام :

1 . مؤشر التمويل الذاتي :

يتبنى التنظيم خطة استراتيجية لتقليل او لتلافي الاعتماد على الدعم الحكومي وتدخل المؤسسات الرسمية بسبب هذا الاعتماد. وهذا ما يدفع بعض التنظيمات المعتمدة على الموازنات العامة الى ايجاد مصادر معينة في اطار التشريعات القائمة لتوفير الاموال الكافية لتغطية احتياجاتها الجارية ولتحقيق اهدافها الاستراتيجية .

2 . مؤشر الاغراق :

يعتمد هذا المؤشر على التقديرات الخاصة بنسب اسعار السلع الى التكاليف الكلية الحقيقة من جانب ومقارنة هذه الاسعار في الاسواق المختلفة من جانب آخر فمن ناحية الاغراق يمكن الكشف عن هذه الظاهرة عندما تكون اسعار تصريف السلع المعنية اقل من تكاليفها الكلية الحقيقية او مساوية لهذه التكاليف حيث يغطي عادة الدعم الحكومي هذه الفجوة او تخطط عدة شركات ولفترة ما وفي اسواق معينة القيام بهذه المهمة لصالح شركة مرتبطة معها.

وكثيراً ما يقترن انخفاض الاسعار في الاسواق خارج بلد المنشأ مع ارتفاع الاسعار في اسواق هذا البلد بالذات. وتجري المقارنة هنا لنفس السلع وخلال نفس الفترة .

3 . مؤشرات تحويل النظام الاقتصادي :

ان التخطيط الاستراتيجي (بعيد الامد) لأي تنظيم تنافسي خاص يتطلب في المقام الاول الاطمئنان على استراتيجية الدولة بعيدة المدى تجاه التحول في الملكية و/ او السيطرة على وسائل الانتاج من القطاع العام الى القطاع الخاص او بالعكس. وهنا تعتمد مؤشرات GDPوالضرائب غير المباشرة او المباشرة (على رأس المال او على الدخل) وتحرير او تقييد الاسعار وحركة رؤوس الاموال والقيود الادارية وقرارات (او قوانين) الخصخصة او التاميم . ... وكل ما يمكن استخدامه لبيان مسار التحول الحقيقي للنظام الاقتصادي .

واعتماداً على هذه المؤشرات يمكن صياغة الخطط بعيدة المدى لدعم المركز التنافسي وذلك حيث يتم التأكد من استقرار نظام اقتصاد السوق .

رابعاً . المؤشرات المستمدة من العلاقات مابين وحدات الانتاج :

1 . مؤشرات وفورات سعة وحدة الانتاج :

تختلف المنشأت ذات السعات (أو الاحجام) الكبيرة للانتاج عن المنشأت ذات السعات (او الاحجام) الصغيرة للانتاج في احجام وانواع ونوعيات متطلباتها من عناصر الانتاج (المدخلات الاولية) والمواد والسلع الوسيطة . فتكون المنشأت الاولى - وفي ظل ادارات تتسم بكفاءات عالية - قادرة على تحقيق وفورات داخلية Internal Economies تسهم في تخفيض تكلفة وحدة الناتج وفي زيادة القدرة على انتاج سلع وخدمات تتميز بجودة نوعية عالية . فيمكن عن طريق السعات الكبيرة للانتاج تحقيق التفوق التنافسي بسهولة وكفاءة اكبر مما يمكن للمنشآت الصغيرة انجازها .

ولتمييز الوحدات الكبيرة عن الوحدات الصغيرة والمتوسطة يمكن الالتجاء الى عدة معايير[4] :

(أ). عدد العاملين

(ب). قيمة المكائن والمعات والادوات المستخدمة

(ت). قيمة الانتاج

2 . مؤشر معدل العوائد الى سعة الانتاج

اشير سابقاً الى ان مع تزايد سعة الانتاج ترتفع نسبة العوائد الصافية (الى هذه السعة) بسبب الوفورات الداخلية المتأتية من الاحجام الكبيرة للمدخلات . ولكن هذا الارتباط الموجب بين العوائد والاحجام وبمعدلات متزايدة يستمر لمجال انتاجي معين .

ومن ثم يتوقف هذا الارتباط بسبب استنزاف الطاقات الادارية المتاحة ، فترتفع تكاليف تطوير المنتوج والترويج والاعلانات والتحديث التكنولوجي والتوسع الاداري.....

وبالتالي تنخفض معدلات العوائد الى السعة .

ويمكن تحديد هذه المعدلات عن طريق تجميع مرونات الانتاج للعناصر المستخدمة . فاذا تصورنا وجود عنصري العمل (L) ورأس المال (K) في دالة الانتاج يمكن تمييز الحالات الاتية بالاعتماد على صيغة مبسطة :

e_L= مرونة الانتاج للعمل

e_K= مرونة الانتاج لرأس المال

اذا كانت :

عوائد متزايدة الى سعة الانتاج $(e_L + e_k) > 1$

عوائد ثابتة الى سعة الانتاج $(e_L + e_k) = 1$

عوائد متناقصة الى سعة الانتاج $(e_L + e_k) < 1$

وهنا يفترض بالتنظيم وضع الاستراتيجية الكفيلة بتزايد العوائد الى السعة وذلك من خلال زيادة حجم و / او كفاءة أداء العنصر المتسم بمرونة اعلى ، او عن طريق الاندماج مع منشأت اخرى ......

3 . مؤشر تخصيص الموارد بين المنتوجات الاستهلاكية والمنتوجات الانتاجية

يلاحظ في كافة وحدات الانتاج ومهما كانت قطاعاتها وجود فرص معينة لتوليد نشاطات سلعية انتاجية بجانب نشاطات سلعية استهلاكية . ففي وحدة لانتاج المحاصيل الحقلية الزراعية للخضروات يمكن انتاج الصناديق المعدنية او البلاستيكية او الخشبية . كما ويمكن انتاج بعض الادوات الزراعية وحتى بعض اللقاحات في مختبرات الوحدة المعنية للانتاج .... وهنا فأن تخصيص او اعادة تخصيص الموارد الانتاجية المتاحة ما بين المحاصيل الزراعية (الاستهلاكية) والسلع (الانتاجية) المذكورة يعتمد على نسبة العائد / التكلفة Benefit / Cost Ratio

لمجموعتي السلع وعلى مدى توافر المتطلبات الانتاجية في الاسواق بسهولة وحسب مواصفات التنظيم المسؤول.

خامساً. المؤشرات المستمدة من العلاقات ما بين المعارف التكنولوجية :

1 . مؤشر الاصول العلمية للانتاج Science - Orientation

يعمل تنظيم الاعمال على تمييز النشاطات التي يحققها من خلال دور الاساليب والقواعد والاجهزة والتنظيم والانماط العلمية والتكنولوجية التي تبذل او تخصص في انتاجها .

ولا شك بأن التحكم في نوعيات المواد الداخلية في عمليات الانتاج يزداد اكثر مع التحقق في المعرفة التكنولوجية وبلوغها مستويات بناء التصاميم والسيطرة على التحولات المستقبلية

غير ان في المقابل لا تتوافق متطلبات الانتاج الاساسية في العديد من النشاطات الانتاجية مع تبني الاصول الحديثة وذلك مثل النشاطات ذات الطبيعة اليدوية الحرفية كالاعمال الريفية وصناعة السجاد اليدوي وكذلك الوحدات الصناعية والزراعية الصغيرة المستقلة (او المنعزلة) عن بعضها البعض.

وهنا فان الخطة الاستراتيجية الهادفة الى تعميق الاصول العلمية التكنولوجية الحديثة في المنشأة يتطلب تجنب اي تحول ينعكس سلباً على الخصائص الانتاجية والسمعة التسويقية - فلا يعد تحولاً ايجابياً ادخال المكائن الحديثة والاتمتة في انتاج السجاد الايراني ومن قبل اي منشأة مختصة بهذا الانتاج وإلاّ ستخسر المنشأة المعنية اسواقها.

وفي المقابل ان تسخير اكبر للاصول العلمية في المنشأت الكيميائية او الدوائية او التعدينية غير المعدنية او المنتجة للمكائن الكهربائية او غير الكهربائية يزيد من الميزة التنافسية في الاسواق الدولية خاصة اذا ما انعكس تعميق هذه

الاصول على استخدامات منتجات المنشأة من حيث تمايز الانتاج والسعر التنافسي للمنتوج .

ولاشك ان هناك اختلافاً شاسعاً في تغيير الطاقات الانتاجية وتحقيق المرونة للجهاز الانتاجي للمنشأة مع توفير المكاسب المالية والتسويقية ما بين حالتين: احداهما - قائمة على معرفة السبب (او الخلق الابداعي والابتكاري) know - why حيث يتولى مركز البحث والتطوير (R&D) في المنشأة باختراع ومن ثم بابتكار التصاميم الحديثة لرؤوس الاموال والمنتجات. والاخرى - مرتبطة باطر موروثة او جاهزة او معتمدة على الصيغ الاولية لمعرفة الاداء know -how المحصورة في نصب الاجهزة وصيانتها وتصليحها من خلال تبديل قطع الغيار المستوردة فيها.

ان المنشأة في الحالة الاولى تتجاوب مع تغيرات الاسواق بل و تحفز الطلب فيها وفي الحالة الثانية يتدهور موقعها التسويقي وتتراكم مخزوناتها وتعمل غالباً دون طاقتها التصميمية.

2. مؤشرات التوافق بين المعارف التكنولوجية للمنشأة والعناصر الاخرى للتحول التكنولوجي:

ان ادخال معارف تكنولوجية حديثة في اية منشأة لابد وان يصاحبه تغيير موافق في المكائن والمعدات والادوات وفي اساليب التعامل مع هذه الاجهزة الرأسمالية وفي نظم السيطرة والانضباط ومن ثم في نمط الكثافة النسبية لعناصر الانتاج المستخدمة. فاذا ما سبقت هذه المعارف تطور الاجهزة الرأسمالية ولم يمارس احد في المنشأة تطبيقها بسبب تأخر الاجهزة المعنية او نتيجة لدوران العمل. وقد كانت الفجوة الزمنية كافية لنسيان المعلومات الخاصة بالمعرفة الجديدة او حتى اهمالها بسبب تعاجز الادارة عن اجراء تحويرات (او تعديلات) ضرورية

فتخسر المنشأة تكاليف الاقتباس (او الابتكار). وبالتالي تخسر فرصة قد تكون هامة لتحقيق الميزة التنافسية .

وبالمقابل قد يسبق شراء المنشأة لمكائن ومعدات وأدوات رأسمالية جديدة عملية تبني وإدخال وممارسة المعارف التكنولوجية الملائمة لهذه الاجهزة فتتعطل الطاقة الانتاجية المتاحة . وهناك حالات عديدة يمكن ان نستمدها من تجارب البلدان النامية حيث وجدت مكائن ومعدات وادوات عديدة باقية في صناديقها لفترات غير قصيرة بسبب عدم وجود المعرفة الكافية لاستخدامها وفق اصولها التكنيكية .

سادساً - المؤشرات المستمدة من العلاقات ما بين مكونات الدخل :

1. مؤشر الدخل الكلي للتنظيم :

يستمد هذا الدخل من الموازنة السنوية للمنشأة حيث يجري التمييز بين القيمة المخزونة The Stock Value والقيمة المتدفقة The Flow Value تتعلق القيمة الاولى بالفرق بين القيمة الكلية لمخزونات رؤوس الاموال (مكائن ومعدات وأدوات واثاث ووسائل نقل ومخزونات سلعية....) في نهاية الفترة (والتي هي سنة عادة) وبداية الفترة .

اما القيمة المتدفقة فانها تشمل القيمة الكلية للانتاج الموجه للاغراض الانتاجية كمدخلات في نشاطات تقوم بها منشأت اخرى بالاضافة الى مايتم توجيهه نحو الطلب النهائي في الاسواق المحلية وما يذهب الى التصدير .

كما ويمكن حساب هذه القيمة (المتدفقة) الكلية للانتاج عن طريق تجميع نفقات النشاطات المختلفة (للمنشأة) على مدخلات الانتاج الوسيطة من المواد الخام والسلع شبه المصنوعة وتامة الصنع المشتراة من منشأة اخرى بالاضافة الى ما يجري انفاقه على مكافآت عناصر الانتاج المستخدمة (المدخلات الاساسية او الاولية) والتي تكون القيمة المضافة، وهي تشمل تعويضات المشتغلين (من الاجور

والرواتب والحوافز) من جانب والفوائد والايجارات والارباح من جانب آخر . وتعد الارباح العائد الصافي للتنظيم .

2. مؤشر معدل التصنيع :

يتحدد هذا المؤشر بتقسيم القيمة المضافة Value - Added على قيمة الانتاج الكلية .

وتحتسب القيمة المضافة بطريقتين ، اما عن طريق تجميع مكافآت عناصر الانتاج : تعويضات العاملين (الاجور والرواتب والمخصصات والحوافز) ومكافآت العناصر الاخرى (فوائد رؤوس الاموال وايجارات العقارات الحقيقية وارباح التنظيم). وإما عن طريق طرح قيمة مستلزمات الانتاج من المواد الخام والسلع شبه المصنوعة وتامة الصنع والتي تعرف بالمستلزمات الوسيطة من قيمة الانتاج الكلية.

وهنا كلما ارتفعت نسبة القيمة المضافة الى قيمة الانتاج الكلية فان معدل التصنيع يصبح اعلى . وهذا ما يشخص مستوى الكفاءة الانتاجية للتنظيم .

وعليه عندما يكون معدل التصنيع منخفضاً كما هو الحال في غالبية الاقتصادات النامية لابد من اعداد الاستراتيجيات الكفيلة بتعزيز دور القيمة المضافة وبما يجعل معدل تصنيع المنشأة عالياً.

3. مؤشر التراكم الرأسمالي :

اشرنا سابقاً الى ان القيمة المضافة تتكون من مجموعتين رئيستين من القيم احداهما - مجموعة قيم تعويضات المشتغلين والاخرى مجموعة قيم مكافآت العناصر الاخرى (الفوائد والايجارات والارباح). وتعد الاخيرة مصدراً رئيساً لتراكم رؤوس الاموال في الاقتصاد. بينما تعد الارباح المصدر الاساس والاهم للتراكم الرأسمالي على مستوى التنظيم الخاص للاعمال . ومما يسهم في زيادة هذا التراكم ومن خلال اصول الشركة نفسها هو تحويل جزء من حصص المساهمين

في الارباح المتحققة والخاضعة للتوزيع الى اسهم اضافية لهم وبذلك فان هذا الجزء الذي تم حجبه من التوزيع سيعود الى نفس التنظيم فيزداد تراكمه الرأسمالي .

ولاشك بان انخفاض الارباح المتحققة سينعكس على المناهج الاستثمارية للتنظيم وذلك بسبب هبوط القدرات المتاحة على الادخار فيزداد تآكل تعويضات العاملين لفوائض العمليات الخاصة بالمنشأة او الشركة. وهذا مايفترض أن يدفع المخططين الى وضع الاستراتيجيات الكفيلة بتعظيم كفاءة أداء الوحدة الانتاجية المعنية بكافة عناصرها مع توكيد بلوغ الناتج الحدي لأي عنصر كان تكلفته الحدية وبذلك يمكن تحقيق وتائر متصاعدة من الارباح وتراكم رؤوس الاموال.

4. مؤشرات الاسواق المالية (5)

تتعلق هذه المؤشرات بتقلبات قيم الادوات الاستثمارية في الاسواق المحلية او الدولية . ويعطي الاهتمام بشكل خاص بقيم الاسهم والسندات . فمثلاً كلما ارتفعت قيم اسهم شركة ما ازدادت قدرتها على جذب المزيد من الزبائن لشراء منتوجاتها وذلك بسبب تزايد الثقة بمواقفها المالية، مما يسهل كثيراً من حصولها على تسهيلات مصرفية او يزيد الطلب على اسهمها الجديدة المعروضة للإكتتاب العام او على السندات الصادرة للاقتراض العام .

سابعاً . المؤشرات المستمدة من العلاقات ما بين المواقع وما بين الاقاليم . (6)

1. مؤشر نطاق الموقع الاقتصادي للتنظيم :

يفهم الموقع Space في الاقتصاد الاقليمي والحضري على انه مجال التأثيرات المتبادلة لمنشأة او لشركة ما ضمن نطاق قطاعي او جغرافي معين .

وينظر (7) F.Perroux الى المواقع الاقتصادية ضمن ثلاثة مجالات رئيسة والتي قام بتصنيفها من زاوية قطاعية :

أ. مواقع خطة Plan Spaces

كمجموعة من العلاقات بين المنشأة (الصناعية) ومجهزيها (بالتكنولوجيا والسلع الوسيطة) من جهة والمنشأة ومشتري منتوجاتها من جهة اخرى. وهذا مايحدد باسلوب المستخدم/ المنتج حيث تتحول تأثيرات النمو من خلال الصفوف والاعمدة في مصفوفة هذا التحليل.

ب. موقع قوى القرار Space as Fields of Forces

تتحدد هذه المواقع بمجالات دفع او جذب مركزي للافراد والاجهزة والمواد والاساليب لإعاقة او تحفيز نموها .

وتهتم نظرية اقطاب النمو Growth Pole Theory بهذا الموقع بشكل خاص .

ت . مواقع التجانس Homogeneous Spaces

تتناول هذه المواقع علاقة التكلفة بالمسافة Cost - Distance وخاصة عند المقارنة بالوحدات الانتاجية المشابهة او المنافسة عند سعر ما .

وبعد ان اضاف [(8)] J-R Boudeville في العام 1957 البعد المكاني الى تحليل F.Perroux اخذ الموقع الاقتصادي دوره ضمن النطاق الجغرافي ايضاً .

والى جانب البعدين (القطاعي) و (المكاني) ادخل J.R Lasue'n(9) مجالاً آخر للمواقع المعينة والذي هو المواقع المؤسسية Institutional Spaces وهنا يعمل التنظيم على وضع الاستراتيجيات الكفيلة بتوسيع نطاق موقعه الاقتصادي (القطاعي والاقليمي والمؤسسي) وبما يمد بمشترياته ومبيعاته وإرتباطاته الإنتاجية وتغذياته الامامية Feedforward والخلفية Feedback ليغطي هذا النطاق اكبر الحصص المتاحة ضمن المنافذ السوقية وبمعدلات متزايدة .

ويمكن ان يستمد مما سبق مؤشر قيادة السوق .

2. مؤشر التماييز الموقعي والاقليمي :

يعمل التنظيم على تصنيف البلد او الاقليم ما بين عدة مواقع سوقية ولمختلف الاغراض الخاصة بتصريف المنتجات او باستخدام المدخلات الاولية والسلع والمواد الوسيطة .

ويعتمد هذا التصنيف على عدة معايير ، والتي منها :

(أ). احجام الاسواق المعنية

(ب). مرونات الطلب والعرض السائدة .

(ت). تسهيلات النقل والمواصلات والخزن في كل سوق .

وهنا حسب كل معيار يمكن تمييز التعامل في الاسعار التنافسية وكميات وانواع ونوعيات السلع التي سيتم تسويقها وكذلك الحال بالنسبة للمدخلات الاولية (من عناصر الانتاج) ومستلزمات التشغيل الوسيطة والتي تحدد الارتباطات الامامية والخلفية Forward and Backward Linkages مع بقية التنظيمات في الاقتصاد المعني .

ثامناً . المؤشرات المستمدة من العلاقات مع القطاع الخارجي :

1. مؤشرات الاعتماد على الداخل :

تتناول هذه المؤشرات نسب المساهمات المحلية (أو الداخلية) في مجموع حركات السلع والخدمات ورؤوس الاموال والقوى العاملة والمعلومات ..... للتنظيم

ونذكر من هذه المؤشرات :

أ . نسبة مساهمة الاسواق المحلية في تصريف منتجات التنظيم (السلعية والخدمية).

ب. نسبة مساهمة رؤوس الاموال الانتاجية (المادية التكنيكية) المحلية في مجموع رؤوس الاموال المستخدمة في التنظيم .

ت. نسبة مساهمة الموارد المالية المحلية في مجموع الموارد المالية المستخدمة في التنظيم .

ث. نسبة مساهمة العاملين التكنيكيين والماهرين المحليين الى مجموع العاملين التكنيكيين والماهرين في التنظيم .

ج . نسبة مستلزمات الانتاج الوسيطة المحلية الى مجموع مستلزمات الانتاج الوسيطة المستخدمة في عمليات الانتاج في التنظيم .

2. مؤشرات تعويض الاستيرادات وتعزيز الصادرات (10) :

يتحدد مؤشر تعويض الاستيرادات بنسبة قيمة المنتجات المعوضة للاستيرادات الى القيمة الكلية لمنتجات التنظيم .

ويتبين تأثير النمط المذكور على الاستيرادات ومن ثم على مدى فاعلية التنظيم من خلال مساهمته النسبية في الاسواق المحلية كتنظيم منافس وبديل . مثل قيام شركة محلية لانتاج الاقمشة الصوفية بعرض منتجات معوضة ومنافسة للاقمشة المستوردة المعروضة في الاسواق الداخلية وذلك بحصص عالية ومتزايدة في هذه الاسواق.

وفيما يخص مؤشر تعزيز الصادرات فانه يتحدد بنسبة مساهمة تجارة التصدير في المجموع الكلي لمنتوجات التنظيم التي يتم تسويقها.

3. مؤشر التضخم المستورد :

يتحدد هذا المؤشر عن طريق الرقم القياسي لاسعار السلع المستوردة من قبل التنظيم .

ويمكن تطوير هذا الرقم بوضع صيغ تضمن :

اولاً – مقارنة تغيرات اسعار السلع المستوردة وتغيرات اسعار السلع المحلية البديلة او المنافسة.

وثانياً - انعكاس التغيرات التي تحدث في اسعار مستلزمات انتاج التنظيم المعني من المواد الخام والسلع شبه المصنوعة والسلع تامة الصنع على اسعار منتجات هذا التنظيم .

4. مؤشر الارتباط المؤسسي :

يتحدد هذا المؤشر من خلال الارتباطات الادارية والمالية مابين التنظيمات الاجنبية والدولية والتي تظهر في اتفاقات تبادل السلع والخدمات ورؤوس الاموال والخبرات التكنيكية والادارية والمعلوماتية والتي قد تبلغ مستوياتها العليا في عمليات الاندماج Merging مع مؤسسات كبرى ، عبر الوطنية او الارتباط المالي والاداري مع شركات قابضة خارجية .

المبحث الثاني

المؤشرات المستمدة من العلاقات الهيكلية لاقتصاد كلي

(وطني او اقليمي)

إن التخطيط الاستراتيجي على مستوى الاقتصاد الكلي يرتبط من حيث المفهوم والمحتوى بكافة التحولات الاساسية في العلاقات الهيكلية للاقتصاد المعني، سواء كان لمنطقة جغرافية معينة او لقطاع انتاجي محدد او لمجموعة من المؤسسات الكبيرة (مثلاً ضمن اتحاد ما كاتحاد الصناعات الغذائية او إتحاد الشركات البحرية ....) أو لمجمل الاقتصاد الوطني لبلدٍ ما .

وهنا يركز التخطيط الاستراتيجي في أولوياته على التنمية الاقتصادية بكافة تحولاتها الهيكلية وذلك اكثر من اهتمامه بتعزيز الموقع التنافسي لتنظيم ما في الاسواق المحلية و الخارجية . وبغرض اشتقاق مؤشرات للتخطيط الاستراتيجي من عملية التنمية الاقتصادية نعرض التحولات الاستراتيجية الآتية في العلاقات الهيكلية ما بين :

1. عناصر الانتاج :

يتم توجيه المزيد من الاستثمار نحو الانماط التكنولوجية كثيفة – الرأسمال Capital-Intensive على حساب الانماط كثيفة – العمل Labour- Intensive فيزداد الاعتماد على الاساليب الالكترونية وعمليات الاتمتة Automation وبما يعزز الكفاءة التنافسية للمنشأة والاقتصاد معاً .

2. قطاعات الانتاج:

يبرز هنا دور القطاع الصناعي التحويلي الذي سيقود عملية تصنيع كافة النشاطات (والمواقع) الانتاجية: الصناعية والزراعية والخدمية وذلك بما يكثف الارتباطات الامامية والخلفية فيما بين هذه النشاطات ويقلّل من البطالة بأنواعها

المختلفة وخاصة المقنعة ويزيد من الاعتماد على المصادر الداخلية للموارد الانتاجية وخاصة بالنسبة للسلع الوسيطة .

3. القطاعين العام والخاص :

تحدد هذه العلاقة النظام الاقتصادي القائم (فيما بين الشمولية المركزية للحكومة وإقتصاد السوق التنافسي) ، وتفرض حالياً اتجاهات التنمية الاقتصادية تحديد دور القطاع العام في دعم مشروعات (وتنظيمات) القطاع الخاص بتسهيلات الرأسمال الفوقي الاجتماعي Socia lOverhead Capital(SOC) كما قدمه A.Hirschman في العام 1959 وخلق المناخ التشريعي والمؤسسي والسياسي الضروري لتعاظم المبادرات الفردية الهادفة الى تنويع الانتاج وتوفير الحماية الكافية لكل من المستثمر والمنتج والمستهلك على السواء .

4. وحدات الانتاج :

يجري التأكيد هنا على التحول نحو المؤسسات (والشركات) الكبرى ذات القدرات التنافسية العالية ، من حيث تكلفة الانتاج وتمايز المنتوج. هذا بالاضافة الى ابراز دور التنظيمات او الاتحادات التي تجمع وتدير الوحدات الصغيرة والمتوسطة مع الحفاظ على شخصياتها التكنيكية المستقلة. وفي هذا المقام يركز على المنظمين الرواد والمبتكرين في هذه الوحدات. وذلك لتنشيط اسهاماتهم الفعالة في تنويع وتوسيع الطاقات الانتاجية كما حدث مع شركة فتاح باشا للمنتوجات النسيجية في العراق .

ويُشار هنا ايضاً الى اهمية التحول نحو الوحدات الانتاجية على حساب الوحدات الاستهلاكية وبما يعزز الاعتماد على الطاقات المحلية للانتاج.

5. المعارف التكنولوجية :

يتم تطوير المعلومات المتاحة وصيانة وتصليح الاجهزة الى معرفة السبب Know- Why حول وضع التصاميم الهندسية وتطبيقها وتطويرها في مراكز البحث

والتطوير (R&D) كما ومن الضروري العمل على تعزيز وإثراء المعرفة التكنولوجية ليكون البلد قادراً على وضع التنبؤات العلمية والتكنولوجية في إطار تخطيطي استراتيجي واقعي.

6. مكونات الناتج المحلي الإجمالي :

يعمل التخطيط الاستراتيجي على تحقيق معدلات نمو متزايدة ومستقرة لمتوسط نصيب الفرد من الدخل القومي الحقيقي .

كما ويهدف هذا التخطيط الى تعزيز مستويات تراكم رأس المال وبما يزيد من قدرات الاقتصاد على تحقيق معدلات عالية للادخار والاستثمار مع ضمان الطلب الاجمالي ليتحقق التوازن الديناميكي ما بين الطاقة الانتاجية والطاقة الاستيعابية .

7. المواقع Spaces والاقاليم :

تعتمد في هذا المجال الاجراءات التحفيزية الكفيلة بتوجيه الاستثمارات نحو الفرص المتاحة في المناطق الريفية وشبه الحضرية وبما يحقق توازناً اقليمياً ضرورياً لنشر عملية التنمية الاقتصادية وخاصة من خلال بلوغ النشاط الاستثماري الى كافة الموارد الاقتصادية الكامنة ومهما كانت مواقعها قريبة او نائية .

8. القطاعين : المحلي والخارجي

يوجه الاهتمام في هذه العلاقات الى تبني استراتيجيات الامن الاقتصادي والتكنولوجي مع تعزيز الصادرات وتوفير الفرص التشغيلية المثلى لاصحاب الكفاءات العالية . وكل ذلك بما يعزز الاستقلال الاقتصادي كأهم حصيلة لعملية التنمية الاقتصادية .

ويمكن ان نستمد من التحويلات الهيكلية السابقة المؤشرات الاتية للاقتصاد الكلي :

1. المؤشرات المستمدة من العلاقات ما بين عناصر الانتاج :

أ . مؤشر التوازن ما بين تزايد الكفاءة الانتاجية لعنصر العمل وتوسيع نطاق تشغيل القوى العاملة :

يظهر التعارض احياناً ما بين تعظيم كفاءة أداء العمل (البشري) وزيادة استيعاب القوى العاملة حيث أن الهدف الاول عندما يتحقق بمعدل عالٍ سيقلل منطقياً من الطلب على العمل بل قد يدفع هذا الامر صاحب العمل الى تسريح بعض العاملين من ذوي الكفاءات الانتاجية الادنى . وهذا ما يعود غالباً الى تطور التكنولوجيا المستخدمة في الانتاج وبكافة عناصرها: الاجهزة الرأسمالية (او الراسمال الانتاجي المباشر) والاساليب Techniques المستخدمة في التعامل مع هذه الاجهزة ومستلزماتها والانظمة Systems الموجهة للرقابة والانضباط Discipline والمعارف Knowledges والانماط Patterns سينعكس (اي هذا التطور) بمزيد من انتاجية وحدة العمل فتظهر علاقة عكسية بين زيادة استيعاب القوى العاملة وتطوير الاجهزة الرأسمالية المستخدمة عند نفس المستوى او الحجم الانتاجي. كما هو واضح في الشكل الاتي :

الشكل رقم (1)

(منحنى الناتج المتساوي)

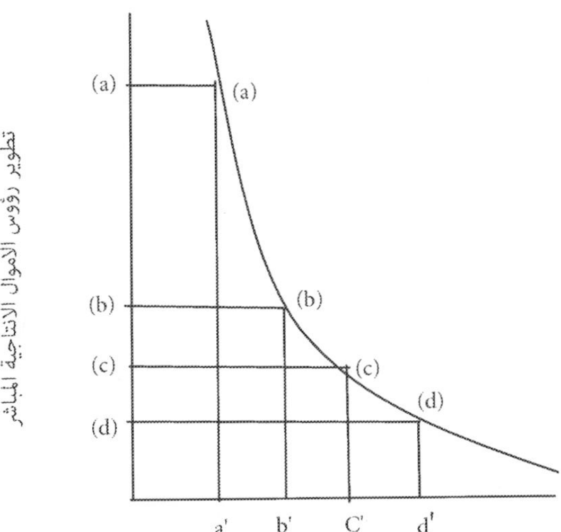

(تشغيل القوى العاملة)

ان كافة نقاط منحنى الناتج المتساوي تعطي نفس الكمية من الانتاج ولكن بتوليفات مختلفة لعنصر العمل من جانب وتحول الاجهزة التكنولوجية من جانبٍ آخر، فمثلاً عند النقطة (a) هناك حاجة الى حجم قليل من العمل بسبب ارتفاع كفاءته الانتاجية والى حجم كبير من الرأسمال الانتاجي المباشر . وهنا يلاحظ دور تغيير الاساليب والانظمة المتضمن في كل من العمل والرأسمال ودور تغيير الانماط كنتيجة حيث ان مع تزايد حجم رأس المال تتدهور انتاجيته ومع إنخفاض جحم رأس المال ترتفع إنتاجيته .

وفي حالة تدهور انتاجية العمل مع توسيع نطاق تشغيل القوى العاملة فان تكاليف العمل ترتفع دون ان يقابل ذلك تزايد في كميات الانتاج . وقد يصل التدهور السابق الى حد أن تبرز وتتفاقم ظاهرة البطالة المقنعة Disguised Unemployment (عندما يصل الناتج الحدي للعمل الى الصفر وحتى احياناً دون الصفر) كما هو واضح في الشكل الاتي:

الشكل رقم (2)

منحنى الناتج الحدي للعمل

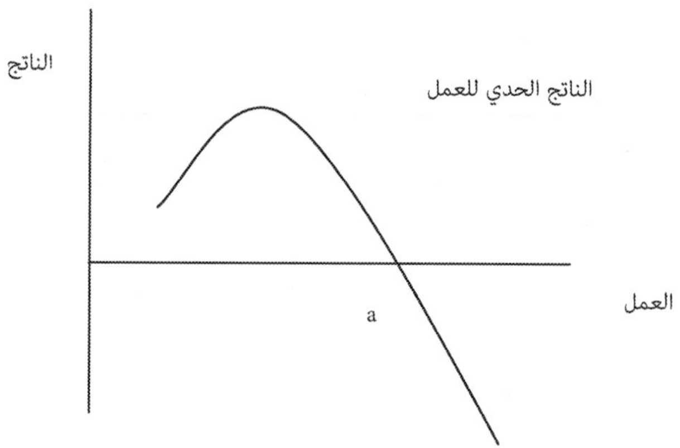

ويتطلب هذا الواقع أي عند النقطة (a) في تشغيل القوى العاملة وما بعد هذه النقطة سحب فوائض العمل من المواقع أو المناطق المتسمة بتدهور الناتج الحدي وظهور البطالة المقنعة وتحويل هذه الفوائض الى مواقع او مناطق اخرى تكون بحاجة الى مزيد من القوى العاملة (مع افترضنا ثبات المتطلبات التكنولوجية ومرونة عرض العمل بسبب تعدد وتوافق مهاراته).

ولا شك ان لقصور عنصر راس المال دوراً رئيساً في هذا الواقع . على ان يؤخذ في الاعتبار ما ذهب اليه R.F. Harrod(11) في العام 1939و E. Domer(12) في العام 1946 في أن الاستثمار الصافي يولد عادة تأثيراً مزدوجاً . فمن جانب يحقق هذا الاستثمار زيادة في الطلب من خلال تغيير الدخل المتولد (y) ، ومن جانب آخر يخلق الاستثمار توسعاً في الطاقة الانتاجية بسبب نمو الناتج الكامن Potential Output والذي يتطابق مع نسبة الطاقة الانتاجية (q) الى رأس المال (K). وهنا فان التوازن يسود عندما يتساوى معدل تغيير الدخل (أي $\frac{dy}{dt}$) مع معدل تغيير رأس المال (أي $\frac{dK}{dt}$). أي أن : (نسبة تأثير الطاقة) $\frac{dy}{dt}=\frac{dK}{dt}$ (نسبة تاثير خلق الطلب) وعند هذا التوازن يتساوى معدل الاستثمار الفعلي مع معدل الاستثمار المطلوب .

وبالتالي في حالة:

$$\frac{dy}{dt} > \frac{dK}{dt}$$

يظهر نقص في الطاقة الانتاجية ويكون معدل الاستثمار الفعلي أكبر من معدل الاستثمار المطلوب .

وبالعكس في حالة :

$$\frac{dy}{dt} < \frac{dK}{dt}$$

يظهر فائض في الطاقة الانتاجية ويكون معدل الاستثمار الفعلي دون معدل الاستثمار المطلوب .

وهناك تظهر معضلة Harrod- Domar في ان اضافة الاستثمار في الحالة الاولى لتجاوز النقص في الطاقة الانتاجية تصبح تعديلاً خاطئاً لانها تُدخل الاقتصاد في حلقة مفقودة يتفاقم خلالها النقص المذكور .

وبالمقابل فان اي تقليل في الاستثمار الفعلي في الحالة الثانية سيزيد من فائض الطاقة الانتاجية .

وعلى اية حال عند تجاوز معدل زيادة الكفاءة الانتاجية للعمل لمعدل توسيع نطاق تشغيل القوى العاملة تظهر معدلات متزايدة لتراكم راس المال. وهذا ما يزيد من الطاقات الانتاجية فتتسارع اكثر معدلات النمو الاقتصادي، على الا يقع الاقتصاد في خطأ المعضلة السابقة .

ب . مؤشر النمط التكنولوجي (بين كثيف- العمل وكثيف – الرأسمال) [(13)].

سبق وان اشرنا الى ان هناك عدة معايير تستخدم لتحديد الكثافة النسبية للعنصر الانتاجي والتي منها:

1 نسبة مرونة الانتاج لاحد العناصر الى مرونة الانتاج لعنصر اخر.

2 نسبة التكاليف المقارنة لكل من العناصر المستخدمة الى التكاليف الكلية.

وقد جذب معيار التكاليف النسبية (المقارنة) اكثر من غيرها اهتمامات الباحثين. فقد بين الاقتصاديان السويديان E.Heckscher و B.Ohlin بان المزايا النسبية للانتاج الصناعي تميل نحو التكنولوجيات الملائمة للنمط كثيف- الرأسمال في الاقتصادات الصناعية المتقدمة وذلك حيث ترتفع تكاليف العمل مقارنة بتكاليف راس المال في حين أن هذه المزايا تتجه نحو التكنولوجيات الملائمة للنمط كثيف- العمل في الاقتصادات النامية وذلك بسبب توافر الموارد البشرية المتسمة برخص تكاليف تشغيلها.

لقد رفض W.Leontief هذا المنطق ، مبيناً أن الصناعات كثيفة – الراسمال تلائم الاقتصادات النامية التي تقل فيها القوى العاملة التكنيكية والعلمية , في حين ان الصناعات كثيفة – العمل تناسب الاقتصادات المتقدمة التي يفيض فيها عدد الكوادر التكنيكية والعلمية الصناعية . وقد بين هذا الاقتصادي ان انتاجية العمل في الولايات المتحدة تبلغ ثلاثة اضعاف انتاجية العمل في اي بلدٍ نامٍ على الاقل. وهذا

يتضمن نتيجة : ان العمل الموجود في البلد الاول يصل في واقعه الى ثلاث مرات العمل الموجود في البلد النامي .

وهكذا فان غالبية الاراء قد تركزت على حسابات التكلفة النسبية للمدخلات الاولية, غير اننا نرى بان هذه الحسابات قد تكون غير دقيقة بسبب صعوبة تصنيف تكاليف الانتاج في حالات عديدة وخاصة عند تداخل الانماط المعتمدة في نفس الوحدة الانتاجية، ومع اختلاط التكنولوجيات المدعومة المقيمة باقل من قيمها الحقيقية بالتكنولوجيات التي تخضع فيها للتغيرات التضخمية الجارية.

وعلى ما سبق ، من الضروري ان يأخذ المخطط ابعاد مختلفة في الاعتبار - بالاضافة الى التكاليف النسبية - عند إختبار النمط التكنولوجي وذلك حسب منظوره الاستراتيجي . وهنا يمكن تمييز الحالات الاتية :

(1) في ظروف المجتمع الفقير بموارده الاقتصادية (خاصة العمل الماهر والرأسمال الانتاجي) والمنطوي على بيئته التقليدية قد يفضل تبني النمط كثيف- العمل. وكما بين W.A.Lewis(14) مع وجود فوائض كبيرة من العمل غير الماهر فان الرأسمال لن يرفع من الكفاءة الانتاجية للاقتصاد اذا استخدم لما يقوم به العمل تماماً .

(2) في ظروف المجتمع خفيف السكان والاقتصاد المفتوح على الاسواق والمؤسسات الدولية، أن ندرة العمل الماهر مع وفرة راس المال الانتاجي تحثان على إختبار او القبول بتكنولوجيات متقدمة كثيفة - الرأسمال.

(3) في المجتمع المفتوح والذي يزخر باحتياطات تكنيكية عالية من المواد البشرية ورؤوس الاموال الانتاجية فان النمط المفضل دائماً يكون النمط كثيف- الراسمال.

(4) هناك صناعات تتسم في ذاتها بنمط محدد. فمثلاً يفرض النمط كثيف- الرأسمال على عمليات انتاج الكازولين والنتروجين والاسمدة الكيمياوية والطاقة الكهربائية .

(5) أن ضعف القدرات المحلية على انتاج بدائل كثيفة – العمل للصناعات الاجنبية كثيفة – الرأسمال وفي ظل استراتيجية تعويض الاستيرادات او تعزيز الصادرات يدفع (اي هذا الضعف) المخططين المحليين على القبول بالنمط كثيف – الرأسمال.

وعلى اية حال لابد وان يرتبط الاختيار بين النمطين لخطة استراتيجية بعيدة المدى . وقد اقترح الكاتب[15] نموذجاً لهذه الخطة وبما يسهم في نشر عملية التحول التكنولوجي بكافة عناصرها في الاقتصاد النامي ككل.

وتعتمد الفكرة الاساسية هنا على امرين متكاملين:

1. تناوب آني Simultaneous Trade Off ولكل مرحلة للتحول بين تغييري اسلوب الانتاج (بكل ما يدعمه من معرفة ونظام ومهارة بشرية) والجهاز (الرأسمالي المادي) في اطار متفاعل.

2. اعداد كامن Potential Preparation او تحفيز ضمني Implicit Stimulation . فاذا تطور (الاسلوب) بما يحمله من معلومات متجددة فان (الجهاز المعدل) يهيىء مجالاً ملائماً او ظروفاً فعالة ليتضمن الاسلوب معلومات جديدة. وهذا ما اكدته تجربة الصناعة الامريكية منذ نهاية القرن التاسع عشر [16].

ت . مؤشر الاحتياطات الكامنة للموارد :

ميز P.Baran(17) في ستينات القرن العشرين ما بين الاحتياطات الفعالة Actual Reserves والاحتياطات الكامنة Potential Reserves للموارد الاقتصادية (البشرية والطبيعية والتكنولوجية والمالية). وبذلك حوّل الاهتمام من سياسات اقتصادية قصيرة المدى للتعامل مع ماهو متاح او ممكن فعلاً الى استراتيجيات

بعيدة المدى تكفل الوصول الى الطاقات الكامنة (للانتاج والاستيعاب) من خلال استخدام المزيد من الطاقات الفعلية التي في حقيقتها ستكون خلال عملية التخطيط الاستراتيجي اضافات من الاحتياطات الكامنة تخضع للاستخدام الكفؤ والكافي.

ولاشك بان الثقل النسبي الذي ستظهر به الاحتياطات الكامنة للموارد الاقتصادية يعتمد اساساً على مدى دقة التخطيط الاستراتيجي وخاصة بالنسبة لتنبؤات المخططين بشان الاضافات الصافية التي ستبرز نتيجة لبرامج الاعداد والتاهيل او الاستكشاف او الاصلاح..... وكل ذلك يتحقق عن طريق برامج التعليم وربطه بسوق العمل وتكثيف دورات التدريب واصلاح الاراضي وبناء شبكات الري والبزل وتعزيز الخدمات الصحية وتحديث نشاطات الاعلام والاتصالات والتنسيق ونشر اعمال التنقيب عن البترول والغاز والمواد المعدنية وغير المعدنية (التعدينية) . ويؤكد هنا على ان اي اقتصاد سيكون بحاجة الى خطط استراتيجية تضمن تجاوز معدلات نمو الاحتياطات المتحققة لمعدلات تزايد الاحتياطات المستخدمة فعلاً والخاضعة لعمليات الانتاج الجارية .

ث . مؤشر التوازن الهيكلي لعناصر الانتاج :

يحدد هذا التوازن من خلال دراسة العلاقات الضمنية الهيكلية لكل عنصر ومن ثم العلاقات المتشابكة الهيكلية فيما بين العناصر المختلفة للانتاج. فمثلاً يشخص هيكل الموارد البشرية من حيث التركيب الديموغرافي والتوزيع المهني واحجام ونسب المستويات التعليمية والمهاراتية .

هذا بالاضافة الى تمييز الخلفيات الثقافية والسلوكيات الاجتماعية والتوزيعات الجغرافية ..... وهنا يفترض وضع خطط استراتيجية لرفع نسب مساهمة القوى العاملة في مجموع السكان ولتجاوز حالات البطالة بمختلف انواعها: المقنعة والظاهرة والاحتكاكية والموسمية .... وذلك بشكل متفاعل مع الخطة الموجهة لتحقيق تحولات قطاعية واقليمية ومؤسسية ...... ولتعميق المهارات وتنويعها

ولتطوير المستويات التعليمية والثقافية والتكنيكية ولضمان المزيد من الانفتاح الاجتماعي الداعم لتفعيل دور المرأة ومجمل السكان النشيطين اقتصادياً في المجتمع .

2. المؤشرات المستمدة من العلاقات ما بين قطاعات الانتاج :

أ . مؤشرات تحليل المستخدم / المنتج Input- Output Analysis

يعد W.Leontief الاب العلمي لتحليل المستخدم / المنتج الذي وضع جداوله الستاتيكية المغلقة والمفتوحة في العام 1951 عندما نشر كتابه المعروف (The Structure Of American Economy 1919-1939) وتابع تطوراته ضمن الصيغ الديناميكية وارتباطه بمشكلات التلوث واخيراً تصوره للمجموعات المصنفة المختلفة من بلدان العالم في دراسته المنشورة في العام (The Future Of The1980 World Economy)

ولتوضيح هذا التحليل نعرض الجدول الستاتيكي المفتوح الآتي :

الجدول رقم (1-3)

مكوّنات جدول مفتوح للمستخدم المنتج

		النواتج								الطلب النهائي		
		X1	X2	X3	-	-	-	-		الداخلي	الخارجي	المجموع
المدخلات الوسيطة	X1											
	X2											
	X3											
	.											
	.											
	.											
	.											
	xn											
المدخلات الاولية	العمل											
	رأس المال											
	الارض											
	التنظيم											

ويمكن ان نستمد من الجدول السابق مؤشرات عديدة ، نذكرمنها :

(1) مؤشر الارتباطات الانتاجية :

تكشف جداول المستخدم / المنتج عن الارتباطات الانتاجية الامامية والخلفية، فيما بين الصناعات (والنشاطات) المختلفة. وبذلك يتم تمييزالحلقات الاكثر ارتباطاً مع غيرها، عن الحلقات الاقل ارتباطاً، كما ويتحدد إتجاه الارتباط فيما إذا كان أمامياً و/أو خلفياً.

وهنا يفترض بالمخطط الاستراتيجي مراجعة جداول النظام الدولي للتصنيف الصناعي (ISIC) International System Of Industrial Classification وذلك لكشف الحلقات المهملة في هيكل الارتباطات الانتاجية في الاقتصاد المعني . ومن خلال دراسة وتحليل الطاقات (الانتاجية والاستيعابية) الكامنة (18) لمختلف الصناعات (او النشاطات) الواردة في الجداول المذكورة وحسب التنبؤات القياسية الدقيقة يمكن وضع البرامج الاستراتيجية الكفيلة بتغطية الحلقات الاكثر اهمية والتي يمكن لها عن طريق ارتباطاتها الكامنة تحفيز المنظمين على الاستثمار في بقية الحلقات المساندة او المكملة او الثانوية .

واعتماداً على تصنيف الحلقات الانتاجية ما بين الحلقات الاكثر اهمية او الحلقات المحفزة والحلقات المساندة او المكملة او الثانوية . يمكن النظر الى هذا التصنيف من زاوية اخرى ، تنقسم من خلالها الحلقات الانتاجية مابين حلقات قيادية واخرى تابعة وذلك حسب حجم كل حلقة وارتباطاتها المتوقعة.

وبذلك نصل الى مؤشر اخر يتعلق بالقطاع القيادي والقطاع التابع.

(2) مؤشر القطاع القيادي Leading Sector :

توزع القطاعات Sectors والفروع Branches والصناعات Industries حسب الاهمية الاستراتيجية في عملية التغيير مابين قطاعات قائدة واخرى تابعة Depending او مساندة Supporting وهكذا التوزيع ما بين الفروع وكذلك ما بين الصناعات وحتى المنشأت. فمثلاً ان القطاع التحويلي يعد قطاعاً قيادياً بالنسبة للقطاعات الاخرى حيث انه يدخل في عملية تصنيع القطاعات الزراعية والتوزيعية والخدمية الاخرى . كما وان فرع الصناعات الالكترونية يكون فرعاً قيادياً لعمليات الاتمتة في كافة الفروع الصناعية الاخرى ، وهكذا الحال مع الصناعات الفضائية للاتصالات والتي تقود غالبية الصناعات الالكترونية ومن ثم الصناعات الاخرى.

ولاننسى ايضاً دور التعليم كقطاع خدمي قيادي لمجمل التحولات في الموارد البشرية ومن ثم في تحريك عملية التحول الهيكلي ....

وفي كافة هذه الحالات فان سمة القيادة او التبعية تتأتى من قوة التحفيز القائم على الارتباطات الامامية والخلفية للقطاع او الفرع او الصناعة ....فمثلاً ان القطاع الصناعي التحويلي حينما يرتبط بالقطاعات الاخرى من خلال الاجهزة الرأسمالية والمواد والمستلزمات الاخرى للتشغيل فانه يمكن ان يصبح اوسع قطاع من حيث الطاقة الاستيعابية للموارد الاقتصادية الكامنة ولمجمل الطاقة الانتاجية في الاقتصاد مقارنة ببقية القطاعات.

(3) مؤشر معدل التصنيع

يحدد هذا المعدل عن طريق تقسيم القيمة المضافة (للقطاع او الصناعة او المنشأة) على القيمة الكلية للانتاج.

ان ارتفاع معدل التصنيع يدل على زيادة الكفاءة الانتاجية . وبالعكس عند ارتفاع نسبة مستلزمات التشغيل (من المواد والسلع الوسيطة) . ففي حالة العديد من النشاطات الصناعية في البلدان النامية يلاحظ ان النسبة الاخيرة قد تصل الى اكثر من 90% ويبدو ان غالبية هذه النسبة تعتمد على المصادر الخارجية . ويتجسد هذا الواقع بشكل خاص في الصناعات التجميعية Assembly Industries .

وعليه من الضروري بالنسبة للمخطط الاستراتيجي ان يعمل على تحقيق نسب عالية للقيمة المضافة الى القيمة الكلية للانتاج وفي كافة المشروعات (الجديدة) والمنشأت (القائمة). وان يجري التركيز على احدث تحول جوهري في الصناعات الكهربائية والالكترونية وذلك بزيادة اعتمادها على المدخلات المحلية وتكثيف ارتباطاتها الانتاجية الامامية والخلفية مع الوحدات الاخرى في الاقتصاد المعني وكل ذلك مع تعميق القدرات التكنولوجية الداخلية بهدف ربط الصناعات المعنية بالابتكارات المحلية وتعظيم القيمة المضافة لها.

(4) مؤشر الطلب النهائي:

ان جزءاً من ناتج كل صناعة (او نشاط) يوجه نحو الطلب النهائي في الاسواق المحلية والخارجية .

وعليه يمكن اعتماد جداول المستخدم / المنتج وفي صيغها الديناميكية او الستاتيكية المقارنة Comparative Statics (لسلسلة زمنية) على التنبوءات الخاصة بالطلب المحلي مع بيان الطاقات الانتاجية القادرة على تعزيز الصادرات.

وهنا لابد للمخطط الاستراتيجي ان يركز على زيادة حصص المنشآت المحلية في المنافذ السوقية المحلية والخارجية مع وضع الاسس الكفيلة بدعم القدرات التصديرية لهذه المنشآت وذلك لان نمط تعزيز الصادرات ومن خلال تجارب مختلف بلدان العالم وخاصة الاسيوية المعروفة يعد من اكثر الانماط فعالية في تحفيز عملية التصنيع .

ب . مؤشر التكاليف الفرصية واسعار الظل :

تعرف التكاليف الفرصية Opportunity Costs بانها (الدخول المتوقعة من نشاط معين او من نشاطات معينة يضحي بها المنتج او المستثمر مقابل وحدة واحدة من الدخول التي يمكن ان يحققها نشاط بديل) .

وتحدد اسعار الظل Shadow Prices وهي اسعار تخطيطية من خلال الفرق بين التكاليف الفرصية للنشاطات واسعارها المعتمدة .

ويعمل هذان المؤشران على اختيار النشاطات المتسمة باعلى انتاجية والتي تحقق الحل الامثل Optimum Solution (المقيد Constrained بموارد محدودة)، عند الاختيار ما بين نشاطات حقيقية Real Activities ونشاطات مهملة او عاطلة Slack Activities .

وهنا يمكن تطبيق البرمجة الخطية Linear Programming حسب اسلوب Simplex على الاقتصاد الكلي لمؤسسة او قطاع او اقليم وذلك بغرض تقدير التكاليف الفرصية واسعار الظل وكما هو واضح في النموذج الافتراضي الاتي:

اذا تصورنا :

R = الايرادات

$O \geq (X_2, X_1)$ = نشاطان حقيقيان .

$O \geq (X_4, X_3)$ = نشاطان مهملان .

Z= التكاليف الفرضية وهي حاصل ضرب الاسعار في اليسار في الكميات الواردة في اليمين .

P = الاسعار (او التكاليف).

Z-P = اسعار الظل

MAX;

$R = 10X_1 + 30X_2$ Subject To — دالة الايرادات

$X_1 + 3X_2 \leq 45$ — دالتا الموارد والعلاقات

$4X_1 + 2X_2 \leq 50$ — التكنيكية وهما متباينتان

يمكن تعديل هذا النموذج بغرض اضافة نشاطين مهملين (X_3) و (X_4) و تحويل المتباينتين Inequalities الى معادلتين Equations .

MAX.

$R = 10X_1 + 30X_2 + OX_3 + OX_4$

Subject to

$X1 + 3x_2 + 1x_3 + OX_4 = 45$

$4X_1 + 2X_2 + 0X_3 + 1X_4 = 50$

نقوم بتفريغ البيانات السابقة في حدول Simplex بهدف تعظيم الايرادات (تعظيم دالة الايرادات):

P			10	30	0	0	
	النشاطات المرشحة	الموارد	النشاطات الحقيقية		النشاطات المهملة		النسب
			X_1	X_2	X_3	X_4	
0	X_3	45	1	3	1	0	15
0	X_4	50	4	2	0	1	25
	Z	0	0	0	0	0	
	Z-P	0	-10	-30	0	0	
30	X_2	15	$\frac{1}{3}$	1	$\frac{1}{3}$	0	
0	X_4	20	$3\frac{1}{3}$	0	$-\frac{2}{3}$	1	
	Z	450	10	30	10	0	
	Z-P	450	0	0	10	0	

وهنا فان اقصى ايراد يتحقق هو (450) وحدة نقدية باستخدام (15) وحدة من المورد الاول و (20) وحدة من المورد الثاني اي دون كميتي الموردين المتاحين (45) و (50). وان التكلفة الفرصية تساوي (10) و (30) و (0) وحدات للمتغيرات او النشاطات الاربعة على التوالي. ويعد النشاطان (X2) و (X4) النشاطان المرشحان لتحقيق أقصى ايراد ممكن .

ت . مؤشر التحول نحو القطاع الرسمي Formal Sector

يتضمن القطاع الرسمي كافة النشاطات وتنظيماتها المرخصة من قبل المؤسسات الحكومية والتي تخضع للتشريعات السائدة في الدولة وتعمل بشفافية وفي كافة القطاعات الانتاجية .

وفي المقابل يضم القطاع غير الرسمي Informal Sector النشاطات (او الممارسات) وتنظيماتها التي تعمل دون اي اذن رسمي وتسودها اعراف او تقاليد او تحالفات لاتخضع للتشريعات القائمة لا في التوجيه ولا في الرقابة وكثيراً ما يدخل هذا القطاع المهربون والمقامرون وتجار المخدرات والمتعاملون بالبشر (واجسادهم وأعضائهم) وما يعرفون حالياً بصناع الموت... وغيرهم .

وهكذا فان العمل الحاسم لتمييز القطاعين هو مدى الالتزام بالقوانين والانظمة والتعليمات الرسمية .

ويتطلب تلافي هذه الازدواجية في الاقتصاد والمجتمع وضع خطة استراتيجية تكفل: اولاً- تشخيص الواقع السائد وأسبابه وبيان نقاط الضعف (والنقص) في التشريعات المعتمدة والادارة القائمة والقيم السائدة وثانياً - تحديد المعالجات التشريعية والادارية والقيمية وثالثاً - تحفيز المجتمع المدني لدعم البرامج (والمشروعات) التصحيحية ومواجهة سلبيات القطاعين الرسمي وغير الرسمي ...... وكل ذلك بما يضمن التحول التدريجي إلكامل نحو القطاع الرسمي وعن فهم وقناعة من كافة الاطراف ذات المصالح الاولى في هذا التحول.

3 . المؤشرات المستمدة من العلاقات ما بين القطاعين العام والخاص :

أ . مؤشر دعم القطاع الخاص وتعزيز مبادراته :

يتطلب تطبيق هذا المؤشر القيام بمسح كمي (وقيمي) لحصص القطاعين العام والخاص في كل من النشاطات الزراعية والاستخراجية والتحويلية والتوزيعية والخدمية الاخرى وذلك باستخدام معايير (GDP) وتكوين رأس المال الثابت الاجمالي (GDFCF) وتشغيل القوى العاملة . ومن ثم تصاغ خطة استراتيجية بعيدة المدى للنهوض بالقطاع الخاص وتعزيز مبادراته (الاستثمارية والانتاجية) الواعية (ببدائل الفرص المتاحة والكامنة). وهذا ما يتطلب اعداد برامج لخصخصة المنشآت

الحكومية واصدار التشريعات الكفيلة بتيقن القطاع الخاص من الدور الحكومي الداعم (وغير الشمولي) وتوفير المناخ الاستثماري المحفز لتوسيع هذا القطاع وتطوير طاقاته الانتاجية والاستيعابية بالاعتماد على الذات وتجاوز السياسات الاقتصادية المناقضة او المعيقة للمصالح المشروعة للنشاط الخاص مثل فرض التسعيرة الحكومية او تمايز تنظيم عن آخر لأغراض شخصية او لتحيزات حزبية او نقابية او طائفية او عرقية ...... وفرض الضرائب والرسوم والأتاوات غير الملائمة ......! وكل ما يتنافى أصلاً مع استراتيجية دعم وتشجيع القطاع الخاص وتعزيز مبادراته وحمايته من التهديدات والتأثيرات السلبية الخارجية ....

ب . مؤشر التكافل بين القطاعين العام والخاص في اطار اقتصادات السوق :

يقصد بالتكافل هنا الحفاظ على التوافق ما بين القطاعين : العام والخاص من حيث الملكية و / أو الادارة حسب فلسفة النظام الاقتصادي مع العمل على تعزيز اقتصادات السوق .

ونذكر كأمثلة على هذا التكافل:

(1) دور الضرائب في الدول الاسكندنافية في توفير الموارد العامة للاستمرار باستراتيجية شاملة للضمان الاجتماعي ودعم برامج القطاع الخاص محلياً ودولياً .

(2) دور القطاع العام في اليابان ومنذ ستينات القرن التاسع عشر في املاء المواقع التي يتجنبها القطاع الخاص لفترة ما ومن ثم تجري خصخصتها بعد ان تحقق (هذه المواقع) لنفسها عوامل بقائها وتفوقها التنافسي .

(3) دور القطاع العام في الصين المعاصرة حيث تتبنى الدولة نظام اشتراكية السوق الذي دعا اليه وبنى اسسها النظرية في ثلاثينات القرن العشرين كل من M.Kaletsky و O.lang وهنا اطلقت مبادرات القطاع الخاص لغالبية النشاطات المدنية (الصناعية والزراعية والخدمية) وتطبق معايير اقتصاد

السوق وحرية التبادل. بل وحتى يغض الطرف عن انتهاكات اصحاب الاعمال (وخاصة في النشاطات الصناعية) لحقوق الانسان بشأن ساعات العمل والراحة ومعدلات الاجور والحوافز والتأمين ضد الحوادث والامراض المهنية.....

(4) دور الحكومة بمؤسساتها المالية والسياسية والعسكرية في الولايات المتحدة للدفاع عن مصالح القطاع الخاص وتبني الادوات المالية والتجارية والطاقات الاستثمارية المتاحة لحماية هذه المصالح بل وقد يصل الامر الى فرض الاتفاقات على الدول الاخرى كما حدث مع اليابان عند الزام الحكومة اليابانية بوضع ما يعرف بالقيود الطوعية على صادرات السيارات والاقمشة من اليابان الى الولايات المتحدة .

ومقابل كل ذلك هناك رقابة شديدة على ظواهر الفساد المالي والاداري, وكذلك الاحتكار , والتواطؤ والغش والتهرب الضريبي. وقد صدرت حول اوجه الرقابة الحكومية هذه عدة تشريعات وتتابع تطبيقها لجان في مجلس الكونغرس الامريكي. كما وتأسست هيئة متخصصة بتداول الاوراق المالية Securities And Exchange Commission (sec) حسب قانون تبادل الاوراق المالية للعام 1934 وذلك لإلزام كافة الاطراف المشاركة في الاسواق المالية المختلفة (من الشركات المصدرة للادوات الاستثمارية والوسطاء والمتخصصين) بضرورة التعامل بعدالة ونبل مع الافصاح عن كافة المعلومات حول اوضاعهم المالية وماتكمنه ادواتهم من مخاطر.

وتعمل هذه الهيئة على رصد المخالفات وفرض العقوبات من خلال الدوائر او المحاكم المختصة مع توجيه الارشادات لتجاوز حالات الفشل وصراعات المصالح.

وقد بلغت قيمة الاستثمارات التي تتابعها الهيئة المذكورة حتى نهاية العام 1999 حوالي (15) ترليون دولار .

4 . المؤشرات المستمدة من العلاقات مابين وحدات الانتاج :

أ . مؤشر التحول نحو الوحدات او التنظيمات الكبيرة :

ان الوحدات الصغيرة بشكل عام تعاني من ارتفاع تكاليف وحدة المنتوج ومن ضعف مساوماتها السوقية في الحصول على افضل واكثر المستلزمات الوسيطة وعناصر الانتاج كفاءة وبالتالي فان من الصعب على هذه الوحدات تحقيق مكاسب في الاسواق التنافسية .

وفي المقابل ان للوحدات الصغيرة دوراً هاماً في نشوء وبروز المنظمين المبتكرين وفي بلوغ المبادرات الاستثمارية مختلف الاقليم والمناطق وخاصة الريفية والنائية .

وعليه من الضروري وضع خطة استراتيجية تكفل الامور الاتية:

(1) ادخال الوحدات الصغيرة في اتفاقات التعاقد الثانوي Sub Contract مع المؤسسات الكبيرة وذلك للقيام ببعض الخدمات مثل الترويج والاعلان وبحوث التسويق او توفير بعض المواد الداخلية في عمليات الانتاج او تنويع منتجات معينة.........

(2) ربط الوحدات الصغيرة (ذات المنتوجات المتماثلة او المتجانسة او المعتمدة على نفس المصادر) وذلك في تنظيمات تعاونية او ما يعرف بالعقارات الصناعية Industrial Estates حيث تحافظ كل وحدة على شخصيتها المستقلة ولكنها ترتبط مع غيرها في ادارة واحدة لشراء مستلزمات مشتركة ولتصريف منتوجات متماثلة (او متجانسة) او للقيام بمشروعات تخدم كافة الاطراف وذلك ضمن برامج لتطوير البنية التحتية او الموارد البشرية او المعلومات التكنيكية .

(3) تنظيم الوحدات الصغيرة في شركات كبرى وهنا لايشترط التشابه او التجانس في الانتاج ولكن يفترض حماية شخصيات الوحدات المعينة وبما يحافظ على مزايا الاحجام الصغيرة .

(4) قيام تعاونيات تخدم الوحدات الصغيرة لاغراض معينة مثل توفير الاجهزة الزراعية في مواسم البذار والحصاد لمزارع صغيرة لايمكن لاية وحدة منها استخدام هذه الاجهزة بشكل منفرد.

ب. مؤشر التكامل ما بين الوحدات المنتجة للمنتوجات الاستهلاكية والوحدات المنتجة للمنتوجات الانتاجية :

يتم اولاً التمييز ما بين مجموعتي الوحدات وذلك من خلال حصص كل منهما في (GDP) و (GDFCF) وتشغيل القوى العاملة. ومن ثم توضع خطة استراتيجية بعيدة المدى لتحقيق توازن ديناميكي في الاقتصاد ما بين هاتين المجموعتين ومن خلال تطبيق آليات التكامل ما بين الطاقات الانتاجية والطاقات الاستيعابية لهما. فيزيد توسع وتنوع الانتاج في الوحدات المنتجة للمنتوجات الاستهلاكية الى تطوير الطاقات الانتاجية للوحدات المنتجة للمنتوجات الانتاجية حيث يزيد الطلب على المكائن والمعدات والادوات والمواد الكيميائية والمعدنية والتعدينية غير المعدنية وذلك لتطوير النشاطات المنتجة للسلع الاستهلاكية . كما وان تعزيز كمي ونوعي في وحدات انتاج المنتوجات الاستهلاكية الانتاجية سيزيد من الدخول الموزعة على المدخلات الاولية والوسيطة في الانتاج بشكل عام وهذا بدوره سيدفع بالطلب الاجمالي Aggregate demand في الاقتصاد الى الاعلى .

(5) المؤشرات المستمدة من العلاقات مابين المعارف التكنولوجية :

أ. مؤشر الكثافة النسبية للمعرفة في نمو الاقتصاد وتنميته:

ان المعرفة التكنولوجية في صيغتيها : الاولى المتعلقة بالأداء Know-how، والثانية الخاصة بالسبب Know-why أو بالخلق(الإبداعي أو الإبتكاري) اعتبرت عنصراً جوهرياً اضافياً ضمن العناصر الاساسية او الاولية للانتاج . وقد عرف هذا العنصر بالعامل المتبقي Residual Factor والذي يتمثل في الفرق بين معدل النمو الحقيقي في الانتاج ومعدل النمو المستمد نظرياً من تطبيق المعلومات الاقتصادية المتاحة حول نسبة التغيرات التي حدثت في عناصر الانتاج . فمثلاً اذا كان معدل نمو رأس المال (40%) ومعدل نمو تشغيل القوى العاملة (9%) فان

$$1.09 \times 1.40 \times 100 = 152.6$$

اي ان (152.6%) من نمو الانتاج قد تم تفسيره واذا كان التغيير الحقيقي للانتاج هو (200%) فان العامل المتبقي سيكون السبب في الفرق مابين (200%) و (152.6%) فيقدر هذا العامل بـ(31.06%) والذي يمكن ان يدخل بشكل مستقل كالعاملين الاخرين : العمل ورأس المال.

وقد اختلف الاقتصاديون بشأن العامل المتبقي. يرى بعضهم انه مع التغيرات المتضمنة Embodied Changes والتي تعود اصلاً الى تحسين كفاءات العمل ورأس المال خلال التدريب والتنظيم والتصميم والصيانة ..... فتزداد انتاجيتا العنصرين معاً . بينما يرى اخرون بان هذا العامل لايعد مع التغييرات المتضمنة . علماً بان هناك نوعين من التغييرات غير المتضمنة, احدهما - حيادي حيث تكون تغييرات الناتج مستقلة عن تغييرات نسبة رأس المال الى العمل ، فتحدث هذه التغييرات عند ثبات المعدل الحدي للاحلال التكنيكي بين العنصرين . والاخر - غير حيادي ويظهر هذا النوع عندما تحدث تغييرات الناتج مع حدوث تغييرات في معدلات

الاحلال بين العنصرين ، او في شكل دالة الانتاج ، سواء تغيرت نسبة تركيز العمل او تركيز راس المال في هذه الدالة .

ولا شك ان اي مسار من المسارات السابقة للتحول التكنولوجي على اساس مؤشر كثافة المعرفة التكنولوجية يتطلب خطة استرايجية بعيدة المدى وذلك تجنباً لاخطاء العفوية في التحول كما حدث في الولايات المتحدة الامريكية خلال ثمانينات القرن التاسع عشر عندما صارت التكنولوجيا الزراعية موفرة للعمل بمعدلات عالية ودون وجود احتياطات كافية لغرض استيعاب العاطلين او لاعدادهم وتطويرهم وبما يتوافق مع متطلبات سوق العمل . او عندما شهدت الدول الصناعية الاوروبية في الفترة السابقة لستينات القرن العشرين تغيرات تكنولوجية محايدة .

وعلى اية حال ان اي استراتيجية تعمل على تكثيف المعرفة التكنولوجية تعتمد مؤسسياً على مراكز البحث والتطوير (R&D) . فلابد ان تؤسس هذه المراكز في مختلف الاقاليم والمناطق والمنشآت الانتاجية بل ومن الضروري بناء مدن علمية تكنولوجية وادخال موضوعات البحث والتطوير (R&D) في مناهج الجامعات والمعاهد وتخصيص نسبة غير قليلة من الموازنة العامة على البحث والتطوير (R&D) .

ب . مؤشر التوافق بين تعزيز المعارف التكنولوجية وتطوير العناصر الاخرى للتحول التكنولوجي والميزة التنافسية .

تعد المعارف التكنولوجية احدى العناصر الهامة في التحول التكنولوجي بجانب الاجهزة الرأسمالية واساليب المعالجات Techniques ونظم السيطرة وأنماط الكثافة النسبية لعناصر الانتاج .

وهنا من الضروري تشخيص الفجوة ما بين المعارف التكنولوجية المتحققة في الاقتصاد المعني وكل من العناصر الاخرى المذكورة سابقاً . فان اي اختلال في هذه العلاقات يعني اختلال في عملية التحول التكنولوجي نفسها .

ان تجاوز الاجهزة الرأسمالية لمعرفتي (الاداء) و (السبب) سيؤدي الى انخفاض كفاءة اداء الاجهزة وحتى الى تلفها او تعطلها في كثير من الاحيان . كما حدث بالنسبة لكثير من المنشآت الصناعية الحديثة في العراق, فقد كانت الفجوة الزمنية بين تدريب واعداد العاملين من جهة ووصول المكائن والمعدات من جهة اخرى سبباً هاماً في تأخر تشغيل معمل الزجاج في الرمادي . وقد استمر نقص المعرفة التكنولوجية اثناء تشغيل هذا المعمل المؤثر السلبي الأقوى في ضعف الجودة النوعية. وقد لوحظ دور نفس المؤثر في غالبية المنشآت الحكومية . مما انعكس على ربحيتها فاجبرت السلطات آنذاك وبالذات في العامين 1987 و 1993 على خصخصتها وتركت معامل عديدة معطلة .

ومن ناحية اخرى فان مجرد الاهتمام بالمعرفة التكنولوجية والاجهزة الرأسمالية ودون اعطاء اهتمام معادل وكافٍ بنظم السيطرة قد يؤدي الى كوارث كبيرة وخاصة في المنشآت الكيميائية والنووية كما حدث لمراكز توليد الطاقة النووية في تشير نوبيل قرب كييف في اوكرانيا في شهر آب من العام 1986.

وعليه من الضروري، ان تكون الخطة الاستراتيجية الخاصة بالتحول التكنولوجي خطة شاملة تحقق توافقاً وتفاعلاً ديناميكياً بين كافة عناصر هذا التحول. ان مجرد الاسبقية في الوصول الى افكار علمية جديدة لايحقق ربحية اقتصادية لاي بلد او مؤسسة دون وجود ابتكارات قادرة على تطبيق هذه الافكار وتسويقها حسب أصول إقتصادية حديثة . فمثلاً أن الافكار العلمية السابقة لكاميرات الفيديو واجهزة التسجيل والفاكس تعود الى اختراعات امريكية ولكن المبيعات والارباح والاستثمارات اصبحت للمنتجات اليابانية , لقد جاء تفوق اليابانيين بسبب توافق توجها تهم التكنولوجية مع تحليلاتهم الاقتصادية . ان الميزة النسبية القائمة على هذا التوافق هي التي تحسم في النهاية مسالة النصيب الحقيقي لكل منشأة تنافسية في الاسواق العالمية .

ت . مؤشر التوافق بين تطور ونشر المعارف التكنولوجية وتعزيز برامج التعليم الاكاديمي والمهني والبحث العلمي

يتطلب هذا المؤشر تحديد مستوى التطابق بين مؤهلات الخريجين ومواصفات الوظائف الخاصة بالمعارف التكنولوجية . ويمكن تحديد احجام ومجالات ونوعيات الفجوات الموجودة مابين المؤهلات والمواصفات السابقتين . ومن هذا التحديد تظهر عناصر او مظاهر القصور في التعليم الاكاديمي والمهني والبحث العلمي:

ومما يشار اليه هنا، ان هناك حاجة ماسة الى مراجعة وتعزيز المناهج الدراسية وبرامج البحث العلمي وبما يرفع مستوى التطبيق العلمي للمناهج والبرامج المذكورتين. وهذا ما يتطلب تحديث المكتبات العلمية والمختبرات التطبيقية والاساليب التدريسية. فكما اشرنا سابقاً يفضل ان تقدم المحاضرات بالاسلوب المتفاعل ما بين الاستقراء حيث يسهم المشاركون في حوار علمي يهدف الى بلورة الافكار المقدمة في قاعة المحاضرة والاستنباط القائم على مناقشة فكرة عامة يمكن ان تستمد منها مجموعة من الآراء او الاجتهادات العلمية. ومن ثم يمر المشاركون بمختبر علمي تتوفر فيه كافة الاجهزة المتخصصة في مجال الدراسة والبرمجيات المساعدة واخيراً يدخل الجميع الى مكتبة علمية للاطلاع على آخر الاسهامات من المراجع والدوريات ومحاضر المؤتمرات والندوات وورشات العمل ..... على ان يعد الطالب تقريراً مختصراً ومركزاً بما استفاد منه وذلك بعد ان يتواجد في كل من قاعة المحاضرة والمختبر والمكتبة. وهنا يفترض مراجعة الاوراق المعدة وتقويمها بدقة يومياً.

ان هذا الاسلوب بالاضافة الى انتقاء المواد الدراسية من بين الموضوعات المطلوبة من قبل مراكز البحث والتطوير والشركات الخاصة والدوائر الحكومية وما يضاف الى هذه الموضوعات من المستجدات العلمية والتكنولوجية. وكل ذلك

يجعل المناهج الدراسية وبرامج البحوث العلمية اكثر قرباً من سوق العمل وافاق التنمية الاقتصادية والتحول التكنولوجي على الامد البعيد .

وفضلاً عما سبق من الضروري استقدام ذوي الشهادات (الأكاديمية والمهنية) العليا ممن لديهم سيرة تعليمية ثرية بالنتاجات العلمية والتطبيقية وتوزيعهم حسب حاجات الأقسام العلمية و لمختلف تخصصات العلوم وخاصة الهندسية. على أن يرافق هذا التطور في كوادر التعليم و التدريب و البحث تحول ايجابي مرافق في المواقع الإدارية وذلك بإناطتها الى أصحاب أعلى المراتب العلمية و أطولهم خبرة أكاديمية و إبعاد تدخل الجهات غير التعليمية و تحيزها غير المشروع و الذي سبب و ما زال يسبب و في كثير من المؤسسات في ممارسة الضغوط النفسية غير الملائمة حضارياً خارج مؤسساتهم و أقسامهم العلمية .

إن تطور التعليم العالي و المهني (والتكنولوجي) سيكون الضمان الحقيقي لنجاح أي خطة إستراتيجية تهدف إلى تحول المعارف التكنولوجية من معرفة الأداء إلى معرفة السبب (أو بناء التصاميم و الابتكارات) ومن ثم إلى معرفة التحولات المستقبلية Know-fore و بما يجعل بمقدور الجهاز الإنتاجي في الاقتصاد تحقيق الأسبقية و التفوق التنافسي. وذلك لأن التفاعل بين المعارف التكنولوجية والطاقات الإنتاجية و من خلال ربط ديناميكي بين مخرجات التعليم و حاجات السوق سيكفل نمواً مستقراً أو مرونة كافية في مجمل الاقتصاد .

سادساً. المؤشرات المستمدة من العلاقات ما بين مكونات الناتج المحلي الإجمالي:

1- مؤشرات الدخل القومي ومتوسط نصيب الفرد من هذا الدخل :

يتم التمييز عادة ما بين بعض المفاهيم الرئيسة للحسابات القومية والتي منها :

أ- الناتج المحلي الإجمالي Gross Domestic Product (GDP)

الذي يعرف على أنه (القيمة الاسمية أو الحقيقية للسلع والخدمات النهائية المنتجة خلال فترة زمنية معينة ، عادة ما تكون سنة واحدة ، باستخدام الموارد الاقتصادية لبلد أو لاقليم ما ، والتي تخضع للتبادل في الأسواق وفق التشريعات المعتمدة بغض النظر إن تم هذا الناتج في الداخل أو في الخارج).

ب- الناتج المحلي الصافي Net Domestic Product (NDP)

والذي يساوي (GDP) ناقصاً تعويضات اندثار (أو اهتلاك) رأس المال .

ت- الناتج القومي الصافي Net National Product (NNP)

وهو يساوي (NDP) ناقصاً الدخل الصافي الخارجي Net Income Abroad (أو الفرق بين الدخول الداخلة الى أو الدخول الخارجة من البلد) .

ث- الدخل القومي National Income

يكون هذا الدخل (الذي يعد من المؤشرات الرئيسة للحسابات القومية) مساوياً لـ (NNP) ناقصاً الضرائب غير المباشرة التي هي مثل ضرائب
المبيعات و رسوم التراخيص و ضرائب الملكية .

ج – متوسط نصيب الفرد من الدخل القومي Per Capita Income

يحدد هذا المؤشر عن طريق تقسيم الدخل القومي على عدد السكان ويمكن احتساب نفس المؤشر بالنسبة لكل من (GDP) و (GNP) و (NNP) بالتقسيم على عدد السكان .

وبغرض تقدير الدخل القابل للتصرف تطرح من أي من القيم السابقة الضرائب المباشرة .

ح - الدخل الشخصي Personal Income

يتطلب تقدير هذا الدخل طرح الأرباح غير الموزعة من الدخل القومي وتضاف الدخول او المدفوعات التحويلية Transfer Payments كالإعانات الاجتماعية.

ومن ثم يجري تقسيم الناتج على عدد السكان .

وبصورة عامة فان الدخل الشخصي = الدخل القومي - الأرباح غير الموزعة - ضرائب أرباح الشركات - مدفوعات الفوائد من قبل المستهلكين - المساهمات في شركات التامين _ قيم تعويضات اندثار (أو إهتلاك) رأس المال + المدفوعات التحويلية للأعمال والأفراد . وبعد ذلك يتم تقسيم الناتج على عدد السكان .

ونميز في كافة هذه المؤشرات بين القيم الاسمية (حسب الأسعار الجارية في السوق) والقيم الحقيقية (حسب الأسعار الثابتة) وذلك بالمقارنة مع سنة أساس.

ولهذا الغرض يمكن الالتجاء الى عدة طرق مثل :

(1) **مؤشر سلع المستهلك** (CPI) الذي يعكس أسعار السلع و الخدمات المشتراة من قبل المستهلكين فقط و يقارن بموجبه السعر الجاري لسلة ثابتة بكافة محتوياتها من السلع و الخدمات بسعر السلة نفسها و دون أي تغيير في سنة الأساس .

(2) **مؤشر مخفض** (Deflator) للقيم الاسمية والذي يعكس أسعار كافة السلع والخدمات (الاستهلاكية والإنتاجية) المنتجة محلياً. ويقارن بموجبه السعر الجاري لمجموعة من السلع و الخدمات المنتجة بسعر نفس المجموعة في سنة الأساس ، ولكن بتغيير بعض محتوياتها .

فيكون هذا المؤشر موزوناً متغيراً Variable Weight Index (VWI) والذي تعدل أخيراً في الولايات المتحدة الأمريكية الى مؤشر السلسلة الموازنة Chain Weighted

Index(CWI) حيث تتغير الأوزان الخاصة بالسلع والخدمات لكل فترة و لكل سلعة، لتعكس التغييرات التي تحدث في حصص النفقات الجارية.

كما و أن هناك مؤشرات أخرى مثل مؤشر سعر المنتج (Produced Price Index (PPI والذي يقيس تكلفة السلع و الخدمات المشتراة من المنشآت . وبما أن المنتجين يحولون تكلفة إنتاجهم إلى المستهلكين فإن (PPI) يكون هاماً للتنبؤ بتغييرات تكلفة المعيشة Cost of living . ولهذا الغرض من الضروري التركيز على أهم السلع في سلة استهلاك الأسرة مع تحديد الأوزان لكل منها . فتحدد أهم الأسعار لكل نقطة زمنية و ذلك بغرض تقدير تكلفة السلة خلال سنوات معينة .

وهنا يحدد الرقم القياسي من خلال تقسيم تكاليف السلة من السلع و الخدمات في كل سنة على تكاليف السلة نفسها في سنة الأساس .

2. مؤشر التفاعل الاقتصادي الاجتماعي لمكافآت عناصر الإنتاج :

أشرنا سابقاً الى أن مكافآت عناصر الإنتاج تنقسم بين مجموعتين رئيستين:

أحداهما : - تعويضات المشتغلين التي تضم الأجور والرواتب والحوافز والمخصصات ....والأخرى - الدخول الرأسمالية التي تتكون من فوائد رأس المال و إيجارات و أرباح التنظيم (او أصحاب الأعمال أو المساهمين).

ان تزايد تعويضات المشتغلين يسهم في تحقيق نتيجتين : فمن جانب يرفع من اندفاع هؤلاء نحو العمل المنتج وتطوير مهاراتهم و كل ما يعزز قدراتهم على تعظيم الكفاءة الإنتاجية وارتفاع الربحية التجارية و المالية للمنشأة . ومن جانب آخر يوسع من الطلب و خاصة على السلع الاستهلاكية .

وفي المقابل أن تزايد الدخول الرأسمالية في مختلف المنشآت وعلى مستوى الاقتصاد الكلي سيحقق معدلات متزايدة للتراكم الرأسمالي وذلك لأن غالبية هذه

الدخول توجه نحو الادخار وبالتالي يزداد الاستثمار مما يوسع من الطاقة الإنتاجية في الاقتصاد .

وهنا لابد للخطة الإستراتيجية أن توجه تدفقات تعويضات المشتغلين والدخول الرأسمالية وبما يكفل تحقيق مبدأين رئيسين لعملية التخطيط ، وهما: الكفاءة الاقتصادية والعدالة الاجتماعية . وبذلك يتحقق تفاعل اقتصادي اجتماعي يضمن الطلب الإجمالي الكافي لتحريك الطاقة الإنتاجية المتاحة و يوفر في نفس الوقت المدخرات الضرورية لزيادة القدرة التمويلية الذاتية للاقتصاد . كما و يرفع أيضاً المستوى المعيشي- العائلي فيزداد إشباع الأسرة لحاجاتها الأساسية .

ويفترض دعم المؤسسات الائتمانية والأسواق المالية و صناديق الاستثمار والتمويل التي تتم تعبئتها لتحقيق التفاعل المستهدف . وهو ما يكون من خلال التشريعات والسياسات والإجراءات الرسمية التي تكرس الثقة بهذه المؤسسات والأسواق والصناديق و بما يزيد من اندفاع الأسر والشركات للتعامل معها . فلا شك أن ضمان الودائع و تأمينها من قبل الشركات الكبرى المعروفة دولياً من جانب و تطور الأجهزة المعنية و تزايد قدراتها على تشغيل الأموال المعتمد لديها من جانب آخر سيسهمان في تعزيز المدخرات المحلية و توجيهها نحو الاستثمارات الأكثر قدرة على تنمية قطاعات الإنتاج المختلفة .

وفضلاً عمل سبق ، من الضروري اهتمام المخطط الاستراتيجي ومن خلال التفاعل الكفؤ والعادل لمكافآت عناصر الإنتاج بسبل دفع الكل نحو مجال الربح العادي Normal Profit كاتجاه عام والذي لا يعد واقعياً في ظل أنظمة المنافسة الاحتكارية السائدة في العالم . وهنا يمكن وضع البرامج الخاصة بالحد من الأرباح الاحتكارية وفرض الشفافية والحوكمة المالية وكل ذلك مع رعاية الربح كباعث هام ورئيس لمختلف نشاطات الأعمال في الاقتصاد .

سابعاً - المؤشرات المستمدة من العلاقات ما بين المواقع و ما بين الأقاليم :

1- مؤشر الاستقطاب Polarization :

أدخل [21] F. Perroux في العام 1950 مفهوم أقطاب النمو Growth Pole باعتبارها (مواقع Spaces تنبثق منها قوى الطرد المركزية Centrifugal Forces وتندفع إليها قوى الجذب المركزية Centripetal Forcesفيصبح كل موقع مركز طرد و جذب ولكن بدرجات متفاوتة . وهو ما يستمر حيث تبقى عملية النمو غير متوازنة في مسارها العام)

وعليه تعد أقطاب النمو منشآت أو صناعات تحفيزية Propulsive أو قيادية Leading وذلك لما تتسم به من خصائص متميزة ، مثل : التفوق التنافسي والسيطرة على الموارد الاقتصادية وعمليات التحول التكنولوجي والسعة الكبيرة للانتاج و كثافة الارتباطات الإنتاجية .

لقد أكد[22] G.Mydral على آلية التخطيط في انجاز عمليتي الاستقطاب والانتشار بينما في المقابل أكد [23] A. Hirschman على دور قوى السوق وحركات الاسعار في هاتين العمليتين

وبما أن التخطيط الاستراتيجي لا يتعارض مع آلية السوق و حركات الاسعار بل ويتفق معها تماماً فلا نجد تعارضاً بين الرأيين السابقين في هذا التخطيط.

2. مؤشر التفاوت الإقليمي :[24]

تعاني الاقتصادات النامية بشكل عام من تمركز الهياكل الإنتاجية (المباشرة والتحتية المادية والفوقية البشرية) حيث تأخذ عاصمة البلد والعواصم الإقليمية وبعض الأقاليم بالذات حصص الأسد في كافة هذه الهياكل و الاستثمارات الجديدة.

وقد توصل [25] Williamson في العام 1965 في دراسته المعروفة حول التباين الإقليمي إلى أن البلدان الآخذة في النمو ومتوسطة الدخول تعاني من تفاوت

أكبر وأشد سلبية و ذلك مقارنة بالبلدان الأقل نمواً والبلدان الأكثر تقدماً في العالم. كما وأن التفاوت الإقليمي في المجموعة الأولى من البلدان المتقدمة مثل اليابان في القطاع الصناعي بمعدل أعلى مما هو في القطاع الزراعي .

وبالإضافة إلى ذلك لاحظ الباحث المذكور أن الفوارق بين المناطق المختلفة ضمن الإقليم الواحد تزداد عندما ينتقل الفرد من الأقاليم الغنية إلى الأقاليم الفقيرة في نفس البلد .

ولقياس التفاوت الإقليمي هناك أساليب عديدة تعالجها البرمجيات الجاهزة وذلك ضمن ما يعرف بالتصنيف الإقليمي المتدرج (الهرمي و غير الهرمي). ونشير هنا الى بعض الصيغ الواردة في هذا المجال. وقد طبقها الكاتب [26] جميعها على الاقتصاد العراقي :

أ - طريقة Wroclaw Taxonomy .

ب - أساليب Williamson في تحديد معدل التفاوت الاقليمي .

ت - معامل Gini.

أ - طريقة Wroclaw Taxonomy

قدمت أكاديمية الاقتصاد في Wroclaw ببولنده هذه الطريقة في الدراسات الاقتصادية التطبيقية .

وتتركز هذه الطريقة في تجميع العناصر المتشابهة من بين العناصر الخاضعة للدراسة وهي تعتمد أصلاً على أعادة توزيع كافة العناصر المعطاة (حسب المؤشرات القطاعية أو المكانية أو المؤسسية أو الزمنية ....) و ذلك بصيغ مختلفة وبما يحدد في النهاية المسافات الضمنية بحيث يتم وضع مصفوفة المسافات بأسلوب المصفوفة المتقابلة أو المتخالفة Skew Symmetric Matrix خلال إعادة تنظيم نقاط التوزيع وبما يمكن من انتقاء اقصر المسافات خلال متجه عمودي عندما ترتب المسافات في صفوف القيم الناتجة في المصفوفة السابقة وهكذا يمكن

توزيع المسافات بين عدد متدرج من المجموعات . وعليه يوجه التصنيف الراهن لصالح التدرج الهرمي وغير الهرمي . وهذا بالذات يعتبر ميزة أساسية للطريقة المعنية عند استخدامها في التصنيف الإقليمي .

خلاصة الطريقة :

إذا تصورنا مجموعة من النقاط :

$P1 (\chi1, \chi2,..\chi m) , P2 (\chi1, \chi2 , ... , \chi m) , ... Pn (\chi1 , \chi2, ... \chi m)$

لتحديد هذه المجموعة يمكن إتباع الاجراءات الآتية :

(1) إعداد قائمة بالنقاط : p1 , p2 , ... Pn

(2) ترتب مضامين المتجهات

$(\chi11 , \chi12 , ... \chi1m) , (\chi21, \chi22 , ... , \chi2m) , ...(\chi N1 , \chi N2 ... \chi Nm)$

(3) تعرض المصفوفة الآتية

$$\begin{pmatrix} \chi11 & \chi12 \ldots\ldots\ldots \chi1m \\ \chi21 & \chi22 \ldots\ldots\ldots \chi2m \\ \chi N1 & \chi N2 \ldots\ldots\ldots \chi Nm \end{pmatrix}$$

فمثلاً بغرض التصنيف الاقليمي نتصور الشكل الآتي للجدول :

التوزيع الجغرافي حسب الاقاليم لعدد من المؤشرات في العام ؟

		المؤشر	المساحة	عدد السكان	المساحة الصالحة للزراعة	المساحة المزروعة	....
		القياس	1000 كم^2	1000 نسمة	1000 دونم	1000 دونم	....
1 2 3	. . .						
	المجموع						
	المتوسط						

(4) بغرض تجاوز تأثير وحدات القياس تتبع القاعدة الآتية :

j = 1 , 2 , ... N

$$\frac{\chi_i - \overline{\chi}_j}{S_j}$$

$$\overline{X}_j = \frac{1}{N}\sum_{i=1}^{N} X_{ij}$$

$$S_j = \left[\frac{1}{N}(\chi_{ij} - \chi_j)^2\right]^{\frac{1}{2}}$$

فيظهر من الجدول السابق السابق جدول جديد يحتوي المضامين المعيارية للتوزيع الجغرافي المذكور .

(5) تُبنى متجهات بـ(m)من الأبعاد بالإعتماد على الصيغة الآتية :

$$C_{ij} = \left[\sum_{k=1}^{m}(\chi_{ik} - \chi_{ij})^2\right] \qquad i , j = 1 , 2 , ..., N$$

وتتحدّد مضامين هذه المتجهات خلال المسافات بين نقاط Pj , Pi . هناك فإن هذه النقاط عبارة عن عناصر ضمن المجال الأقليدي . وهكذا تظهر المصفوفة التماثليةThe Symmetric Matrix الآتية :

المصفوفة التماثلية المتخالفة للمسافات البينية

صفر	؟	؟	؟	؟	؟
؟	صفر	؟	؟	؟	؟
؟	؟	صفر	؟	؟	؟
؟	؟	؟	صفر	؟	؟
؟	؟	؟	؟	صفر	؟
؟	؟	؟	؟	؟	صفر

$$\begin{pmatrix} O & C12 & \ldots\ldots & C1m \\ C21 & C22 & \ldots\ldots & C2m \\ CN1 & CN2 & \ldots\ldots & CNm \end{pmatrix}$$

يلاحظ بأن في كل صف ان عناصر $(j = 1 , 2 ,..., N)$, Ci

تحقق العلاقة الاتية :

$$^{C}i = {}^{m}in\ cij$$

وهنا ينظر الى : ci كقياس لتقريب النقطة Pi من النقطة pj حيث تكون النقطتان في أدنى المسافات البينية . وتدعى مجموعات النقاط المرتبة بمجموعات التركز من المرتبة الاولى. ولربط هذه المجموعات من الضروري ايجاد أقصر المسافات بينها.

وإذا اريد تقسيم المجموعة الى k من المجموعات لابد من إهمال(k-1) من أطول أو أبعد الارتباطات ضمن المجموعة .

كما ويمكن التقسيم من خلال القيمة الحرجة C^* .

$$C^* = C+Sc$$

علماً بأن c هو الوسط الحسابي

و Scانحراف معياري للمسافة c_i

$$C = \frac{1}{N}\sum_{i=1}^{N} c_i$$

$$Sc = \left[\frac{1}{N}\sum_{i=1}^{N}(c_i - \bar{c})^2\right]^{\frac{1}{2}}$$

ب _أساليب Williamson

أعتمد Williamson في تحديد معدل التفاوت الإقليمي بشكل أساسي على ثلاثة مؤشرات : السكان والقوى العاملة ومتوسط نصيب الفرد من الدخل القومي وذلك خلال تطبيق ثلاث صيغ : أحداها - مرجحة والثانية - غير مرجحة والثالثة - مطلقة :

Vn = معامل التباين المرجح او الموزون

$$Vw = \frac{\sqrt{\sum (y_i - y)^2 \frac{P_i}{PN}}}{\bar{y}}$$

Vmw = معامل التباين غير المرجح او غير الموزون

$$Vuw = \frac{\frac{\sqrt{\sum(y_i - \bar{y})^2}}{n}}{\bar{y}}$$

Vmw = معامل التباين المطلق

$$Vmw = \frac{\sum(y_i - \bar{y})\frac{P_i}{PN}}{\bar{y}}$$

yi = متوسط نصيب الفرد من الدخل القومي في الإقليم (i)

$\bar{y}$ = متوسط نصيب الفرد من الدخل القومي في البلد المعني .

pi = سكان الإقليم (i)

PN = سكان البلد المعني .

n = عدد الأقاليم .

ت _ معامل Gini

أن تحديد هذا المعامل يتطلب أولاً تحديد نسب مساهمات الأقاليم في الدخل القومي مثلاً وثانياً يجري ترتيب هذه النسب تنازلياً أوتصاعدياً وثالثاً تحتسب النسب التراكمية. ورابعاً يجري تقسيم الواحد الصحيح على عدد الأقاليم فتحدد نسب قاعدة المقارنة ومن ثم يوضع عمود بالنسب التراكمية .

وأخيراً يعد جدول بخلاصة النسب التراكمية للمساهمات الحقيقة ولقاعدة المقارنة . وهناك تطبق على هذا الجدول الصيغة الآتية :-

$$G = \sum_{i=1}^{n} \left[(\chi_i)(y_i - 1) - (\chi_i - 1)(y_i) \right]$$

حيث أن :

G= معامل جيني

Xi= نسب قاعدة المقارنة للأقاليم (i)

yi= نسب المساهمة الحقيقة للأقاليم (i)

وهنا لابد للمخطط الاستراتيجي أن يتتبع عوامل التفاوت الإقليمي وذلك بعد أن يقيس ويحدد بدقة هذا التفاوت . وهذا ما يتطلب قلب اتجاهات (الطرد والجذب) المركزية بحيث تخلق الحوافز الموقعية للاستثمارات تفاضلاً للربحية لصالح المناطق الأفقر والأقل نمواً وإذا ما أخذنا بنتائج Williamson من الضروري إعطاء الأسبقية لنشر التنمية الصناعية التحويلية قطاعياً وأقليمياً . ونظراً لاعتماد المناطق الريفية في البلدان النامية الفقيرة على العوامل الطبيعية المعروفة بتقلباتها الشديدة يفترض إعداد برامج تكتيكية للطوارئ وبما يزيد من إطمئنان المقيمين في هذه المناطق وبالتالي استقرارهم .

3. مؤشر تمييز الأقاليم حسب الاتجاه نحو الركود والاتجاه نحو الصعود [(27)]:

يتعلق هذا المؤشر بمعدلات النمو وبالتالي فهو يختلف عن المؤشر السابق الذي إعتمد على التحليل الستاتيكي. يعتمد المؤشر الحالي على التحليل الديناميكي أو تحليل الستاتيك المقارن .

ويظهر الاتجاهان في البلدان المتقدمة والبلدان النامية على السواء فمثلاً فقد إقليم Liverpool للصناعات النسيجية القديمة أهميته بسبب هبوط الطلب وزيادة المنافسة الأجنبية ونقص الاستثمارات .

وللتمييز بين الأقاليم من حيث الاتجاه نحو الركود أو الاتجاه نحو الصعود يمكن الاعتماد على كل من متوسط نصيب الفرد من الدخل القومي ومعدل نمو هذا المتوسط ، كما هو واضح في الجدول الأتي :-

متوسط نصيب الفرد من الدخل القومي	معدل نمو متوسط نصيب الفرد من الدخل القومي	أعلى من متوسط	أقل من المتوسط
أعلى من المعدل العام (على مستوي البلد)		أقاليم مرفهة Prosperous (غنية ومتنامية)	أقاليم نامية Developing (فقيرة ومتنامية)
اقل من المعدل العام (على مستوى البلد)		أقاليم هابطة Declining (غنية ومتدهورة)	أقاليم راكده Distressed (فقيرة ومتدهورة)

ونظراً لارتباط الركود أو الصعود الاقليمي بمعدل الكفاءة الانتاجية للاستثمارات الجارية ، يمكن إعتماد الصيغة الآتية لتمييز إقتصاد إقليم ما ، إن كان نشطاً متصاعداً أو خاملاً راكداً.

$$\left(\frac{\text{الرقم القياسي للناتج الإقليمي الحقيقي}}{\text{الرقم القياسي للاستثمار الإقليمي الحقيقي}} \right) \left(\text{1- معدل النمو العام أو الوطني - معدل النمو الإقليمي} \right)$$

4. مؤشر التجانس الإقليمي [28] Regional Homogeneity

يربط J – R Boundeville التجانس الإقليمي باستمرار الحيز الاقتصادي Economic Space حيث فيه كل وحدة إنتاج (ونطاق تأثيرها) يتسم بخصائص تقترب من خصائص الوحده التالية ، وهكذا .

ويمكن ان يحدد هذا التجانس بالاعتماد على مؤشرات مختلفة ، والتي منها :

أ. العلاقات (أو النسب) الهيكلية .

ب. معدلات التكاليف / العوائد وربطها بالمسافات البينية ضمن أنظمة محددة للسوق وذلك بالنسبة لمشروعات أو منشآت متماثلة تنافسية عند أسعار مقارنة .

ت. أنماط متجانسة للاستهلاك أو توزيعات مهنية محددة للقوى العاملة أو خصائص طوبوغرافية متشابهة .

عند اختلاف التكاليف وتعادل منشأتين في السوق بتكاليف المسافة تصبح المنشأتان في الحيِّز الاقتصادي المتجانس .

كما وأن هناك عدة أساليب لتحديد التجانس ، منها:

أ . الأرقام القياسية المثبتة The Fixed Index

لتطبيق هذا المؤشر يختار الباحث مجموعة من المؤشرات : مثل متوسط نصيب الفرد من الدخل القومي وحجم تشغيل القوى العاملة وتكوين رأس المال الثابت الاجمالي . ويعطي وزن تحكمي لكل رقم قياسي خاص بهذه المؤشرات وذلك بهدف تحديد وسط موزون منفرد لكل إقليم وهناك يعين مستوى التجانس حسب الأرقام القياسية المتشابهة

ب. الأرقام القياسية المتغيرة The Variable Index

تستعمل الأوزان المتغيرة لترجيح المؤشرات المعتمدة للقياس بما يعكس النشاطات المتناسبة في كل إقليم . فمثلاً إذا أنتج إقليمان القمح والبترول فإن

الوزن المعطى لكل نشاط وفي أي من الإقليمين سيكون مختلفاً بموجب المساهمة النسبية المتميزة في حجم أو قيمة الأنتاج .

5 . مؤشر التجاذب الإقليمي (29)

ان السمة البارزة في العلاقات الاقتصادية ضمن الإقليم الواحد وفيما بين الاقاليم المختلفة في البلدان النامية هي ضعف وتشوه هذه العلاقات . فمن ناحية هناك ضعف شديد في خدمات النقل والاتصال والتنسيق ومن ناحية أخرى يعاني الهيكل الإنتاجي على كافة مستويات الاقتصاد الكلي والموقعي من تشوه عام، خاصة وان هذا الهيكل يضم نشاطات صناعية لاتربطها علاقات تكنيكية ملائمة، وهي تنقسم بين مجموعتين : إحداهما قائمة على اعتبارات السوق Market - Oriented وبالتالي تعتمد في مستلزماتها الوسيطة وحتى بالنسبة للموارد البشرية التكنيكية ورؤوس الأموال على المصادر الأجنبية والأخرى - أُنشآت غالباً بسبب توافر المواد الخام Resource - Oriented وهي توجه منتجاتها عادة نحو التصدير وذلك حيث تتجاوز أحجام هذه المنتجات القدرة الاستيعابية للصناعات أو للأسواق المحلية .

وهنا إذا ما اعتمدنا على حركات الموارد البشرية (L) ما بين الإقليمين (i) و (j) . يمكن تحديد تأثير الجذب الإقليمي بالنسبة لمجموعات العاملين بتطبيق الصيغة الآتية :

$$A_{ij} = K_{ij}\left[\frac{\left[\frac{L_i}{P_i}100\right]\left[\frac{L_j}{P_j}100\right]}{d_{ij}}\right]$$

^{A}ij = معامل الجذب

^{K}ij = نسبة مساهمة (j) من مهاجري (i)

^{d}ij = المسافة القياسية بموجب التصنيف العنقودي السابق .

Li = عمال (i)

Lj = عمال (j)

Pi = سكان (i)

Pj = سكان (j)

ورغم تأثيرات الأجور المتدهورة في المناطق الأقل نمواً لتحفيز الاستثمارات وانتقال رؤوس الأموال إلى هذه المناطق إلا ان غالبية المشروعات تتأثر اساساً بتسهيلات البنية التحتية . وبالتالي فان التأثيرات الأشد لإنخفاض الأجور مقارنة بالمراكز الحضرية هي انتقال السكان النشيطين من المناطق الريفية والنائية الى تلك المراكز وتزاحمهم على الأعمال الخدمية التي لا تتطلب مؤهلات علمية أو مهارات تكنيكية .

وأمام تعطل آلية السوق في تحريك الموارد الاقتصادية وبما يحقق في النهاية تكافؤاً أقليماً يضمن أندماج المواقع الاقتصادية ضمن كل منها وما بينها، من الضروري وضع خطة إستراتيجية بعيدة المدى تسهم في دعم عناصر التجاذب الإقليمي وذلك من خلال تطبيق حوافز عديدة لدفع الدخول الرأسمالية (فوائد وإيجارات وأرباح) في المناطق الأكثر تقدماً للانتقال إلى المناطق الأقل نمواً وذلك للافاده من الموارد الطبيعية غير المستغلة وإعداد وتشغيل القوى العاملة (منخفضة الأجور نسبياً) واستغلال الخدمات الادارية والائتمانية وخاصة بالنسبة للشروط والفوائد المصرفية واستثمار نواتج البنية التحتية ......

وهنا لابد من شمول الخطة الاستراتيجية للنهوض بعدة مواقع أو مناطق لتتكامل في نشاطاتها الإنتاجية وهي تربطها ببعضها تسهيلات متميزة للبنية التحتية.

6 . مؤشر الحجم الأمثل للمدينة [30] Optimum City Size

يمكن تعريف الحجم الأمثل للمدينة بـ(عدد السكان كمؤشر كمي لمستقر حضري يتميز بأقصى كفاءة إقتصادية واجتماعية وثقافية في استخدام الموارد الفعلية والكامنة وبأعلى انتفاع من الوفورات الداخلية والخارجية الصافية وبأدنى تكاليف مباشرة واجتماعية في إطار التوازن المحلي والإقليمي في بلدٍ ما خلال فترة زمنية معينة) .

ولتمييز الحجم الأمثل للمدينة هناك معايير عديدة منها :-

أ. توازن العلاقات الهيكلية للاقتصاد الحضري وذلك بما يكفل التدفق المستمر لتيارات الموارد والمنتجات عبر مختلف العناصر والقطاعات والوحدات والمواقع .

وأعتماداً على هذه العلاقات (الهيكلية) هناك معايير ثانوية عديدة ، مثل:

(1) معيار تناسب الكثافة السكانية = (معدل الكثافة السكانية في المدينة المعنية) / (متوسط معدلات الكثافة السكانية الحضرية في البلد المعني) < > = 1

(2) معيار تناسب الدخل المحلي/ الكثافة السكانية = (معدل الكثافة السكانية في المدينة المعنية) / (متوسط معدلات الكثافة السكانية الحضرية في البلد المعني) < > = 1

(3) معيار تناسب الدخل الحقيقي = $\dfrac{\text{متوسط نصيب الفرد الناتج الحقيقي في المدينة المعنية}}{\text{متوسط نصيب الفرد من الناتج الحقيقي في البلد المعني}}$ < > = 1

(4) معيار تناسب الكفاءة الاستثمارية= $\dfrac{\dfrac{\text{معدل نمو متوسط نصيب الفرد في الناتج الحقيقي في المدينة المعنية}}{\text{معدل نمو الاستثمار الحقيقي في المدينة المعنية}}}{\dfrac{\text{متوسط معدلات الكثافة السكانية الحضرية في البلد المعني}}{\text{معدل نمو الاستثمار الحقيقي في المدينة المعني}}}$ < > = 1

ب. مدى كفاءة وكفاية المرافق الخدمية الضرورية للإنتاج والاستهلاك والرفاه الاجتماعي .

ت. تحقق التوازن الاقتصادي الجزئي للمنشآة والأسرة والتوازن الاقتصادي البيني Meso على مستوى الصناعة والحيز .

ث. توافق المكاسب Gains والخسائر Losses من خلال استطلاع آراء المقيمين من الأعمال والأسر فيما إذا يفضلون البقاء في المدينة أو إعادة التوطن .

ج. الحصة النسبية للتوطن Locationl Quotient (LQ)

وتحدد هذه الحصة بنسبة المساهمة النسبية لمدينة ما في نشاط أو في مجموعة من النشاطات السائدة في بلدٍ ما . ويتم التركيز هنا على صناعات تحويلية قيادية أو أساسية محفزة لعملية التنمية ومستقطبة للموارد والأسواق وهنا يجري إختيار مؤشر

مثل القوى العاملة إو القيمة المضافة . فمثلاً عند التركيز على القوى العاملة فإن حصة التوطن للصناعة(A) في المدينة (a) تحدد حسب الصيغة الآتية :

عدد العاملين في الصناعة (A) في المدينة (a)

← مجموع القوى العاملة الصناعية في المدينة (a)

عدد العاملين في الصناعة (A) في البلد .

مجموع القوى العاملة الصناعية في البلد

وهنا تعكس هذه الحصة مستوى الكفاءة الإنتاجية (التي تتأثر بحجم السكان) للاقتصاد الحضري المعني .

وعلى ماسبق لابد من إعداد خطة استراتيجية تضمن الوصول الى الحجم الأمثل للمدينة وذلك بما يستتبع :

أ. عدم تمادي المراكز الحضرية وتوسعها الأفقي على حساب المناطق الزراعية المحيطة بهذه المراكز .

ب. توزيع دقيق للمواقع الصناعية وذلك بما يكفل توازناً بيئياً سليماً وتقليلاً ملموساً في تكاليف النقل (للموارد الاقتصادية المختلفة) و (ولمنتجات المنشأة) وتكاليف الأرض المخصصة للمباني والمساحات الضرورية لانجاز عمليات الإنتاج والخزن ....

ت. تصميم واعادة تصميم المباني والمناطق السكنية والأسواق التجارية والمواقع الخدمية المختلفة الأخرى وذلك بما يقلل تكاليف أيجارات (أو أسعار) المباني السكنية وغير السكنية ويلتزم بالشروط البيئية والصحية ويوفر الانتقال السهل والرخيص ويسهم في إزالة الاحتكاكات السلبية الناتجة عن الإقامة في الأزقة الضيقة والأحياء العشوائية .

ث. تطوير البيئة الخدمية الصالحة للاندماج بالمناطق الريفية وذلك من خلال خدمات التسويق لمنتجات هذه المناطق ولتجهيزها بالمقابل بالمكائن والمعدات والأدوات والمواد الضرورية للإنتاج ، هذا بالأضافة الى خدمات التعليم والتدريب والاستشارات عندما يصعب تقديمها بالشكل الملائم في تجمعات ريفية صغيرة .

ومن ناحية أخرى عند صياغة الخطة الاستراتيجية يفترض الاهتمام بالاعتبارات الموقعية الآتية :

أ. الاقتراب من السوق وذلك لتوفير تكاليف النقل وهذا ما يزيد من التكتل الصناعي الحضري الذي لابد من أخضاعه لمعايير الوفورات الداخلية لسعة التكتل والخارجية لمجال الاقتصاد الحضري ككل مع عدم السماح بتسرب الصناعات الملوثة للبيئة .

ب. أحجام وأنواع ونوعيات المواد والمنتجات وشبكات النقل والاجواء الملائمة للوسائل المتاحة .

ت. مسافات النقل مابين الصناعات القائمة ومصادر المستلزمات من جهة وأسواق المنتجات من جهة أخرى .

ث. تكاليف النقل للمستلزمات الى المنشأة والمنتجات منها .

وأذا ما ركزنا على علاقة المنتجات بالمواد الوسيطة فإن النسبة الناتجة بينهما قد تكون مساوية أو أكبر من الواحد الصحيح . ومع ثبات التأثيرات البيئية فأن الموقع يتحدد في الوسط أو قرب السوق أو قرب المصدر حسب الحالات السابقة .

ثامناً – المؤشرات المستمده من العلاقات مابين الاقتصادين : المحلي والخارجي:

1. **مؤشرات ميزان المدفوعات**[31] **Balance of Payments :**

يقصد بميزان المدفوعات الدولية (السجل الاحصائي أو المحاسبي لخلاصة القيم النقدية للتعاملات الاقتصادية التي تتم خلال فترة معينة ، عادة سنة بين المقيمين من الأفراد والمؤسسات في دولة ما والمقيمين من الأفراد والمؤسسات في الدول الأخرى وكذلك للتحويلات الخاصة بطرف واحد) .

أي ان ميزان المدفوعات سجل يبين حقوق دولة وديونها خلال بيان مقبوضاتها من الدول الأخرى أو مدفوعاتها الى هذه الدول فيظهر في هذا الميزان:

أ. **مؤشر الفائض أو العجز :**

ان ميزان المدفوعات بطبيعتها المحاسبية يحمل كمحصلة نهائية تساوياً ما بين الحقوق والديون الا ان هناك فعلاً أختلالاً وذلك بسبب انتفاء أو قلة الاهتمام بتخطيط العلاقات الاقتصادية الخارجية للبلد أو بسبب سيطرة غير منظمة للقطاع الخاص على هذه العلاقات أو نتيجة لتشوه ألية السوق والتداخل المزمن للتقلبات الاقتصادية المنعكسة من الدول الأخرى ذات التعاملات الأكبر مع الدولة المعنية.

ويظهر الاختلال بشكل واضح في الحساب الجاري الذي يجمع حسابي التجارة السلعية (المنظورة) وتجارة الخدمات (غير المنظورة) .

ان ما يكشف هذا الاختلال هو الفروق التعديلية في حركات رؤوس الاموال والذهب والائتمان قصير الأجل والتحويلات من طرف واحد .

ب. **مؤشر الارتباط بين ميزان المدفوعات وتقلبات أسعار الصرف :**

ان ميزان المدفوعات الذي يعاني من العجز يدفع إلى عرض العملة الوطنية وشراء العملات الأجنبية وهذا ما يسهم في انخفاض سعر صرف العملة الوطنية وبالعكس في حالة فائض هذا الميزان .

وهنا يفترض وجود خطة إستراتيجية تعمل على معالجة عناصر الاختلال على الامد البعيد وذلك تلافياً لتراكم الديون كما هو الحال مع كل من مصر وتركيا والبرازيل والأرجنتين والمكسيك بالإضافة إلى أكثر من 30 دولة فقيرة شكلت مجموعة البلدان الفقيرة المثقلة بالديون والمعروفة بـ (HIPC) Heavy Indebted Poor Countries وهذا ما يتطلب التوازن الاستراتيجي ما بين مبدأي تعظيم الكفاءة الإنتاجية للاقتصاد وتشغيل كفؤ لكافة الموارد البشرية.

وبغرض ربط هذا التوازن الاستراتيجي في العلاقات الهيكلية مع التوازن الاستراتيجي في مكونات أو حسابات ميزان المدفوعات من الضروري أعتماد او تبني أطروحة النمو الاقتصادي من الداخل [30] Endogenous Economic Growthو التي قدمت في ثمانينات القرن العشرين و ازداد الاهتمام بها في العقدين الأخيرين.

لقد رفضت هذه الأطروحة ان تكون المتغيرات الأساسية المسؤولة عن رفع الكفاءة التنافسية للاقتصاد (والمنشأة) معطاة من الخارج . بل أكدت على ان محور التنمية الاقتصادية يكمن في متغيرات داخلية و خاصة تلك المتعلقة بالاستثمار البشري وبمراكز البحث والتطوير (R&D) .

2 . مؤشرات التبعية و الأستقلال و الأعتماد المتبادل [33] :

Dependency , Independency and Interdependency

إن التبعية الاقتصادية هي (خضوع اقتصاد متخلف لاقتصاد آخر متقدم سواء كان اقتصاد بلد معين أو اقتصاد منطقة معينة بحيث يكون الأول خاضعاً جزئياً أو كلياً في سيره للتغيرات التي تحدث في الثاني أو للقرارات التي تصدر عنه ،نتيجة لإعتماده على تصدير مادة أولية واحدة أو عدد محدود من المواد الأولية في الحصول على العديد من السلع الاستهلاكية والرأسمالية ونتيجة لما يتميز به الاقتصاد المتقدم من السيطرة المالية و التجارية و من التحكم في أثمان الصادرات

الرئيسة فيكون الاقتصاد المتخلف أقتصاداً سلبياً عند قيام مؤثرات دولية حيث تنعكس عليه هذه المؤشرات خلال العلاقات الاقتصادية دون ان يكون سبباً فيها).

وعليه فإن الاقتصاد المستقل هو الاقتصاد الذي يحظى بمعدلات عالية من الأمن الاقتصادي والتكنولوجي ويتمتع بمبادراته وقراراته الخاصة على المستويين المحلي والدولي .

ويسود الاعتماد المتبادل أو المتكافئ ما بين الاقتصادات المستقلة .

وبغرض تحديد الموقف من التبعية والاستقلال ، وكما أشير في التعريف السابق ، يمكن ان نعتمد على بعض المؤشرات مثل :

أ. نسبة التجارة الخارجية الى الناتج المحلي الأجمالي :

فكلما كانت هذه النسبة مرتفعة كما هو الحال مع الاقتصادات البترولية الحالية فان ذلك يدل على التبعية . و هنا يوجد استثناءان احدهما – يتعلق بالمملكة المتحدة بسبب ضخامة جهازه الإنتاجي المتراكم من عهود السيطرة الدولية السابقة والذي يتجاوز بكثير الطاقة الاستيعابية المحلية مما يتطلب الاستمرار في الوتائر المتصاعدة للاعتماد على المصادر الخارجية بالنسبة للمواد الاولية وعلى الأسواق الدولية لتصريف المنتجات الفائضة .

أما الآخر – يخص الهند التي تنخفض فيها عادة نسبة التجارة الخارجية الى الناتج المحلي الإجمالي بسبب اعتماده الأكبر على الموارد والأسواق الداخلية .

ب . نسبة الصادرات الأولية الى الصادرات الكلية:

أن ارتفاع هذه النسبة يجعل الاقتصاد المعني خاضعاً لكافة التقلبات التي تحدث في أسواق البلد المسيطر وذلك لانخفاض مرونة الطلب على المواد الأولية .

ومما زاد من انكشاف الاقتصاد التابع للمؤثرات الخارجية هو تخصص هذا الاقتصاد في تصدير مادة أولية واحدة حتى سمي بأقتصاد المحصول الواحد One Cropped Economy

ونشير هنا الى ان نسبة الصادرات الى الناتج المحلي الإجمالي في المملكة المتحدة أعلى مما هو في بعض البلدان النامية مثل مصر . ولا يعني ذلك بالضرورة أن اقتصاد المملكة المتحده اقتصاد تصديري وان اقتصاد مصر غير تصديري وذلك لان صادرات المملكة المتحده تتميز بتنوع اكبر بكثير وتتكون في الغالب من المنتجات الصناعية التحويلية .

ت. نسبة رؤوس الأموال الأجنبية إلى مجموع رؤوس الأموال المستثمرة :

أن مجرد أرتفاع هذه النسبة قد لايسبب في تبعية اقتصاد ما او يكرّس هذه التبعية . وانما ارتفاع نسبة الاستثمارات المباشرة المقيمة المتركزة في النشاطات الإنتاجية الأولية : الزراعية والاستخراجية ولأغراض التصدير .

ث. تغييرات معدل التبادل الدولي International Terms of Trade :

يذكر الاقتصاديون ثلاثة مفاهيم لمعدل التبادل الدولي وهي :

1.معدل التبادل السلعي الصافي Net (Barter) Terms Of Trade

وهو يقيس العلاقة بين أسعار الصادرات وأسعار الاستيرادات

أي : $\frac{\text{الرقم القياسي لأسعار الصادرات}}{\text{الرقم القياسي لأسعار الاستيرادات}}$

2. معدل التبادل السلعي الاجمالي Gross (Barter) Terms Of Trade

وهو يقيس العلاقة بين كميات الصادرات وكميات الاستيرادات

أي : $\frac{\text{الرقم القياسي لكميات الصادرات}}{\text{الرقم القياسي لكميات الاستيرادات}}$

وهو يبين عدد الوحدات المستورة مقابل وحدة مصدرة.

3. معدل التبادل الحقيقي Factorial Terms of Trade

وهو يقيس النسبة بين النفقات الحقيقة للاستيرادات والنفقات الحقيقة للصادرات فأذا عبرنا عن النفقة الحقيقة بعدد ساعات عنصر العمل اللازمة لإنتاج وحدة واحده من السلعة كان معدل التبادل الحقيقي هو عدد الساعات من العمل الأجنبي التي تم تبادلها بساعة من العمل الوطني . وهو ما يعني ان هذا المعدل يأخذ في اعتباره تغييرات الإنتاجية فمثلاً أذا انخفضت أسعار صادرات البلد (a) بالنسبة لأسعار استيراداته من البلد (b) بينما أرتفعت الانتاجية في البلد الأول وبمعدل اكبر مما حدث في البلد الثاني فأن معدل التبادل الحقيقي يتجه في صالح البلد (a) وفي غير صالح البلد (b)

وان اكثر المفاهيم أستخداماً هو معدل التبادل الصافي .

لقد أستنتج خبراء الامم المتحده [34] من دراستهم لتغيرات معدلات التبادل الدولي للبلدان المتخلفة التي تدعى حالياً بالنامية خلال الفترة (1876 – 1947) أن هذه المعدلات قد تدهورت من (100) خلال الأعوام (1876 – 1880) الى (68.7) خلال العامين 1946 – 1947

ولاشك ان تدهور معدلات التبادل الدولي يعد من اهم نتائج التبعية الاقتصادية. ويرتبط هذا التدهور بهبوط قيمة العملة حيث تصبح قيمة الصادرات أقل وقيمة الاستيرادات أكبر . ونظراً لعدم مرونة الجهاز الإنتاجي في البلدان النامية ،فأن هذا الهبوط في قيمة العملة الوطنية ينحصر غالباً في تدهور معدلات التبادل الدولي دون ان ينعكس على الصادرات بالتزايد بسبب تحفيز الطلب الخارجي عليها وعلى الاستيرادات بالانخفاض بسبب توافر البدائل المحلية كما هو الحال في البلدان المتقدمة .

3. مؤشرات أسعار الصرف [35] .

أ. مؤشر سعر الصرف الحقيقي Real Exchange Rate :

ان سعر الصرف الحقيقي هو سعر صرف اسمي معدل بالرقم القياسي المقارن بالأسعار .

وعليه فان هذا السعر يهتم بتأثير التضخم على سعر الصرف الاجنبي لبلد ما وذلك من خلال الصيغة الآتية

$$SR = SN \quad \frac{P_i}{P_j}$$

SR = سعر الصرف الحقيقي

SN= سعر الصرف الرسمي

Pi= مستوى الاسعار في البلد المعني

Pj= مستوى الاسعار في البلد المقارن

ب. مؤشر سعر الصرف الفعال Effective Exchange Rate :

يعتمد هذا السعر على المساهمة النسبية في التجارة الدولية و لتحديده تعتمد الصيغة الآتية :

إذا تصورنا التجارة الدولية ما بين ثلاثة بلدان (1) و (2) و (3) :

$$SE= (SN1,3)(EX1,3) + (SN2,3)(EX2,3)$$

SE = سعر الصرف الفعال

(SN1,3) = سعر الصرف المعتمد لعملة البلد (1) مع عملة البلد (3)

(SN2,3) = سعر الصرف المعتمد لعملة البلد(2) مع عملة البلد (3)

(EX1,3) = المساهمة النسبية للبلد (1) في التجارة الخارجية للبلد (3)

(EX2,3) = المساهمة النسبية للبلد (2) في التجارة الخارجية للبلد (3)

ت. سعر الصرف المعدل Adjusted Exchange Rate :

يرتبط هذا السعر بواقع ميزان المدفوعات و عليه تعتمد لتحديده الصيغة الآتية :

$$F' = F1 + \left[\frac{M - X}{X}\right]$$

F' = سعر الصرف المعدل

F = سعر الصرف الجاري

M= المدفوعات المحتسبة بالعملة المحلية

X= المقبوضات المحتسبة بالعملة المحلية

الهوامش

(1) راجع لمزيد من التفاصيل :

رفعت المحجوب : الاقتصاد السياسي ، الجزء الأول ، دار النهضة العربية، القاهرة 1968 ص ص 126-134.

هوشيار معروف : الاقتصاد العراقي بين التبعية و الاستقلال، وزارة الأعلام، بغداد 1977 ص ص 125-204.

(2) A.O.Hirschman ; The Strategy Of Economic Development ,Yale University Press,New Haven ,1959.

(3) آ . أ تومسون و أ. ج .ستريكلاند : الادارة الاستراتيجية مكتبة لبنان، بيروت، 2006 . ص ص 137 - 142 .

H. Macmillan and M.Tampoe; Strategic Management , OUP , 2000 , PP 118-120

M.E.Porter, Competitive Advantage , Free Press, New York , 1985

J.B.Barney and W.S.Hesterly ; Strategic Management and Competitive Advantage , Prentic hall , New Jersey , 2006 . pp 83-85 , 180-181

(4) هوشيار معروف، دراسات في التنمية الاقتصادية (استراتيجيات التصنيع والتحول الهيكلي) ، دار صفاء ، عمان ، 2005 ، ص ص 256 – 260

(5) هوشيار معروف، الاستثمارات والاسواق المالية، دار صفاء، بغداد، 2003.

(6) هوشيار معروف ، تحليل الاقتصاد الأقليمي والحضري، دار صفاء عمان، 2006 ص ص 83-97 .

(7) F.Perroux (note on growth poles) in ; D.Mckee, et al , Spatial Economic Theory , The Free Press , New York , 1970 , pp 93 -103

(8) J- R Boudeville ; Problems of Regional Economic planning, Edinburgh University Press , Edinburgh , 1966 p 224 .

(9) J- R Lasue'n(on growth poles) , in ; N . M . Hansen , Growth Centers in Regional Development , The Free Press , New York , 1972 p22 .

(10) لمزيد من التفاصيل :

هوشيار معروف : دراسات في التنمية الصناعية (استراتيجيات التصنيع و التحول الهـيكلي) ، ص ص 39- 53 .

(11) R. F . Harrod ; Towards a dynamic Economics growth , OUP , London, 1957

(12) E. D. Domar ; Essays in the theory of Economic Growth , OUP, London , 1957

(13) هوشيار معروف: تحليل الاقتصاد التكنولوجي ، دار جرير ، عمان ، 2006 ص ص 47 – 71 .

(14) G. Cukor ; (Industrial Development Strategy in Developing Countries) in ; T. Fold , Economic Development and planning , Akademiai Kiado , Budapest , 1978 , p45.

(15) هوشيار معروف : تحليل الاقتصاد التكنولوجي ص ص 113 - 124.

(16) المرجع السابق ص 84 .

(17) P. A . Baran ; The Political Economy of Growth , Monthly Review Press , New York , 1962 .

(18) هوشيار معروف: (التوافق بين الطاقة الانتاجية والطاقة الاستيعابية في القطاع الصناعي التحويلي)، الاقتصادي، عدد خاص ببحوث المؤتمر العلمي الثالث لجمعية الاقتصاديين العراقيين ، بغداد 1999 ص ص 185 - 218 .

(19) هوشيار معروف : تحليل الاقتصاد التكنولوجي ص ص 36 - 40 .

(20) هوشيار معروف : تحليل الاقتصاد الكلي، دار صفاء، عمان ، 2005 ص ص 73- 100 .

(21) F. Perroux, OP.cit .

(22) G. Myrdal , Economic Theory and Underdeveloped Regions , London, 1957 . pp 3-5.

(23) A.O. Hirschman; op. cit p 187 .

(24) هوشيار معروف، تحليل الاقتصاد الاقليمي والحضري ص ص 252 - 260.

(25) J. G.Williamson ; (Regional Inequality and the Process of National Development) , in ; J. Friedmann and W. Alonso, Regional Policy, MIT , Cambridge , 1975 pp 158 - 200 .

(26) هوشيار معروف ، المرجع السابق ص ص 261 – 278 .

(27) المرجع السابق ص ص249 – 251 .

(28) J – R Boudeville ; op . cit p 7 .

(29) هوشيار معروف ، دراسات في التنمية الاقتصادية (إستراتيجيات التصنيع والتحول الهيكلي) ص ص 174 - 177 .

(30) هوشيار معرف ، الاقتصاد الاقليمي والحضري ص ص 207 – 234 .

(31) هوشيار معروف : تحليل الاقتصاد الكلي ص ص 318 – 321 .

(32) المرجع السابق ص ص 973 - 399 .

(33) هوشيار معروف الاقتصاد العراقي بين التبعية والاستقلال ص ص 21 – 124.

(34) المرجع السابق ص ص 90 - 91 .

(35) هوشيار معروف : الاستثمارات والاسواق المالية ص ص 207 – 211 .

الفصل الرابع

المراحل الأساسية للتخطيط الاستراتيجي

ان التخطيط الاستراتيجي لما يحمله من تحولات جوهرية و راديكالية و بعيدة المدى سواء كان في تنظيم للأعمال أو في اقتصاد كلي يقتضي تبنى عدة مراحل لإنجازه وذلك إبتداء بالمسوحات الأولية للحالة القائمة و رؤى أصحاب المصالح الأولى First Interest Groups. تجاه المستقبل ومروراً بتحديد دقيق للموارد (الفعلية) و (الكامنة) و ما يتمخض عن هذا التحديد من تشخيص الأهداف الاستراتيجية ومن ثم صياغة الخطط والبرامج والمشروعات وأنتهاءً بعملية التنفيذ ومتابعتها وتصحيح مساراتها .

وعليه يتضمن هذا الفصل المباحث الاتية :

المبحث الأول - نظرة سريعة على مراحل عملية التخطيط الاستراتيجي .

المبحث الثاني - المسح الأولي للحالة وتصورات مستقبلها (بيان الرسالة وبيان الرؤية).

المبحث الثالث - تشخيص الاهداف الاستراتيجية الملائمة للموارد (الفعلية) و (الكامنة).

المبحث الأول

نظرة سريعة على مراحل عملية التخطيط الاستراتيجي

أن مراحل عملية التخطيط الاستراتيجي تتكرر من حالة الى أخرى وان كانت مع بعض الاختلاف في الصيغ التفصيلية أو في أسبقيات المراحل الأولية (أو التمهيدية).

وعلى الرغم من غياب نظرية عامة لهذه العملية إلاّ أن هناك اعتبارات معينة تعد كمبادئ أساسية ، يمكن أن تسهم في تحديد مدى التشابه أو الاختلاف وبالتالي مستوى التعميم للاتجاهات العامة للصيغ المذكورة حالاً .

ويجري التركيز في هذه الاعتبارات على ما يأتي :

أولاً - أن التخطيط الاستراتيجي ولد ونما وأنتشر وحتى أنتكس في أحضان اقتصادات السوق المتقدمة التي تعمل في ظل نظام المنافسة غير الكاملة . وبالتالي فأنه يرتكز في مراحله المختلفة على المفاهيم الاقتصادية والسياسية والاجتماعية والثقافية...... السائده في الاقتصادات المذكورة .

وعليه فأن المنهجية المعتمده لوضع الخطط الإستراتيجية تقوم دائماً على مشاركة فاعلة ومؤسسية لمختلف المجموعات ذات المصالح المتأثرة بمسارات وأهداف وظروف هذه الخطط .

ولكن اذا كانت روح الفريق ومشاركة العاملين (والمدراء) وجماعية القرارات من أهم تقاليد التخطيط الاستراتيجي في مختلف مراحله ، فإنها تعد من أهم ركائز المراحل الأولية ومرحلة المتابعة والتقويم .

ثانياً - واعتماداً على ما سبق من الإشارة إلى وجود فلسفة اقتصادية وسياسية واجتماعية تقف وراء عملية التخطيط الاستراتيجي فان تبني المخطط لأي من الأسلوبين المعروفين : من القمة إلى الأسفل top - down أو من القاعدة الى

الأعلى bottom - up فان الفلسفة المذكورة تفرض نوعاً من التوافق أو بالأحرى التفاعل بينهما . ولكن مع ظهور ميل او تفضيل لأحد الأسلوبين على الأخر وذلك لأسباب عديدة منها :

1. يفضل أسلوب (من القاعدة إلى الأعلى) وبدرجة أعلى في المراحل الأولية عند تشخيص الحالة القائمة بأصولها وخصائصها وعوامل نشوئها غير أن عند صياغة الخطط قد يفضل أعطاء اهتمام أكبر بأسلوب (من القمة إلى الأسفل). ولكن عند المتابعة والتقويم تتطلب شروط الموضوعية والعلمية والحرص على تحقيق نوع من التوازن ما بين الأسلوبين .
2. مدى سعة وأهمية وتعقد المهمة الإستراتيجية والتنظيم المعني بالتخطيط :

فكلما أتسع نطاق المهمة الإستراتيجية لتشمل أكثر من قطاع وأقليم ومن ثم بلد فإن اهتماماً أكبر يعطى إلى أسلوب (من القمة إلى الأسفل) بسبب صعوبة الوصول إلى كافة الآراء والأفكار والمعلومات . وخاصة أذا ما كان جزءاً من مجال المهمة يخرج عن النطاق الإداري للتنظيم المهتم بعملية التخطيط .

ومن ناحية أخرى فإن شمول المهمة الإستراتيجية لمصالح أوسع نطاق من الناس يدفع إلى تفضيل أسلوب (من القاعدة إلى الأعلى) .

غير أن تعقد المهمة الإستراتيجية وتعلقها بموضوعات تتسم بنوع من السرية سواء أكان الموضوع متعلقاً بتحول تكنولوجي عسكري أو بتحقيق أهداف سياسية او بمواجهة مخاطر معينة في الداخل أو الخارج . هنا قد يكون أسلوب (من القمة الى الأسفل) البديل الوحيد أمام المخطط .

3. مدى توافر المعلومات التفصيلية الضرورية حول المهمة الاستراتيجية بكافة جوانبها وتأثيراتها مع وجود مجموعات من فرق تتكون من اختصاصات مختلفة قادرة على تحليل المعلومات وبناء التنبؤات الأقرب الى العقلانية والواقعية .

وعليه فإن المجموعات التخطيطية المعروفة بكفاءاتها العلمية والتكنيكية وخاصة بالنسبة للتحليل الكمي القياسي قد تكون في موقع يمكن لها بناء الخطط وباعتماد الأسلوبين معاً وفي كافة المراحل .

ثالثاً - تمييز حالة جديدة عن حالة قائمة عند أعداد الخطة الإستراتيجية :

أن قيام تنظيم جديد للأعمال أو تطوير منطقة نائية ومهملة يتطلب مسوحات أولية دقيقة ومعلومات كافية لتقييم جدوى الخطة وتبني الهدف العام .

غير أن بيان الرسالة بتفاصيله الضرورية يشمل كيفية نشوء حالة قائمة وتحديد عناصر القوة والضعف فيها وذلك تمهيداً لتغير استراتيجي باتجاه الرؤية المستقبلية وحيث تغيب هذه الحالة يرى الكاتب أسبقية بيان الرؤية لبيان الرسالة ومن ثم يتم من خلال تحليل كمي ووصفي دقيق تعديل بيان الرؤية بما يتوافق مع الموارد والطاقات الفعلية والكامنة .

رابعاً - أعداد أداري جيد لعملية التخطيط ، وذلك من خلال :

1. تشكيل لجنة التخطيط من ذوي الخبرة ومن كافة الاختصاصات المهتمة بعملية التغير المستهدفة . بالإضافة إلى المختصين في التخطيط الاداري والاقتصادي على مستوى المنشأة وفي التخطيط الاقتصادي على مستوى الاقتصاد الكلي .

   كما ولابد وان تضم هذه اللجنة مختصين في التحليل الكمي (القياسي).

2. تجميع وتصنيف وتوجيه البيانات لصالح عملية التغير ولاعداد التنبؤات الضرورية . بالاضافة الى خزن أرشيف كامل في التشريعات والسياسات والتوجهات الحكومية وكل ما يتعلق بالتنظيمات المنافسة أو الرافضة للتغيرات الاستراتيجية المقررة .

ولهذا الغرض من الاهمية أعداد مكتب مختص بالتخطيط الاستراتيجي يديره امين اللجنة وهو أعلى الاعضاء خبرة وأكثرهم نتاجاً علمياً . ويتولى هذا المكتب القيام بكافة الاعمال التكنيكية والاتصالات الادارية .

3. تحديد فترة أنجاز مشروع الخطة مع بيان ظروف التغير الاستراتيجي وشروطه .

وهنا تجدول النشاطات الاتية :

أ. اللقاءات الاولية لمسح الحالة وتطورها التأريخي .

ب. ورشات عمل لكشف مسبق لعناصر القوة والضعف في البيئة الداخلية والفرص المتاحة والمخاطرالمستمدة من البيئة الخارجية.

ت. القيام باستبانة لعينات معينة حسب الاساليب الاحصائية.

ث. اعداد بيان الرسالة بكافه تفاصيل الحالة الاساسية وكيفية نشوئها وتحديثها.

ج. تشكيل فرق العمل من الكوادر المساعدة لآعضاء لجنة التخطيط ويتم الاختيار وفق قواعد موضوعية وبالاعتماد على السير الذاتية(الموثَّقة).

ح. اعداد دورة تدريبية مركزة لتأهيل المساعدين علميا وتكنيكياً وسلوكياً.

خ. اعداد الموازنات المالية والبشرية.

د. تشخيص أدق للبيئتين الداخلية والخارجية من خلال مجموعة من ورشات العمل والندوات العامة والخاصة والمقابلات وذلك لفرز دقيق لنقاط القوة والضعف في البيئة الداخلية ولفرص النجاح ومخاطر الاحباط في البيئة الخارجية.اي مايعرف اختصارا بـ(SWOT)

ذ. وضع الخطط الرئيسة والثانوية والتكنيكية مع برامجها ومشروعاتها .

ر. تحديد السياسات والقرارات والشروط المطلوبة لنجاح الخطط المعنية. وتصنف هذه الامور بين ماهو مقترح على جهات اخرى ذات شأن كدوائر او مؤسسات

حكومية أو خاصة محلية او دولية وبين ماهو في حكم التنظيم المسؤول عن تلك الخطط المعينة.

ز. تفسير الخطط المعدة وعرضها على كافة المعنيين من القائمين بالتنفيذ والمتابعه والتقويم مع مناقشة السياسات والقرارات والشروط المقترحة .

س. إدخال التعديلات الضرورية ومن ثم تنسيق كافة الخطط والبرامج والمشروعات وبما يسهم في توحيد الهدف الاستراتيجي وتوجيه قنوات الموارد الاقتصادية نحو ذلك الهدف.

ش. إعداد الصيغ النهائية للخطط والبرامج والمشروعات .

ص. إعداد خطط التنفيذ والمتابعة والتقويم.

ض. تنظيم دورة لكافة المشاركين في المتابعة والتقويم وذلك على الاساليب الحديثة لرصد التغذيتين الأمامية والخلفية لكافة نشاطات التنفيذ مع تشخيص الانحرافات واتجاهاتها وأحجامها واخيراً اقتراح سبل ووسائل معالجتها وبما يكفل سير العملية التخطيطية بنجاح.

خامساً - ان الالتزام بتنفيذ الخطة الاستراتيجية يتعلق عادة بمجال عملية التخطيط ومستوى المشاركة في هذه العملية واخيراً الاعلان عن تبني الصيغة النهائية. فاذا ماتم التصريح بذلك فان الخطة ستكون ملزمة للتنظيم المسؤول.

فأذا كانت عملية التخطيط تخص تنظيماً معيناً للاعمال يهدف الى توسيع حصص السوق وتحقيق التفوق التنافسي , فان الالتزام يمثل وظيفة ادارية بحته لكافة الاقسام والمستويات الادارية.أن اي أهمال بعد تبني الخطة قد يؤدي الى تدهور الثقة والوقوع في فخ الاستراتيجيات الحرجة المتعارضة Contradictory Critical Strategies Trap.

حيث ان اهمال خطة استراتيجية معينة في منتصف التنفيذ او في بدايته قد يؤدي الى تعارض استراتيجيات وظائف المنشأة وتكتيكاتها فيما بينها واستراتيجيات

الادارة العليا. وان من تفاقم حالات التعارض تتراكم الخسائر المالية والمادية والبشرية وقد تزيد التعديلات السريعة للإدارة العليا ولادارات الاقسام الى تعثر عمليات الانتاج والتسويق والتحويل والتطوير مما قد يهدد الموقع التنافسي للتنظيم المعني.

وعليه فان الالتزام مع المتابعة والتقويم من قبل التنظيم سيجنبه كافة هذه المخاطر. وعلى مستوى الاقتصاد الكلي فان المشاركة الفاعلة في كافة مراحل اعداد الخطة, ومن ثم فهم واستيعاب التفاصيل المعتمدة.... يجعل العملية ملزمة للأطراف المعنية. وذلك لآن ضعف الالتزام أو التخلص منه سينعكس على بقية حلقات التخطيط , فتتضارب الاهداف وبالتالي قد تفشل العملية ككل.

ومما يشار اليه هنا, ان دور الاجهزة الحكومية في اعداد ودعم ومتابعة عملية التخطيط الاستراتيجي على مستوى الاقتصاد (الوطني) أو (الاقليمي) وفي غالبية البلدان النامية يعتمد على الموارد المالية العامة ونسبتها الى الناتج المحلي الاجمالي. ففي البلدان المصدرة للبترول الخام مثل بلدان الخليج فأن اقتصاد السوق الرأسمالي هو النظام المعتمد . وان الفلسفة السائدة تتعارض تماماً مع الفلسفة الاشتراكية وسيطرة الملكية العامة. الا ان تعاظم الايرادات المتأتية من صادرات النفط الخام (بسبب تصاعد اسعار وكميات الطلب على هذه الصادرات) ودخول هذه الايرادات ضمن الموازنة العامة للحكومة قد جعل كافة التغييرات الاقتصادية الكلية من تجارة واستثمار وتشغيل القوى العاملة واستهلاك... ترتبط والى حد كبير بمعدلات تغيير قيم الصادرات المذكورة.

وهنا فان التزام الدوائر والمؤسسات والهيئات المهتمة بتصميم وتنفيذ ومتابعة وتقويم الخطط الإستراتيجية يكون اكبر .

وفي المقابل يفترض بالمخطط الاستراتيجي ان يعمل على توكيد الهدف الاهم في تنويع الاقتصاد الكلي وتخليصه من حالة التخصص في الانتاج والتصدير او مما يعرف باقتصاد وحيد الجانب او المحصول الواحد .One Cropped Economy

وعلى اية حال تعمل مراحل التخطيط الاستراتيجي على نقل تنظيم او اقتصاد ما من واقع سائد حالياً الى افاق مستقبلية محددة.

ولهذا الغرض يعمل التنظيم المعني بعملية التحول الاستراتيجي او المخطط لهذه العملية على تحويل عدد من اهداف بعيدة المدى (المستمدة اصلا من حاجات غير مشبعة وطموحات مستقبلية) الى مبادرات معينة تظهر في برامج ومشروعات سيجري تنفيذها باستخدام موارد فعلية وكامنة وتصاغ عادة في بدائل واولويات وآليات تكفل تحقيق اقصى كفاءة انتاجية او ادنى تكلفة لوحدة المنتوج خلال فترة زمنية معينة .

وهكذا ببساطة شديدة تبدأ عملية التخطيط الاستراتيجي بدراسة الواقع السائد والذي يمهد لتحديد الحاجات الأكثر أهمية و التي تتحول الى مجالات التغيير المستهدفة . وتتدرج هذه المجالات الى أهداف محددة بعيدة المدى من خلال تحليل الطاقات أو الموارد الفعلية والكامنة . فيظهر نوع من التفاعل الجدلي بين الأهداف وهذه الطاقات أو الموارد .

وزيادة في التأكد تجري المعالجات التحليلية وخاصة بالنسبة للعناصر الايجابية والسلبية في كل من البيئة الداخلية و البيئة الخارجية . وعن طريق هذه المعالجات يمكن تنضيج الأهداف السابقة في نطاق ادق . كما ويمكن بيان مستوى التأكد بشأن الطاقات التي يمكن تعبئتها لصالح الأهداف المقررة وهناك تصاغ الخطة الاستراتيجية على الاساليب العلمية الملائمة للخروج بعدد من البدائل التي لابد وان تنحصر في النهاية في بديل واحد فقط .

وعند تبني الخطة الاستراتيجية من قبل المؤسسة و/ أو الجهات ذات العلاقة، تحال هذه الخطة الى التنفيذ و ذلك من خلال مجموعة من خطط العمليات Operational Plans و من ثم خطط أعمال Action Plans وعلى مستويات وظائف المنشأة و نشاطات الانتاج (القطاعي والاقليمي والمؤسسي) .

ولا شك بأن التنفيذ سيواجه الكثير من الصعوبات والاختناقات خاصة عند تغيير الظروف المحيطة والامكانات المقدرة وهذا ما يخلق انحرافات سلبية وايجابية عن مسارات الخطط السابقة .

فيتم تشخيص هذه الانحرافات بمتابعة ميدانية للخطط المعنية . و آنذاك يمكن وضع المعالجات التي قد تصل عادة الى صياغة الخطط او الى مواجهة الظروف أو العوامل المسؤولة عن عدم التنفيذ أو القصور في أنجاز بعض مشروعات البرامج التفصيلية للخطة الاستراتيجية .

ومهما يكن من الأمر ، تبدأ عملية التخطيط الاستراتيجي بمبادرة يقدم عليها تنظيم ما و ذلك بدوافع متباينة تتلائم مع حجم هذا التنظيم و دوره الاقتصادي وطموحاته تجاه المستقبل . فقد تحاول شركة ما من خلال التخطيط الاستراتيجي معالجة ظاهرة معينة كالتبعية التكنولوجية لشركة اجنبية لا يمكن الاعتماد عليها في توفير مستلزمات الانتاج لفترة طويلة فتطمح هذه الشركة الى وضع و تنفيذ خطة استراتيجية تحقق اعتماداً اكبر على الذات .

وعلى مستوى الاقتصاد الكلي قد تعمل السلطات الحكومية على توجيه الاقتصاد الزراعي نحو ضمان الأمن الغذائي فيبادر التنظيم المسؤول عن التخطيط في الحكومة الى وضع خطة كفيلة بتحقيق هذا الطموح . وهكذا لابد من وجود مبادرة و العمل على تعزيزها في خطة استراتيجية .

وهناك يتطلب التخطيط الاسترتيجي المرور بخطوات معينة على خارطة الطريق المعتمدة :

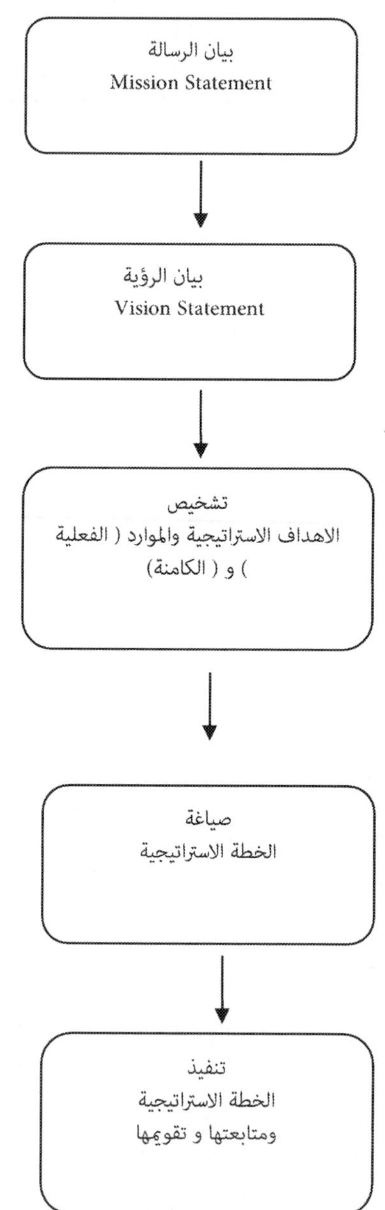
بيان الرسالة
Mission Statement
بيان الرؤية
Vision Statement
تشخيص
الاهداف الاستراتيجية والموارد (الفعلية
) و (الكامنة)
صياغة
الخطة الاستراتيجية
تنفيذ
الخطة الاستراتيجية
ومتابعتها و تقويمها

المبحث الثاني

المسح الأولي للحالة و تصورات مستقبلها

(بيان الرسالة و بيان الرؤية)

أشير سابقاً الى أن مرحلتي (المسح الأولي للحالة) و (التصورات المستقبلية بشأنها) تعدان من المراحل الأساسية في عملية التخطيط الاستراتيجي. كما وأشير أيضاً الى أن الرأي قد يختلف بشأن الأولوية لمن تعطى لـ(بيان الرسالة) أو لـ(بيان الرؤية) فإن الاختيار يعود الى قناعات المخططين أنفسهم .

وهنا نعالج المرحلتين على التوالي :

أولاً - المسح الأولي للحالة (بيان الرسالة) **The Mission Statement**

يعد هذا المسح المرحلة الأولى للتخطيط الاستراتيجي وذلك كما أوضحنا سابقاً عندما نفترض إستمرار منشأة خاصة أو وزارة ما أو هيئة عامة في عملية التخطيط الاستراتيجي أو على الأقل هناك حالة قائمة تعد إمتداداً للماضي .

وتعالج هذه الخطوة مسائل تتعلق بوصف الحالة السائدة بكافة محاسنها أو مساوئها و بكيفية الوصول الى هذه الحالة وذلك بما أعتمد من أساليب و عمليات وجهود ونفقات مع الإشارة الى كيفية إستخدام التنظيم المعني لنقاط القوة أو الضعف فيه خلال الفترة الماضية . هذا بجانب الإشارة الى الظروف الخارجية و ذلك للكشف عن تأثيرات الفرص المستثمرة فيما تحقق مقابل الصعوبات التي خلقتها هذه الظروف أيضاً. ففي حالة منشأة خاصة أو شركة ما فان بيان الرسالة يحاول مثلاً أن يجيب على سؤال تقليدي ما هو التنظيم الذي يضع الخطة الاستراتيجية ؟ وما هو موقع هذا التنظيم في الاسواق المحلية و الخارجية ؟ ولماذا يبادر الى عملية التخطيط الاستراتيجي أصلاً ؟

وفضلاً عما سبق يحاول بيان الرسالة أن يضيف مستويات إرضاء الزبائن على نوعيات و أسعار السلع أو الخدمات المقدمة كما ويمكن أن يتضمن هذا البيان واقع تدفق العوائد الصافية المستثمرة للمساهمين ومدى انتمائية العاملين الى المنشأة ومستوى تجاوبهم لتوجهات القادة الاستراتيجيين.

وقد يكون من الضروري أيضاً إعطاء بعض التفاصيل التكنيكية والإدارية بشأن سير العمل وتقديم معلومات حول هيكل القوى العاملة ومعدلات أجورهم ومكافآتهم وحوافزهم وأنظمة الضمان و التأمينات الاجتماعية و عرض بمواصفات المكائن والمعدات والأدوات ووسائل النقل وكذلك تحديد امكانات المنشأة بشأن الخزن والتسويق . هذا بالإضافة الى تسهيلات المؤسسات الإئتمانية وما ترتب عليه من تراكم الالتزامات المالية وما يقابله من ربحية المنشأة و قدرتها على تسديد هذه الالتزامات .

ويفضل في هذا المجال أيضاً الإهتمام بالسيطرة النوعية وبمستوى الجودة والتأثيرات البيئية لمنتجات المنشأة ، وبمدى قدرة هذه المنتجات على المنافسة في الأسواق المحلية والدولية . وكل ذلك بجانب التحقق من علاقات سلسلة القيمة و من توافر فرص نقل التكنولوجيا عبر هذه السلسلة .

وفي حالة قيام تنظيم تخطيطي ما بإعداد خطة استراتيجية لتطوير قطاع أو أقليم معين فإن بيان الحالة لابد و أن يتضمن الخصائص الهيكلية لذلك القطاع أو الإقليم . فمثلاً مع الشعور بضرورة معالجة ظاهرة تخلف المناطق الريفية في أحدى المحافظات من الضروري أن يهتم المخططون بتحديد كل من التجمعات السكانية والقوى العاملة الزراعية والحرفية ومتوسط نصيب الفرد من الناتج الحقيقي الريفي وخصائص التربة والمياه وقيمة الناتج الزراعي وأنواع النشاطات الزراعية والحرفية والبنية التحتية من خزانات وسدود وشبكات الري والطاقة والمدارس والمستشفيات ووسائل النقل والاتصالات وطرق النقل .

وبعد إجراء المسح الأولي للإنتاج والموارد ونسب الحرمان من الحاجات الأساسية والطاقات المستخدمة والمعطلة . يحاول الباحثون الوصول الى إجابات بشأن كيفية الانتقال الى الحالة السائدة و مقارنتها بالحالة السابقة ، مع بيان عوامل ومراحل وآليات و صعوبات هذا الانتقال .

وهكذا يسهم بيان الرسالة في تشخيص مجال الانطلاق في عملية التخطيط وبكافة طاقاته الحقيقية وتجاربه السابقة . فيمكن الافادة من هذه التجارب وبما لا يسمح بأعادة نفس الأخطاء وما يجره ذلك من تبذير الموارد بسبب تكرار المعالجات غير الناجحة .

ومن ناحية أخرى يكشف البيان المذكور عن الحاجات الحقيقية لكل موقع مع تحديد نقاط التفاوت في هذه الحاجات بين موقع وآخر . هذا بالاضافة الى تقدير الصعوبات المتوقعة لتطوير كل حالة أو موقع . وقد يخرج التنظيم بنتائج مثل غياب دور الموارد البشرية الزراعية بسبب الهجرة من الريف الى المدينة وإهمال الأراضي الصالحة للزراعة والأكثر خصوبة وهدر الموارد المائية .

ومما يؤكد عليه بشأن بيان الرسالة أيضاً، أن تصاغ نتائجه بعبارات دقيقة شاملة ووافية ودون تفاصيل هامشية و بما يسمح للمخططين بالوصول إلى أساس كاف يمكن الانطلاق منه لتحديد توجهات التغيير الاستراتيجي . فمثلاً في حالة تنظيم للأعمال تحدد و في جدول واحد أنواع النشاطات (المنتوجات) التي تتعثر في الأسواق المحلية و الخارجية و التي تذكر بدقة مع بيان بكميات ونسب تدهور المبيعات وفتراتها مع تحديد العوامل الأكثر تأثيراً في هذا التدهور .

وفي حالة إقتصادات المناطق الريفية في إحدى محافظات يفترض اختتام رسالة التنظيم المسؤول عن التخطيط بجدول واضح لعناصر التخلف والنشاطات الكامنة .

ففيما يخص عناصر التخلف قد يذكر عدم تنظيم موارد مائية وإنجراف التربة وهجرة السكان النشطين و انتشار الأوبئة .... وبالنسبة للنشاطات الكامنة يمكن الإشارة الى مشروعات منع التصحر أو تغطية المرتفعات المتروكة بغابات الأشجار الملائمة للظروف الطبيعية السائدة ومهما يكن من الأمر لابد و أن يوجَّه بيان الرسالة في الختام بروح المستقبل وبنحو مشترك لأصحاب المصالح الأولى سواء كانوا في شركة ما أو في أقتصاد اقليمي أو قطاعي أو وطني على ألا يكون التوجه سائباً أو متسماً بالعمومية أو يعاني من الحشك الهامشي للألفاظ .

ولهذا الغرض من الضروري أن يدفع بيان الرسالة الى أمرين يتم تحديدهما بمنتهى الدقة والاختصار . وهما:

1. القيم المحورية : -

مثل تبني أحدث التكنولوجيات وتطبيق أفضل أنظمة الحوافز وتعميق المسؤولية الجماعية ونشر روح الخلق والإبداع .

وهنا ينبه الى أن القيم المحورية تتسم بالاستمرارية . فلا يعد مجرد انجاز أبتكاري حديث قيمة محورية بحد ذاته وذلك لأن هذا الانجاز قد ينتهي مفعوله بعد مدة معينة بسبب ظهور بديل له وتحول سريع في التكنولوجيا وبالتالي لابد من اعتبار إنتمائية العاملين وخدمة خاصة للزبائن والقدرة على الخلق والابتكار والتحديث المستديم للتكنولوجيا من القيم المحورية للمنشأة التنافسية .

2. الغرض المحوري :-

يتسم هذا الغرض بعدم التغيير لفترات طويلة وهو يميِّز مثلاً دور المنشأة في الأسواق التنافسية أو دور إقتصاد إقليم أو قطاع مشمول بالتخطيط الإستراتيجي عن غيره من إقتصادات البلد .

وهنا لابد من إختيار غرض تجمع عليه كافة الأطراف ذات المصالح الأولى في التخطيط. ففي حالة المنشأة السابقة يتم التركيز على كيفية تعزيز الموقع

التنافسي والوصول الى أوسع حصة في الأسواق المحلية والأجنبية . وهنا يُثار سؤال بشأن دور شفافية المنشأة المعنية ونشر المعلومات الأنتاجية والتسويقية والمالية على الزبائن كأسلوب لجذب أكبر عدد من هؤلاء كغرض محوري .

وفي حالة إقتصاد منطقة ريفية ما قد يتركز الأهتمام الرئيس على كيفية الوصول الى إندماج مصالح مجتمع تلك المنطقة كقيمة محورية من خلال إثارة سؤال بشأن دور النشاطات الإنتاجية المتكاملة ذات الأرتباطات الكلية (الأمامية والخلفية) الأكثر كثافة، فيكشف هذا السؤال الغرض المحوري الذي يتوصل إليه أخيراً بيان الرسالة .

ثانياً- بيان الرؤية The Vision Statement

أشرنا سابقاً إلى أن المخطط في مرحلة بيان الرسالة يشخص سمات الواقع الراهن و كيفية تحقيقه و كفاءة التنظيم أو الإقتصاد في عملية التغيير والتحرك على الأمد البعيد نحو الأفضل، سواء تعلق الموضوع بمزايا تنافسية لمنشأة (أو لشركة ما) أو بتحقيق معدلات متنامية ومستقرة لأقتصاد كلّي معيّن او باحداث تحولات هيكلية جوهرية في هذا الأقتصاد.

وبذلك فإن مرحلة بيان الرسالة تهيّء للإنتقال إلى التغيير الأستراتيجي بعيد الأمد. فتحل آنذاك نظرة مزدوجة في إعتماد قيم (فعلية) و(كامنة) لكل من الأهداف والموارد . وهذا مايفرض على التحليل ومن ثم على الخطط المبنية هامشاً عشوائياً و مرونة كافية .

وعلى أية حال ، تعدُّ الرؤية المستقبلية صورة تخيلية ذهنية و(واقعية) مؤثّرة عاطفياً وهي تركز على الطموحات المتجّة نحو التميُّز والتفوق والإبداع. ولذلك تعتمد غالباً عبارات مثيرة عند التعبير عن المستوى المرغوب للإنجاز والتحوّل المنشود في المستقبل .

ولاشك أن التحول نحو بيان الرؤية يحمل بحدّ ذاته تجاوزاً لمقاومة التغيير وذلك عند الإنتقال في شركة ما مثلاً من ضعف القدرة التنافسية الى البحث عن أفضل السبل لتطوير الجودة النوعية والبيئية ولتقديم خدمات مابعد البيع و لتقليل تكاليف وحدة المنتوج و تنويع و تسهيل إستعمالات السلع المنتجة.....وتنصب هذه الغايات في هدف إستراتيجي رئيس والذي هو رفع القدرة التنافسية للشركة المعنية. فيكون بيان الرؤية المستقبلية متوافقاً مع رسالة التنظيم وأقرب بغاياته و متطلباته الموردية الى القياس الكمي والمرونة مع الظروف المتغيّرة وبالتالي قابلية التنفيذ .

ويتضح كل ذلك ، إذا تصورنا بأن التحول السابق نحو الرؤية المستقبلية يتطلب توافقاً دقيقاً وواضحاً لهيكل التنظيم المعني وثقافته وذلك بما يعزّز كفاءته الإنتاجية وإستثمار موارده الكامنة ..

وبذلك فإن بيان الرؤية يصبح مصدر إثارة للتغيير الإستراتيجي ويقدّم بالتالي معايير واضحة لصنع القرارات تجاه المستقبل المتوقع . وهذا ما يجعل بيان الرؤية أكثر تحديداً بغاياته Goals من طموحات بيان الرسالة . فتكون هذه الغايات أقرب الى الواقع . خاصة وان التغييرات الأستراتيجية طويلة المدى التي تحملها هذه الغايات تتوافق أكثر مع القيم المحورية للتنظيم المعني مقارنة بالطموحات السابقة ضمن بيان الرسالة وذلك مثل توكيد توقعات الزبائن وتصوراتهم تجاه السلع التي ستنتجها المنشأة وكذلك تعزيز العلاقات المهنية و حماية البيئة السليمة وضمان عوائد متزايدة الى سعة الأنتاج . وأن كافة هذه الأغراض تعد مجموعة سامية من أهداف أي منشأة تنافسية في إقتصاد السوق .

وهكذا الحال بالنسبة لإقتصاد منطقة أو إقليم أو قطاع فإن التحول من الغرض المحوري لبيان الرسالة والذي يتعلق في مثالنا السابق بالنشاطات الإنتاجية المتكاملة- والذي يكشف عنها هذا البيان- الى قيام مجمعات صناعية زراعية تضم نشر الغابات وصناعات قطع ونقل وخزن الأخشاب وإنتاج الأثاث والأصماغ

والأصباغ (المعتمدتين على الموارد الطبيعية) والأدوات والمواد المعدنيتين... ومراكز التدريب والبحث والأختبار.

وتعد هذه المجمعات من الخيارات الإستراتيجية بعيدة المدى والتي لايمكن إنجازها في أقل من عقد من السنوات تجد أصولها في الغرض المحوري المعتمد أصلاً على القيم المحورية وهي ضمن بيان الرسالة وكما بيّنا سابقاً تتسّم بالإستمرارية و ترتبط بالقناعات أو المعتقدات المتكرّسة في أذهان القادة والعاملين في أي مجال تنظيمي أو تنموي آخر.

وعلى ما سبق فإن بيان الرؤية لابد وان يصبح تقريراً بأمكانات تنظيم أو قطاع أو إقليم على إختيار إستراتيجية جديدة . وهنا تكون الغايات في بيان الرؤية صور أدق وأوضح وأكثر تحديداً من طموحات الرسالة وهي تمهّد بشكل أفضل لتلمس الإنجازات الحقيقية .

ومما يشار إليه هنا ، أن إعداد الرؤية يتطلب إسهاماً فعّالاً للمدراء والعاملين وضمن فرق منظمة الأعمال مع مشاركة نشطة في صنع القرارات. وهذا ما يمدّ التنظيم المسؤول عن التخطيط بعناصر حيوية للتوعية الثقافية والتكنيكية والعلمية وكل ذلك بما يوفّر للجميع فرصاً متكافئة في المشاركة ومن ثم في التمتع بالشخصية المميزّة و تطوير القدرات الذاتية .

وعليه فإن بيان الرؤية يجعل عملية التخطيط الإستراتيجي منفتحة منذ البداية على تعديلات قد تكون جوهرية أحياناً و ذلك بسبب إعطاء إعتبارات هامة لكل الأطراف المشاركة . وهذا ما يعمّق الثقة بالقيم والأغراض والمسارات المعتمدة وفق تقاليد ديموقراطية . فترتفع الكفاءات الإنتاجية ويزداد تمسك العاملين بمجمل العملية وبالتنظيم او الأقتصاد الذي يعملون لتحقيق أهدافه ودعم مصالحه. وهنا كلما أطلق التفكير وحفّز الجميع على النقد والأعتراض دون قيود فإن دور

التكنوقراط يبرز أكثر ويتعاظم تمسك الجميع وثقتهم بالإستراتيجيات والتكتيكات والتدابير الأخرى التي ستقرّر فيما بعد .

وبغرض الوصول الى آراء المشاركين يفترض ترتيب الندوات و ورشات العمل و الاستبانات و المقابلات مع إستعراض التجارب السابقة إن وجدت...ومن ثم يتم تصنيف و تنسيق و تحليل الإتجاهات الرئيسية وبما يؤدي الى حلول أو إجابات واضحة و محددة وحتى إبتكارية أو خلاّقة في هذه المرحلة من عملية التخطيط الإستراتيجي . ولضمان هذه النتائج تتركزّ الاستفسارات في أربعة أمور رئيسة : نقاط القوة والضعف في البيئة الداخلية لمجال التنظيم أو الإقتصاد (مجال المهمة الإستراتيجية) وفرص ومخاطر البيئة الخارجية .

ومما يزيد من أهمية المشاركة الحقيقية والفعّالة لكافة المهتمين من التكنيكين (المخططين) وبقية المدراء والعاملين وأصحاب المصالح الأولى في عملية التخطيط الإستراتيجي هو الاختلالات المتوقعة خلال عملية الإنتقال بإتجاه المستقبل، فإن الوصول الى وجهات نظر متعددة وأفكار مستمدة من خبرات متراكمة سابقاً قد يضمن إنتقالاً سهلاً من حالة التوازن عند نقطة الإنطلاق الى حالة التوازن عند نقطة الهدف .

المبحث الثالث

تشخيص الأهداف الإستراتيجية الملائمة للموارد

(الفعلية) و (الكامنة)

يخلص الباحثون من مرحلتي (الرسالة) و(الرؤية) بأغراض التنظيم (للأعمال) أو(للتخطيط). وقد تم فيهما أيضاً تحديد أولي للطاقات المتاحة للإنتاج.

غير أن المعلومات التي تحققت في هاتين المرحلتين تعدُّ أولية و دليل إرشاد عام لا يتسم بالعمق التحليلي العلمي الذي يسمح ببناء تحوّل منظم يتسم بتوازن ديناميكي بين مساري الأهداف والموارد. كما ولم تتحدَّد فيها الإحتياطات الموردية الكامنة والتي قد تبرز مع الإستخدام الكفؤ والكافي للطاقات الفعلية وإستمرار تعبئة هذه الطاقات في ظل إدارات متطورة لعملية التخطيط تدعمها أنظمة متقدمة ومرنة للمكافآت والحوافز والرقابة .

وعليه من الضروري العمل خلال هذه المرحلة على تشخيص أدق للأهداف الإستراتيجية و للتوقعات الخاصة بكل من الموارد الفعلية والموارد الكامنة .

ولهذا الغرض يعتمد التحليلات الآتيان : -

أولاً - تحليل SWOT .

ثانياً - تحليل البيئة العامة أو PESTING

أولاً - تحليل SWOT :-

إن SWOT مختصرات لكل من :

نقاط القوة = S= Strengths

نقاط الضعف = W= Weaknesses

فرص = O = Opportunities

مخاطر = T = Threats

بدأ عدد من الإقتصاديين الإهتمام بهذا التحليل بشكل ملموس منذ نهاية ستينات القرن الماضي وذلك لفهم العلاقة بين بيئة منشأة ما وإدارتها من جانب وإنجازاتها من جانب آخر . وقد كانت بداية تطبيقها مع نموذج :-

إنجاز - إدارة - بنيان Structure-Conduct-Performance /

والذي يتعلق بربط عدد المتنافسين في صناعة ما بمستوى تجانس منتجات هذه الصناعة وبتكاليف دخول المنشأة أو خروجها من الصناعة المعنية .

كما ويهتم النموذج بقيادة عملية التحول الإستراتيجي وبإنجاز المنشأة كل على إنفراد .وبذلك ركزّت الإدارة على إنجاز المنشأة المنفردة . فأرتبط التخطيط الإستراتيجي بالتحليل الجزئي كما يظهر في النموذج السابق .

وعلى أية حال ، يعمل المخططون على حصر دقيق لأهم عناصر البيئة الداخلية وإجمالها في نقاط القوة والضعف ولأهم عناصر البيئة الخارجية وإجمالها في الفرص والمخاطر . ويجري عرض و تفسير هذه العناصر على المشاركين Partakers بوقت كافٍ . ويمكن أن يجري إستقراء تام لهؤلاء إن كان المجتمع الإحصائي الذي يشكلونه صغيراً. ولكن إن كان عدد المشمولين بتحليل SWOT كبيراً ، فيصبح من الضروري الإلتجاء الى الإستقراء الناقص أو الإعتماد على عّينات معينة والتي يفترض إختبارها بعناية فائقة وذلك بما يجمع في أفرادها الإهتمام الشخصي والشعور بالمصلحة الذاتية في الخطة الإستراتيجية المعنية من جانب وتوافر الخبرات والمؤهلات والخلفيات الثقافية الضرورية لتمييز نقاط القوة والفرص المواتية عن نقاط الضعف و تهديدات المخاطر من جانب آخر .

وهنا لابد من أن تختلف أعداد و خصائص المشاركين ومتطلبات الدراسة الميدانية مابين التخطيط لصالح تنظيم الأعمال ولأغراض تتعلق بالمنافسة السوقية والتخطيط لتطوير إقتصاد كلي (وطني أو إقليمي أو قطاعي) في بلد ما. وأكثر من

ذلك تختلف الموضوعات أو التساؤلات الرئيسة أو مستويات الأهتمام بهذه الموضوعات أو التساؤلات مابين تنظيم الأعمال وإقتصاد كليٍّ معيّن.

فبالنسبة للبيئة الداخلية وحيث يجري البحث عن نقاط القوة والضعف، قد يكون من الضروري في حالة منشأة أو شركة ما إستطلاع الآراء و تقييم المشاركين بشأن الأمور الآتية :

1. مؤهلات و تخصصات و مواصفات وظائف المسؤولين وعلى كافة المستويات الإدارية وضمن مختلف التشكيلات الإدارية للتنظيم .
2. خصائص شخصية للمسؤولين وعلى كافة المستويات الإدارية وضمن مختلف التشكيلات الإدارية للتنظيم .
3. مؤهلات و تخصصات و مواصفات الوظائف للعاملين في الأقسام المختلفة.
4. نظم الإتصالات (المباشرة أو غير المباشرة ، الكتابية أو الشفوية ، من الأعلى الى الأسفل او من الاتجاهين بالأضافة الى الإتصالات الأفقية ، .....) .
5. الروتين (إجراءات العمل الإداري) المعتمد من حيث التعقيد أو التبسيط، التحريري أو الشفوي...
6. العلاقات الإنسانية داخل التنظيم: المشاركة في المناسبات الشخصية والأسرية، عدم التمييز لأسباب تتعلق بالجنس او العنصر أو الدين أو الطائفة أو الأنتماء السياسي....والمؤازرة في الظروف الصعبة ودعم الطموحات المشروعة......وأخيراً الشفافية في التعامل الإداري ولمختلف المستويات والمواقع ومع العاملين.
7. دور المرأة في الإدارة والعمل .
8. المشاركة في صنع القرارات .
9. دوران العمل .
10. حالات المبادرة والإستجابة والرفض والتمرد والتخريب.

11. دورات التدريب والتعليم المستمر.
12. المشاركات في الندوات والمؤتمرات و ورشات العمل داخل و خارج البلاد.
13. حوافز العمل وعلاقتها بكل من الفروقات الفردية وإنجاز المهمات و تحقيق الأهداف...
14. دور البحث والتطوير(R&D) في الانجازات الخاصة بالإختراعات والإبتكارات والتحولات التكنولوجية داخل المنشأة أو الشركة .
15. المنجزات في مجال تخفيض تكلفة وحدة المنتوج.
16. المنجزات في مجال تحسين الجودة النوعية.
17. المنجزات في مجال السلامة المهنية والسلامة البيئية.
18. المنجزات في مجال السيطرة على الخزين .
19. المنجزات في مجال إنسيابية عمليات و نشاطات الإنتاج.
20. تقويم الأداء .
21. تقييم العمل .
22. الثقافة التنظيمية.
23. شفافية المنشأة في الصناعة والأسواق .
24. موازنة التنظيم بين الفائض والعجز .
25. تركز أو تنوع الإنتاج .
26. خدمات مابعد البيع .
27. ضمان المنتوج .
28. تنوع إستعمالات المنتوج .
29. ممارسة الأقسام لواجباتها الحقيقية مثل بحوث الأفراد Personnel Researches في إدارة تطوير العاملين وبحوث التسويق وتطوير المنتوج في

إدارة التسويق و بحوث التكاليف في إدارة الحسابات ونشاطات فرق العمل وتطوير النماذج في إدارة الإنتاج...

30. خطوط و برامج و تكتيكات معتمدة و مستوياتها التخطيطية والتنفيذية.
31. إلتزامات الإدارة العليا داخل التنظيم ومع الخارج .
32. مستوى تمايز الإنتاج في الأسواق .
33. مستوى الإعتماد على القوى العاملة والمهارات المحلية .
34. مستوى الإعتماد على الأجهزة والأساليب والنظم والمعلومات التكنولوجية المحلية .
35. مستوى الإعتماد على المواد الخام و السلع شبه المصنوعة وتامة الصنع الوسيطة المحلية .
36. الحوكمة المؤسسية .

وعلى مستوى الإقتصاد الكلي يمكن عرض الأمور الآتية المستمدة من البيئة الداخلية للتنظيم المسؤول عن التخطيط وكذلك للدوائر والمنشأت والشركات وإقتصادات المناطق المشمولة بالخطة الإستراتيجية :

1. الهياكل التنظيمية ودور اللامركزية الإدارية وعلاقات الصلاحيات بالمسؤوليات .
2. مستويات وإجراءات الاتصالات وعمليات التنسيق .
3. المواصفات الوظيفية (والمؤهلات الشخصية لمسؤولي كافة المستويات الإدارية والعاملين).
4. تقويم أداء الجهاز الإداري والحوكمة المؤسسية .
5. تدريب وتأهيل وتطوير الموارد البشرية .
6. العمل الجماعي ضمن فرق العمليات والنشاطات .
7. تجارب سابقة في التخطيط والرقابة على التنفيذ .

8. الموارد الزراعية (الفعلية) و(الكامنة) في مناطق محددة .
9. الموارد المعدنية في مناطق محددة ؟
10. الموارد التعدينية غير المعدنية في مناطق محددة ؟
11. المناطق السياحية : بنيتها التحتية ، خدماتها ، مواردها البشرية...
12. حالات الإغراق والتواطؤ والإحتكار في السوق .
13. الخدمات المصرفية .
14. خدمات التأمين .
15. خدمات النقل والإتصالات والخزن .
16. خدمات التعليم والصحة .
17. خدمات إجتماعية عامة .
18. ملكية دور السكن .
19. حماية الملكية الفكرية .
20. التشريعات الخاصة بالعمل والضمان الإجتماعي وتطبيقها.
21. واقع الأسواق المالية و تشريعاتها .
22. دور المبادرات الفردية والقطاع الخاص .
23. ظواهر التخلف والفساد الإداري .
24. الإمكانات المتاحة للاتصالات والتنسيق ما بين التنظيم المسؤول عن التخطيط والجهات المستفيدة والمعنية أو المهتمة في القطاعين العام والخاص.
25. دور المؤسسات والاستثمارات الأجنبية .
26. متوسط نصيب الفرد من الدخل القومي(أو الإقليمي أو الجهوي)الحقيقي .
27. إنعكاس تقلبات الأسعار على الإستثمارات والنشاطات الإنتاجية والتسويقية.
28. دور المدخرات المحلية في الإستثمارات الكلية .
29. إتجاهات الإستثمار وفرصه المتاحة و الكامنة .

30. الأنماط الاستراتيجية الحكومية بشأن كل من :

أ. التمويل الذاتي للمؤسسات العامة .

ب. الوحدات الصغيرة والكبيرة .

ت. الصناعات الخفيفة و الصناعات الثقيلة.

ث. النشاطات كثيفة – العمل و النشاطات كثيفة-الراسمال والأتمتة.

ج.النشاطات المعوِّضة للاستيراد والمعزِّزة للتصدير.

ح.النمو المتوازن والنمو غير المتوازن .

خ.سياسات الإنفتاح أو التحفظ أو المحاور الإقليمية والدولية.

د. الإستقطاب و الأنتشار.

ذ. مجالات تدخل الحكومة في النشاط الإقتصادي .

31. دور المرأة في الإدارة والعمل والمحافل الإجتماعية والسياسية .

32. نظم الملكية الزراعية و الصناعية والخدمية .

33. صيغ الرقابة المختلفة (المالية والإدارية والبيئية والتكنولوجية...) و مؤسساتها المسؤولة

34. دور الاتصالات الألكترونية والشبكات القائمة فيما بين الأجهزة الحكومية و كذلك مع المؤسسات الخاصة في كافة القطاعات الزراعية والصناعية والخدمية التوزيعية والخدمية الأخرى .

وبالنسبة للبيئة المحيطة المباشرة والبيئة الخارجية فإن هناك موضوعات أو تساؤلات عديدة يمكن أن يخرج من خلالها المشاركون بآراء أو أفكار تحدَّد بها الفرص أو المخاطر المتوقعة من هاتين البيئتين .

ففيما يخص تنظيم الأعمال ، تذكر الأمور الآتية :

1. دور المنشآت التي تستخدم منتجات التنظيم المعني كمدخلات لنشاطاتها الإنتاجية.
2. دور المشترين في أسواق الطلب النهائي ومدى توافق أذواقهم و دخولهم مع المنتجات المعروضة .
3. حالات التراكم المخزني لمنتجات المنشأة أو الشركة .
4. دور المجهزين والمتعاقدين في تجهيز المنشأة أو الشركة بمستلزمات التشغيل المادية والبشرية والمعلوماتية .
5. الإلتزامات المتقابلة مع الأجهزة الرسمية الحكومية.
6. تسهيلات أو تعقيدات الأجهزة الرسمية الحكومية .
7. دور المؤسسات الائتمانية(المصارف و شركات التأمين).
8. سعة الأسواق المحلية و مواقف الشركات المنافسة ومدى توافر البدائل أمام منتجات التنظيم المعني .
9. دور الجامعات والمعاهد ومراكز البحث والتطوير والمدارس المهنية في تدريب وتأهيل و تطوير العاملين في المنشأة أو الشركة .
10. دور غرف التجارة والصناعة والزراعة في دعم المنشأة أو الشركة تجاه المؤسسات الرسمية وغير الرسمية ولتقويم سلوك التنظيم المعني .
11. دور النقابات والجمعيات والإتحادات في دعم أو مواجهة سياسات أو توجهات التنظيم المعني .
12. تسهيلات النقل والاتصالات والخزن وتكاليف هذه التسهيلات وانعكاساتها على عمليات الإنتاج والتسويق .
13. التأثيرات المتقابلة مع البيئة الطبيعية المحيطة (الماء والهواء والتربة).
14. مستويات الخدمات الصحية المقدمة في منطقة التنظيم.

15. القيود الكمية و الرسوم الجمركية والشروط الإدارية المفروضة من الدول الأخرى على منافذ التسويق الخارجية لمنتجات المنشأة أو الشركة .
16. إنعكاسات التضخم المستورد و أزمة الطاقة الدولية و صدمات العرض .
17. دور المنظمات الخارجية في دعم التنظيم إدارياً أو مالياً أو تكتيكياً .
18. فرص الإبتكارات المقتبسة .
19. الإرتباطات القومية والدينية والطائفية...وإنعكاساتها على نشاطات التنظيم وعلاقاته الخارجية .
20. الإرتباطات المؤسسية بشركات قابضة أو من خلال الدمج Merging مع شركات أخرى مثل عبر الوطنية Multinational .

وبالنسبة للاقتصاد الكلي ، فإن هناك أموراً عديدة تتعلق بالبيئة الخارجية والتي تنعكس على تخطيط هذا الاقتصاد . وفي هذا المجال يمكن الإشارة الى الموضوعات أو التساؤلات الآتية:

1. العلاقات الإقتصادية الدولية للبلد و خاصة بالنسبة للتسهيلات أو العوائق الخارجية والتعاملات المتقابلة .
2. دور الإستثمارات الأجنبية المباشرة واتجاهاتها في الداخل .
3. عجز أو فائض في ميزان المدفوعات أو في الميزان التجاري وإنعكاساته على السياسات أو القرارات المحلية .
4. سياسات التجارة الخارجية بإتجاه الحماية أو الحرية .
5. تقلبات أسعار الصرف الأجنبية و إنعكاساتها على التجارة الخارجية و حركات رؤوس الأموال .
6. دور التعويضات والهبات ودخول عناصر الإنتاج الأجنبية في ميزان المدفوعات ومن ثم في البرامج التنموية .

7. إتفاقات المناطق الجمركية أو الأسواق المشتركة أو التكاملات الإقليمية وإنعكاساتها على تخصيصات الإستثمار ومستويات الطلب الإستهلاكي.
8. دور الإنتخابات المحلية في توجهات الأحزاب الحاكمة أو المعارضة نحو الخطط الإستراتيجية .
9. دور الرأي العام ووسائل الإعلام في التوعية الإستثمارية والائتمانية والسيطرة البيئية وحماية المستهلك والسلامة البيئية .
10. عجز أو فائض الموازنة العامة للدولة وإنعكاساته على البرامج والمشروعات الإستثمارية.
11. مدى التوازن أو الإختلال في العلاقات السائدة ما بين الجماعات المؤيدة لصناع القرار في السلطة التنفيذية والجماعات المعارضة الضاغطة و ذلك للبرامج الإستثمارية وسياسات دعم وحماية المصالح الإقتصادية الوطنية في المحافل الخارجية.
12. مدى الإفادة من التسهيلات المحتملة في المنتديات والندوات والمؤتمرات العالمية بالإضافة الى نادي (باريس) ومنظمة التجارة العالمية (WTO) و المنظمات التابعة للامم المتحدة وذلك لتحقيق مكاسب إقتصادية تخدم الأغراض التخطيطية...
13. مستوى تدخل الحكومة لحماية المصالح الإقتصادية الوطنية والحفاظ على مسار التخطيط الإستراتيجي وخاصة أثناء الأزمات الإقتصادية الدولية وفي مواجهة حالات الإغراق والإحتكار .

وعلى أية حال يتطلب تحليل(SWOT)القيام بالإجراءات الآتية:

1. توزيع المشاركين بين مجموعات متنوعة في موقع العمل أو الأختصاص أو مجال الإهتمام بالعملية التخطيطية . بحيث تخصص لكل مجموعة منضدة مستقلة ويشترك فيها مثلاً مدير تسويق مع مسؤول تطوير العاملين مع

مهندس صيانة مع محاسب تكلفة و محلّل إحصائي . وقد تشكَّل مجموعة أُخرى من مسؤول السيطرة النوعية و باحث في شؤون الأفراد (تطوير الموارد البشرية) ومسؤول دائرة الرقابة المالية و عامل ماهر في السيطرة على الخزين...وهكذا .

2. عدم فرض ترتيب معيَّن للتساؤلات و ذلك تجنباً لأي إقتران قد يحمل المشارك على التحفظ والحذر من تعارض الإجابات على أمور من نفس المجال وبالتالي يمكن خلط التساؤلات بشأن إدارة الإنتاج مع التساؤلات الخاصة بإدارة التسويق ودون أي تجميع أو تسلسل...

3. ترك المشارك يبدي رأيه دون أن يقيِّد نفسه بأحد بديلي (القوة أو الضعف) (فرص أو مخاطر) بل يترك ذلك للباحثين و المحلّلين التخطيطيين .

4. يعدُّ جدول أُولي بنتائج الإستبانة أو اللقاءات فيتم آنذاك تصنيف نقاط القوة عن نقاط الضعف والفرص عن المخاطر .

5. إعادة ترتيب النتائج السابقة وذلك بما يكشف عن خصائص المجالات المختلفة من حيث نقاط القوة أو الضعف والفرص أو المخاطر .

6. تحليل كمي، (عنقودي) أو (مسار) أو (عاملي) . وكل ذلك بما يسهم في تشخيص دقيق لعملية التوافق بين الأهداف والموارد وبما يجعل التغييرات الإستراتيجية أكثر دقة و ذلك تمهيداً لإقرارها عند صياغة الخطة في قيم أو كميات محدَّدة تماماً .

ويمكن الإفادة من التحليل السابق لتشخيص القدرات الإستراتيجية للتنظيم أو الاقتصاد وذلك بالإعتماد على الجدول الآتي :-

W	S	
WO	SO	O
WT	ST	T

1. **في حالة** SO هناك نقاط قوة وفرص مواتية أكبر وبالتالي فإن هناك مجالاً واضحاً للاندفاع بالخطة الإستراتيجية الى الأمام فيكون التنظيم أو الإقتصاد محفّزاً أكثر من أن يكون متأثراً .
2. **في حالة** ST أن القوة الكامنة في التنظيم قد يدفعه الى التوفيق بين الربحية والمخاطرة وبالتالي يتبنى إستراتيجية مخاطرة بهدف تحقيق أكبر قدر من الربحية . بينما يختلف الوضع بالنسبة للإقتصاد فإن الموضوع يتعلق بأنواع المخاطر المتوقعة ومستوى إدارة الدوائر والمؤسسات والقطاع الخاص والرأي العام. وهنا كلما كانت المبادرات الخاصة هي الغالبة في الخطة الإستراتيجية. فإن التخطيط يتسم بإستراتيجية الأندفاع الى الأمام. ولكن يفترض وضع الأسس الكفيلة بعدم تحول المخاطر الى لعبة مقامرات. وبالتالي يظهر نوع من التفاعل بين إستراتيجية الدفاع والتحفظ وإستراتيجية الاندفاع الى الأمام.
3. **في حالة** WO تزداد الشروط والقيود على المخططين لتجنب أي إستنزاف في الطاقات المتاحة ولكن يزداد التأكيد على إستثمار الفرص المتاحة . وهنا فإن نوعاً من التوفيق يتحقّق بين إستراتيجية الاندفاع الى الامام وإستراتيجية الدفاع والتحفظ كما حدث مع الوضع في ظل حالة ST .
4. **في حالة** WT يجري التأكيد على بناء إستراتيجية دفاعية قائمة على التحفظ الشديد غالباً.

ثانياً - تحليل البيئة العامة أو PESTING

يعتمد التخطيط الإستراتيجي على تحليل البيئة العامة من خلال مجموعة من الأبعاد والعناصر . ونذكر هنا سبعة أبعاد ، والتي هي :

1. P = البيئة السياسية Political Environment
2. E = البيئة الإقتصادية Economic Environment
3. S = البيئة الإجتماعية أو المجتمعية Societal Environment
4. T = البيئة التكنولوجية Technological Environment
5. I = البيئة المؤسسية Institutional Environment
6. N = البيئة الطبيعية Natural Environment
7. G = بيئة العولمة Globalization Environment

1. البيئة السياسية :

ترتبط مؤثّرات البيئة السياسية بهيكل الدولة وفلسفتها وأُطرها التشريعية (الدستور والقوانين والأنظمة والتعليمات المعتمدة والسائدة).

ففي ظل الهياكل اللامركزية والقيم الديموقراطية والتشريعات المتكاملة فإن القطاع الخاص يعمل في حالة عامة من الشفافية والتأكد ومن ثم الإستقرار بالنسبة لتوجهات الحكومة ولدور الإعلام ولتأثيرات الرأي العام وبالتالي يمكن أن يتبنى كل تنظيم للأعمال إستراتيجية في الأسواق المحلية والدولية على أساس واحد وهو أَن الإلتزام بالقيود الموضوعية والمقبولة لدى كافة الأطراف (السلطة الحاكمة و القوى الفاعلة والضاغطة في المجتمع وإعتبارات السيادة الوطنية و/أو الشخصية الإقليمية والمساحات المتاحة لحريات القرار والتأثير والإستقرار السياسي والإجتماعي) سيجعل خط الكفاءة التنافسية النوعية (والبيئية) الحدّ الحاسم لدور أي منشأة على مستوى التحليل الجزئي وبالتالي ستكون مسؤولية الدولة بكل قواها الحكومية والشعبية والإعلامية دعم المبادرات المنضوية في هذا الخط .

غير أن أيّ خروج عن القواعد التنافسية الجادة من خلال أساليب الغش والتحايل والمناورة والتواطؤ والإحتكار سيؤدي الى السقوط بسبب سلطات الرقابة

المتعددة (المالية والبيئية والصحية والسلعية...) المنبثقة من الحكومة أو الرأي العام.

وعند حدوث أي تهاون في نوعيات المنتوجات المعروضة من حيث الجودة أو التأثيرات الصحية والبيئية فإن مردّة الجزئي وحتى (الغالب أحياناً) هو ضعف أو تخلخل النظام السياسي ببعض أو بكل مؤثراته الجارية أو سيطرة أفراد النخبة من المتنفذين السياسيين على النشاطات الإقتصادية .

وعلى مستوى الإقتصاد الكلي فإن تكامل قوى البيئة السياسية السابقة ينعكس تماماً على إستراتيجيات التنمية الإقتصادية وذلك لما تهيئه التشريعات الكاملة وغير المتعارضة في تحديد مجالات تدخل الحكومة وبما يمنع أي تغيير في فلسفة الدولة نحو القطاع الخاص وبشكل محدَّد بالنسبة لمصادرة الأموال وتأميم الملكيات(والشركات) وحرية الاختيار. وفضلاً عن ذلك فإن إستقرار التشريعات المعنية وتبني فلسفة إقتصاد السوق التنافسي- ودعم المجتمع المدني والرأي العام ووسائل الإعلام للمبادرات التنموية للمستثمرين سيزيد من إندماج المصالح المختلفة وبما يكفل تنسيق التشابكين : العمودي والأُفقي للخطط الإستراتيجية وتعزيز الارادة السياسية للإدارة الحكومية وللقطاع الخاص على رفع معدلات النمو وإحداث تحولات هيكلية في مجمل الإقتصاد (الوطني أو الإقليمي).

ويشار كذلك الى أن تجنب ظروف الحرب والصراعات السياسية والإضطرابات الإجتماعية . أي كل ما يكفل الإستقرار السياسي في الداخل وفي العلاقات الخارجية يمثِّل قاعدة جوهرية لتحويل عوامل الطرد المركزي Centrifugal Factors للموارد الإقتصادية وللتوجهات الإستثمارية الى عوامل جذب مركزي Centripetal Factors لهذه الموارد والتوجهات .

كما وأن الأستقرار السياسي والإجتماعي يكرِّس الثقة بالمستقبل ويزيد من التأكد تجاه التغييرات الإستراتيجية في الأسواق التنافسية أو في الإقتصاد الكلي

بشكل عام . وهذا مايزيد من الكفاءة الحدية لرأس المال و يشجِّع أكثر على دعم برامج التنافس السوقي على المستوى الجزئي أو برامج النمو والتنمية على المستوى الكلي.

2. البيئة الإقتصادية :

تتركَّز البيئة الإقتصادية في الأمور الآتية :

أ. وجود تشريعات إقتصادية كاملة وغير متعارضة بشأن الأسواق المالية ونشاطات الشركات والعمل والضمان الإجتماعي والجهاز المصرفي والتأمين وحماية المستهلك وتنويع وتعدد الموارد المالية العامة ....

ب. وجود بنية تحتية مادية من الطرق والجسور والسدود و شبكات الري والبزل والمباني والمدارس والمستشفيات و الطاقة والمياه .

ت. وجود بيئة فوقية بشرية ومعلوماتية ومؤسسية حيث يتوفر إحتياطيٌ كافٍ من أصحاب المؤهلات العلمية والتكنيكية بجانب القوى العاملة شبه الماهرة والتي يمكن تطويرها وإعدادها وتأهيلها خلال برامج محددة .

ث. وجود إحتياطات كافية من الموارد الطبيعية والمالية .

ج. مستوى تحصين الإقتصاد من التقلبات الدورية وغير الدورية التي تسود إقتصادات الأسواق المتقدمة مع وجود خطط أزمات لتجاوز هذه التقلبات عند حدوثها .

ح. نشر الوعي الإقتصادي (الإستثماري والإنتاجي والإستهلاكي والتمويلي...) بالإضافة الى نشر الوعي بغرض العمل والتطوير المتاحة مع حرية الإنتقال لرجال الأعمال والعاملين .

خ. تحرير الأسعار وعدم قيام الأجهزة الحكومية بفرض التسعيرة الرسمية مع تجنب التواطؤ أو أي صيغة إحتكارية .

د. معالجة المشكلات التي تسهم في الإقتصاد تحت الأرض Underground Economy من تهريب وتجارة مخدرات ونوادي القمار غير القانونية وبيع الأجساد أو الأعضاء البشرية وغسل العملة ....

ذ. حركات تكاليف وأسعار المواد وقطع الغيار والمكائن في الأسواق المحلية .

ر. الأسواق المالية والأجهزة المصرفية وشركات التأمين وأنظمة تسجيل ومراقبة الشركات .

ز. تسهيلات النقل والإتصالات والخزن .

س. واقع الإرتباطات الأمامية والخلفية.

ش. مستويات الحرمان من الحاجات الأساسية .

ص. الطاقات الصناعية والزراعية والخدمية المعطلة .

ض. نسب مستلزمات الإنتاج الى قيمة الإنتاج الكلية .

ط. نسب القيمة المضافة الى قيمة الإنتاج الكلية .

ظ. الطاقة الكهربائية ودورها في الأغراض الإنتاجية وغير الإنتاجية .

ع. الفجوة الإقتصادية مابين المناطق الريفية والمراكز الحضرية .

غ. المزايا النسبية للتجارة .

ف. ترتيبات السلامة الصناعية(المهنية) والعلامات التجارية ....

ق. تأثير السياسات الإقتصادية للدول الأخرى على واقع الإنتاج في :

(1) توفير المستلزمات الوسيطة للإنتاج .

(2) توفير الخبرات الإدارية والتكنولوجية .

(3) توفير الأجهزة الرأسمالية .

(4) توفير تسهيلات عقود الإمتياز.

(5) الإلتزام بإتفاقات المنظمات الدولية و خاصة(WTO).

(6) تسويق منتجات الشركة في أسواق الدول المعنية .

ك. السياسات المالية والنقدية والائتمائية والتجارية للحكومة .

3. البيئة الإجتماعية أو المجتمعية التعليمية و الثقافية والصحية :

إن هناك أموراً عديدة تتناولها دراسة هذه البيئة ، منها :

أ. دور النقابات والإتحادات والجمعيات في حماية مصالح الأعضاء من القوى العاملة أو أرباب الأعمال أو المستهلكين .

ب. التوافق أو الصراع الإجتماعي وخاصة لأسباب النزاعات العرقية والدينية والطائفية.

ت. المستوى الثقافي العام في المجتمع.

ث. النزعات القبلية (والعشائرية) والأُسرية.

ج. مستوى الإندماج السلوكي الإجتماعي بالنشاطات المؤسسية.

ح. سلوكيات الإلتزام والجدية والدقة في العمل والإنتاج .

خ. تقييم دور المرأة في المجتمع والعمل في مختلف النشاطات.

د. قيود تشغيل الأطفال .

ذ. رعاية أصحاب العوق .

ر. معدلات التسرب من المدارس .

ز. تأثيرات التقليد Imitation والمحاكاة Demonstration والمظهرية Conspicuous في المبادرات الإستثمارية وكذلك في السلوكيات الإستهلاكية .

س. سلوك الأتكالية على الحكومة في المجتمع .

ش. دور المنظم الريادي في الإقتصاد والمجتمع .

ص. التنظيمات الدينية وتأثيراتها الإجتماعية والثقافية والتعليمية...

ض. المعتقدات السائدة بشأن المزارات الدينية والعتبات المقدسة والمؤسسات الدينية .

ط. قوى الضغط والنفوذ والسلطة في المجتمع ودور كل منها في القرارات التخطيطية للشركات والمؤسسات التنموية الحكومية .

ظ. الهيكل التعليمي ودور التعليم التكنولوجي والمهني .

ع. حصة السكان من الأطباء والأَسرَّة في المستشفيات .

غ. مدى تلاؤم المحيط السكني .

ف. شبكات توزيع المياه الصالحة للشرب والتصريف الصحي .

ق. الهيكل الديموغرافي للسكان .

ك. حركات الهجرة من الريف الى المدن الكبرى .

ل. ربط مخرجات التعليم بحاجات سوق العمل .

م. العلاقات مابين المؤسسات التعليمية المحلية والأجنبية .

ن. البنية التحتية الأكاديمية (مكتبات ، مختبرات ، حاسبات ، شبكات الأتصالات، وسائل الإيضاح ، قاعات دراسية ، مكاتب ، دور الإقامة للتدريسيين والطلبة والعاملين....)

4. البيئة التكنولوجية :

يجري التأكيد هنا على الموضوعات الآتية :

أ. نشر الثقافة التكنولوجية والتي تسمح بفهم وإستيعاب وتبني التطورات الحديثة في الأَجهزةً والأَساليب والمعارف والنظم .

ب. تغييرات الإبتكارات وإنعكاساتها على الطلب والخزين السلعي والتكاليف والأَسعار.

ت. الكثافة النسبية لعناصر الإنتاج ومدى التوجه نحو النشاطات كثيفة – الرأسمال.

ث. واقع المعرفة و مستوى تطورها من معرفة الوصـف Know-what الى معرفـة الأداء Know-how والى معرفة السبب(أو التصميم) Know-why ومن ثم الى معرفة المستقبل Know-fore .

ج. الأنظمة التكنولوجية و مستوى السيطرة والإنضباط Discipline .

ح. التوجه نحو الأتمتة أو الى الآلية و نصف الآلية .

خ. مناشىء الأجهزة الحديثة و جودتها النوعية و البيئية .

د. براءات الأختراع وإتفاقات الإمتياز .

ذ. البحث والتطوير (R&D).

ر. التبعية التكنولوجية لمؤسسات خارجية .

ز. التحول التكنولوجي وتعزيز الصادرات .

س. التحول التكنولوجي وتمايز الأنتاج في الأسواق .

ش. النشاطات اليدوية السياحية .

ص. التحول التكنولوجي و البطالة .

ض. التحول التكنولوجي و تطوير الموارد البشرية .

ط. التحول التكنولوجي وتطوير المناهج الدراسية .

ظ. حماية الملكية الفكرية .

5. **البيئة المؤسسية :**

يتركز التحليل الإقتصادي في هذا المجال في الأمور الآتية :-

أ- القيادة الإدارية .

ب- التنظيم .

ت- الكوادر العاملة .

ث- الإتصالات والإجراءات و التنسيق .

ج- المعلومات .

ح- السلوك .

أ. القيادة الإدارية :-

تتحمل الإدارة العليا في أي تنظيم مسؤولية تبني ومتابعة الخطة الإستراتيجية وبالتالي لابد وأن تتسّم هذه الإدارة بخصائص القيادة وان تمارس دورها الفاعل من خلال:

(1) دور التنظيم الرسمي للقائد .

(2) الخصائص الشخصية للقائد .

(3) خبرة القائد في بيئة العمل .

وبشكل عام يكون القائد الإداري إستراتيجياً حينما يقوم بإعمال ونشاطات متميزة والتي منها:

(1) تخطيط المجال الخاص بالجهاز الإداري ضمن إستراتيجية شاملة للتنمية الإدارية في الدولة .

(2) إستمرار وتوسيع النشاط التنموي وذلك مع بقاء دور التنظيم في الإستراتيجية المقرَّرة وفي ظل الظروف المختلفة .

(3) تحديث السلوك المؤسسي وجعله مرناً تجاه متطلبات التنمية الشاملة .

(4) التمسك بالشخصية العلمية الديموقراطية لمواجهة المواقف المختلفة وبما يؤهله لتحقيق تحولات جذرية واسعة .

(5) المبادرة لإحداث التغيير الإستراتيجي دون أن يمارس مواقف ردود أفعال .

ب. التنظيم :

يفهم التنظيم على أية (عملية تجميع و تنسيق النشاطات الضرورية لتحقيق أهداف المنشأة مع تحديد المسؤولية تجاه كل مجموعة من النشاطات وتفويض السلطة وربطها أُفقياً وعمودياً من خلال علاقات متشابكة).

وهنا يفترض تبني إستراتيجية العلاقات البنيانية بعيدة المدى في جميع وظائف المنشأة وعلى مستويات : المدراء وقنوات الاتصال وأنواع السلطات والمعلومات وبما يستجيب لمتطلبات تغييرات السكان والدخل والتكنولوجيا . فيقوم المخطط بوضع بدائل عديدة حول تنبؤاته بشأن تطور التنظيم وبيئته فيتم التمييز بين ثلاث حالات : الحالات المؤكدة والحالات الطارئة و الحالات المستجيبة .

وبذلك فإن إستراتيجية تطوير التنظيم وبما يتلاءم مع تبني التخطيط الإستراتيجي في المنشأة تكون متكاملة و تشتمل جوانب عديدة ، مثل: الاتصال والبنيان والتسويق والتعليم والثقافة والنمط السلوكي وكل ذلك يتحقق من خلال ما يعرف بالدورة الإستراتيجية تضمن الانتقال من حالة تخمين الهياكل التنظيمية البيئية الى تغيير السلوك التنظيمي العام ومن ثم الى تقويم الإنجاز وأخيراً الى التعميم وتعتمد هذه الدورة على نظام متكامل من المعلومات .

ت. الكوادر العاملة :

يتطلب التخطيط الإستراتيجي كعملية مستديمة لأي منشأة أو أقتصاد تعيين واعداد و تطوير و توزيع العاملين على الأقسام المختلفة وفق مقاييس وظيفته دقيقة وخاصة بالنسبة لمطابقة المواصفات الوظيفية للمؤهلات الشخصية . وهنا يدعم هؤلاء دور القيادة والتنظيم في إعداد وتنفيذ ومتابعة الخطط الإستراتيجية بكفاءة عالية نسبياً.

ولتحقيق ذلك لابد من وضع أنظمة مرنة و متطورة للتحفيز والتدريب والتعليم المستمر وبما يسهم في بروز مخططين إستراتيجيين ومختصين في أصول البحث العلمي.

ولاشك أن الأنتقاء والتخصيص الملائمين للقوى العاملة المتخصصة يسهمان بشكل فاعل في تقليل التكاليف وبما يرفع من القدرة التنافسية للمنشأة ويزيد من كفاءتهم في التخطيط والتنفيذ والمتابعة والتقويم.

ث. الأتصالات والإجراءات والتنسيق :

إن تجاوز الصيغ التقليدية البيروقراطية المقترنة عادة بتعقيد إجراءات العمل الإداري والتحول نحو فتح القنوات لتكثيف الأتصالات وبمختلف الوسائل وخاصة من خلال الشبكات الألكترونية يعدُّ أمراً جوهرياً لتنسيق الجهود الفكرية في إعداد الخطط الإستراتيجية وجعلها أكثر واقعية خاصة وأن تكثيف الأتصالات وتعزيز التنسيق يزيدان من مشاركة العاملين المتخصصين في صياغة هذه الخطط وتنفيذها و/أو متابعة وتقويم هذا التنفيذ .

ولاشك بأن تطور عمليات الأتصالات والتنسيق سيزيد من الإسراع بتحديد نقاط الضعف في التخطيط أو التنفيذ وبالتالي سيسهم في تصحيح هذه النقاط في أوقاتها الملائمة .

ج. المعلومات :

أن المعلومات تمثل جوهر وضع الخطط وتنفيذها ومتابعتها وتقويمها. وعليه يفترض تجميع المعلومات وتحليلها وتوجيهها وتحديثها بالأعتماد على الأجهزة والنظم والبرمجيات الألكترونية مع العمل على إنشاء بنك للمعلومات وبما يزيد من كفاءة العملية التخطيطية .

وتشمل المعلومات كافة أنواع المعرفة التكنولوجية التي أُشير إليها سابقاً.

ومما يُشار اليه هنا التأكيد على تطوير أنظمة المعلومات وتغطية كافة المؤسسات وفيما بينها بالشبكات الألكترونية وذلك للحفاظ على تصاعد وتائر تدفق المعلومات.

ح. السلوك :

إن إستقرار التشريعات والتنظيمات المؤسسية والفلسفة المعتمدة والقيادات الإدارية يسهم بشكل فاعل في تكريس مفردات سلوكية خاصة بالمنشأة المعنية. وهذا ما يكون تحصيل حاصل لتفاعل تأثيرات متقابلة وضغوط وإستجابات متباينة وتدريجية لقوى أو تأثيرات التشريعات والقيادات والتنظيمات والبيئات الداخلية والخارجية للعمل .

ومع بروز سلوك مؤسسي إيجابي يتسم بروح الفريق والعمل الجماعي والتطوير الذاتي والتعزيز الثقافي والتنافس القائم على معايير الكفاءة الشخصية والتفاعل الجماعي فإن المنشأة تكون أكثر قدرة على التخطيط الإستراتيجي.

6. البيئة الطبيعية :

تشمل هذا البعد الموضوعات الآتية :

أ. كميات و قنوات وشبكات توزيع مسطحات الموارد المائية.

ب. المساحات المغطاة بالغابات وأنواعها المثمرة وغير المثمرة.

ت. مساحات الأراضي الصالحة للزراعة وتوزيعها الجغرافي وملاءمتها للمحاصيل المختلفة .

ث. المساحات المستغلة فعلاً من الأراضي الصالحة للزراعة وتخصيصاتها الإنتاجية.

ج. الظروف المناخية والطوبوغرافية الملائمة لأنواع المحاصيل الزراعية.

ح. مستويات التلوث في المياه والتربة والهواء وعواملها .

خ. البحيرات والأحواض والمسطحات المستغلة لتربية الأسماك.

د. الظروف الملائمة للسياحة وأنواعها .

ذ. مشكلات الملوحة وإنجراف التربة .

ر. الأمراض النباتية والحيوانية المحتملة.

ز. الحياة البرية والمحميات الطبيعية.

س. المساحات الخضراء في المدن.

ش. إحتياطات الموارد المعدنية و مستويات إستثمارها وتوزيعها الجغرافي.

7. بيئة العولمة :

إن النظام السائد في الإقتصاد الدولي هو نظام المنافسة الإحتكارية (أو نظام المنافسة غير الكاملة) كما هو سائد في الإقتصادات السوقية الرأسمالية المتقدمة في اوروبا وأمريكا الشمالية واليابان .

وإن العولمة التي تكفل الإنفتاح على الإقتصاد العالمي اليوم أمرٌ حتمي لا يتعلق باختيار أي بلد , تحكمه الحاجات المتنامية وتحثُّه متطلبات إشباع هذه الحاجات وتشدّه تكنولوجيات الاتصالات التي قلصت المسافات الكونية حتى أنهت دورها في إعاقة الحركة او إطالة الزمن .

وأمام هذا الواقع تعاظم زخم العولمة وتكرَّست أُسسها فباتت تُدار حسب إستراتيجيات بعيدة المدى تخطط لها أو تنظمها أو تدعمها مراكز علمية وتكنولوجية ومؤسسات ائتمانية و حكومات الدول المسيطرة وتغذي عملية إندفاع العولمة وتسهم في إستدامتها شبكات واسعة ومكثَّفة ومتداخلة من مختلف وسائل النقل والاتصالات

والتي تتجسد في الغواصات النووية والقطارات السريعة والمركبات الفضائية والأقمار الصناعية والحاسبات الإلكترونية وشبكات الإنترنيت والكبلات البحرية.

وفضلاً عما سبق تندمج الإقتصادات المختلفة في التكتلات الإقليمية والدولية ومنظومات متطورة ومتكاملة من المؤسسات المالية والنقدية والتجارية مثل:WB و IMF والشركات متعددة الاصول (أو عبر الوطنية) و WTO .

وتعدُّ العولمة بالنسبة للدول النامية تحدياً إقتصادياً وإجتماعياً و ثقافياً وسياسياً معاً ، وذلك بسبب تفاوت أنظمتها الإقتصادية والسياسية والإجتماعية وتشوّه هياكلها الإنتاجية وضعف قوة مساومتها الدولية وتخلف قدراتها العلمية والتكنولوجية.

فإذا أسهمت التكنولوجيات الحديثة في الإقتصادات المتقدمة بإرتباطات إنتاجية أقوى من حيث تنويع الإنتاج وتوفير الموارد وتقليل التكاليف فإن هذه التكنولوجيات قد إنعكست سلبياً على الإقتصادات النامية بسبب فقدانها الميزة النسبية لبعض منتجاتها الأولية في أسواق التصدير.

وهكذا أبعدت قوى السوق العالمية في ظل العولمة أي تقارب لمستويات الدخل مابين الدول الأكثر تقدماً والدول الأقل نمواً . فمثلاً قدّرت المكاسب المتوقعة قصيرة الآجال الكلية من إتفاقات جولة اوروغواي للدول المتقدمة بـ(115.4) مليار دولار بينما قدّرت للدول النامية بـ(19.4)مليار دولار .

ووجد بأن دول جنوب الصحراء الأفريقية يمكن أن تخسر(0.2%) من ناتجها المحلي الإجمالي . وكل ذلك بسبب تخصص الدول النامية في إنتاج وتصدير المواد الأولية بينما تركّز العولمة على حصص سلع و خدمات التكنولوجيا العالية في التجارة الدولية والتي تتعاظم ميزتها التنافسية . علماً بأن معاملات الإستيراد للصناعات القائمة في الدول العربية مثلاً من السلع الرأسمالية كالأجهزة والمعدات

ووسائل النقل قد إزدادت حتى بلغت أكثر من(40%)من إستيراداتها الكلية ، بينما لاتشكّل هذه السلع أكثر من(1%) من إجمالي صادرات هذه الدول.

وهنا في ظل العولمة يجري التمييز بين الفرص (أو المخاطر) المستمدة من العولمة والفرص (أو المخاطر) المستمدة من العالمية (عبر البلدان) Transnational في ظل العولمة تقّل الإستجابة للحاجات المحلية وتزداد بالمقابل الإستجابة للإستراتيجيات المتأتية من مراكز الإستقطاب الدولية ، فتستمر الصادرات في وتائرها المتصاعدة وتكون الصادرات الصناعية متركزة في نشاطات تجميعية وقطع الغيار.

وبجانب ذلك لايُنكر أن عند إنخفاض كبير في تكاليف إنتاج سلع معينة و بجودة عالية نسبياً في بلدٍ مثل تايلند تعمل المؤسسات الدولية كالشركات عبر الوطنية بتوجيه إستثماراتها لدعم الصناعات المنتجة لهذه السلع عن طريق المستلزمات المختلفة (الرأسمالية والتشغيلية) ولتعزيز صادراتها في الأسواق العالمية. وكل ذلك بما يرفع من الإرتباطات الإنتاجية (الأمامية والخلفية) للصناعات المعنية عبر بلدان العالم أكثر من أن تكون هذه الإرتباطات متمركزة في البلد المنتج وبالتالي فإن هذه الصناعات تستجيب لغيرات الظروف الدولية أكثر من إستجابتها لتغييرات الظروف المحلية . فمثلاً عند تصدير غالبية المنتجات وإستيراد غالبية المستلزمات يضعف دور المضمون المحلي .

بينما في المقابل ان الفرص (أو المخاطر) المستمدة من العالمية (عبر البلدان) تأتي لتضمن التوافق مابين حالتي التكافل العالمي والإستجابة المحلية بتجميع مزايا الحالتين. وهنا يمكن إقتباس الإبتكارات التكنولوجية والخبرات الإدارية والتجارية من مصادر خارجية والإعتماد على الموارد الداخلية خاصة بالنسبة للمواد الأولية وبعض المهارات، ومن ثم توجيه الإنتاج لإشباع الحاجات المحلية في المقام الأول وتعزيز الصادرات بشكل متدرج .

وتأتي الفرص المواتية من دعم وإستقرار المصادر المحلية وتوافق قيم وتوجهات الموارد البشرية المستخدمة . هذا بينما تتركز المخاطر من قلة عدد المشترين وصغر حجم مشترياتهم وعدم القدرة على تخفيض تنافسي للتكاليف ومن ثم للأسعار و صعوبات تمايز الإنتاج في الأسواق التنافسية .

كما وقد تبرز الفرص من قلة عدد المنشآت المسيطرة على الإنتاج والتسويق أو من ضعف تمايز منتجات تلك المنشآت المسيطرة على الإنتاج والتسويق أو من ضعف تمايز منتجات تلك المنشأت المتسمة بتكاليف متدهورة. بينما تأتي المخاطر من عدم السيطرة على التكامل العمودي وقلة الإعتماد على المنشآت المرتبطة .

وعلى أية حال أشار N.G.Porter في العام 1980 الى خمسة مخاطر والتي تأتي:

أ. من دخول منشآت جديدة الى الصناعة وإثارتها لضغوط تنافسية جديدة .

ب. من المجهزّين للمكائن والمعدات والأدوات والمواد الخام والسلع شبه المصنوعة وتامة الصنع الوسيطة حيث قد ينقلون التضخم المستورد و/أو يفرضون أسعار مساومة سوقية عالية أو يفرضون مستلزمات لاتتسّم بالكفاءة.

ت. من المشترين ، حيث يجعل صغر حجم المشتريات والعدد القليل للمشترين الطلب الفعلي مقيّداً مما يقلّل أو يتلافي وفورات السعة الكبيرة للإنتاج .

ث. ظهور البدائل وما يتركه التحول التكنولوجي للمنشآت المنافسة من ضغوط إضافية على حجم الطلب .

ج. القصور في بعض الخصائص التنافسية التي تتسّم بسرعة التغيير كمكوّنات الإنتاج وإنعكاساتها على تكلفة وحدة المنتوج .

وإذ ما أخذنا النقاط السابقة من زاوية الإقتصاد الكلي ، فقد ينقلب بعض المخاطر الى نقاط قوة في البيئة الداخلية لهذا الإقتصاد فمثلاً :

أ- أن دخول منشآت جديدة في صناعة ما قد يزيد من حدة المنافسة السوقية. وهذا ما يدفع أكثر نحو تعظيم الكفاءة الإنتاجية. كما وقد يزيد هذا الدخول من تنويع الإنتاج القومي بدلاً من تخصصه في منتوج ما بشكل رئيس أو في منتوجات محدودة ضمن الصناعة الواحدة.

ب- إن ظهور البدائل يعدُّ مجالاً خصباً أمام الإقتصاد الكلي لمزيد من الفرص في الإختيار الكفؤ والتنافس الكامل وتعدد قنوات الإرتباطات ضمن الصناعة الواحدة .

ت- ان سرعة تغيير المكونات الخاصة بالمنتوج قد تسهم في توسيع آفاق التحول التكنولوجي في الإقتصاد الكلي وقد تعمل على تنويع الطاقة الإنتاجية كما وقد تزيد من مجالات الطاقة الإستيعابية أيضاً .

غير أن هذه الحالات لا تعني بالضرورة أن مخاطر تنظيم الأعمال قد تكون نقاط قوة في البيئة الداخلية للإقتصاد الكلي ، خاصة وان تيارات العولمة تكشف غالبية مكوّنات الإقتصاد الوطني والإقليمي (والجهوي) والقطاعي والمؤسسي على الأسواق والمؤسسات والمؤثرات العالمية الأخرى . وهنا فإن قدرة إقتصاد ما على تحويل نقاط ضعف ومخاطر تنظيم منفرد للأعمال الى نقاط قوة وفرص لهذا الإقتصاد تتوقف على مدى تحقيق خطط التنمية الإقتصادية للتوازن الهيكلي .

الهوامش

1. راجع لمزيد من التفاصيل :

J.B. Barney and W.S.Hesterly; op.cit pp32-67 .

H.Macmillan and M.Tampoe ; op.cit , pp71-72 , 81-93 , 96-99 , 147-148 .

M.E. Porter, Competitive Strategy . The Free Press , New York , 1980 .

M.E.Porter , Competivite Advantage .

M.E.Porter , From Competitive Strategy to Corporate Strategy , Harvard Business Review , May-June 1987 .

H.I.Ansoff , et al ; From Strategic Planning to Strategic Management , John Wiley , London , 1976 .

H.I.Ansoff ; Strategic Management , Macmillan , London , 1982 .

H.I.Ansoff ; Corporate Strategic , penguin , London , 1987 .

Bradford and Duncan ; Simplified Strategic planning , Chandler House London , 2000 .

T.Kono ; (Changing a Company's Strategy and Culture) , in ; Long Range Planning , No.27.5 Oct 1994 PP 85-97

J.Forrah ; et al , Strategic Planning Foundation for Communities Association Research , Alexandria , 2001 .

هوشيار معروف ، القيادة والتنظيم ، ص ص43 – 44 .

هوشيار معروف / (العولمة ، مفهومها و أسسها ونشوءها وآثارها و مواجهتها)، ندوة موسعة لجمعية الإقتصاديين العراقيين ، بغداد 1998 .

http://www.netmbc.com / Strategic / process 19/03/2008 .

http://www.nsba.org /sbot/toolkit/sgno.html 19/03/2008 .

الفصل الخامس

صياغة الخطة الاستراتيجية

تعد هذه المرحلة تكنيكية بحتة، وهي تحمل تحديدا واقعيا وكميا أدق للأهداف والموارد وبكل مضامينهما (الفعلية) و(الكامنة).

وما يتطلبه ذلك من تطبيق أساليب تحليلية قياسية ووصفية وخلفيات علمية متعددة وخاصة اقتصادية على المستوى الكلي (للاقتصاد) واقتصادية وإدارية على المستوى الجزئي (للتنظيم).

وعليه يعالج هذا الفصل وفي أربعة مباحث الموضوعات الرئيسة الآتية:

المبحث الأول: تدرج الخطط وعملية الصياغة.

المبحث الثاني: التحول التخطيطي للمهمة الاستراتيجية.

المبحث الثالث: نماذج التخطيط الاستراتيجي.

المبحث الرابع: تقرير الخطة الاستراتيجية.

المبحث الأول

تدرج الخطط وعملية الصياغة [1]

أشرنا سابقا إلى أن الخطة الاستراتيجية قد تنحصر في منشأة أو شركة ما بغرض التفوق التنافسي في أسواق محلية و/أو دولية أو حتى في وظيفة من وظائف المنشأة مثلا في إدارة الإنتاج وبهدف تحويل النمط التكنولوجي من كثيف -العمل إلى كثيف- الرأسمال والأتمتة أو قد تتعلق هذه الخطة بتطوير منطقة ريفية نائية أو قد تخص مدينة أو محافظة معينة بالذات. غير أن الأهم في كل ذلك أن نميز بين عملية التخطيط الاستراتيجي وهي كعملية بعيدة المدى وخطط استراتيجية ثانوية أو مساندة وخطط تكتيكية والتي تكون عادة قصيرة أو متوسطة المدى، فمثلا إن توسيع منافذ التسويق والحفاظ على استقرار وتعزيز هذه المنافذ يخضع لعملية تخطيطية بعيدة المدى بينما تطوير إدارة الإنتاج في مثالنا السابق يمكن أن يتحقق في خطة استراتيجية ثانوية أو مساندة متوسطة المدى. وإعادة تصميم المنتوجات وتنويع استعمالاتها وتغيير بعض المواد الوسيطة. كل ذلك قد يعالج بخطط تكتيكية.

وتتدرج هذه الخطط وكثيرا ما في عملية تصاعدية من القاعدة إلى الأعلى Bottom-up وذلك بما يتوافق مع المبادئ الأساسية لعملية التخطيط الاستراتيجي نفسها والتي تؤكد في مراحلها الأولية على تقريري التباين والرؤية المستمدين أصلا من وقائع وأفكار وتطلعات كافة الأطراف أصحاب المصالح الأولى للمهمة الاستراتيجية المعنية.

وقد يكون هذا التدرج زمنيا من قصير الأجل إلى متوسط الأجل ومن ثم إلى طويل الأجل. أو قطاعيا من نشاط إنتاجي معين إلى مجموعة نشاطات منشأة ما وإلى صناعة وبالتالي إلى فرع وأخيرا إلى قطاع. أو إقليميا من موقع اقتصادي إلى

منطقة شبه إقليمية وانتهاء بإقليم إداري أو اقتصادي. أو مؤسسيا من شركة إلى منشأة ومن ثم إلى مؤسسة Corporation.

ومما يشار إليه هنا أن التدرج يستمر حتى يبلغ المجال المستهدف في عملية التخطيط الاستراتيجي. وهنا يتولى المختصون الاقتصاديون تنسيق الخطط المعدة بغرض إخراجها في خطة شاملة بعيدة المدى تتمحور حول هدف رئيس واحد في الغالب. وذلك بما يكفل التوازن ما بين طموحات أصحاب المصالح الأولى من جانب والطاقات (الفعلية) و(الكامنة) المقدرة لإنجاز الأهداف المستمدة من هذه الطموحات من جانب آخر.

ويتحقق هذا التدرج من خلال تشخيص دقيق للقوى والفرص المتاحتين مع تحليل المشكلات (أو الظواهر) وإقرار الأولويات والحاجات وتصميم النشاطات والفعاليات (والعينات) عند تخصيص الموارد (المتوفرة) و(الكامنة) ودعم البرامج والمشروعات التي تضمها بمجموعة من التشريعات والسياسات والإجراءات والنماذج والمقاييس والموازنات.

وإن الدقة العالية في الالتزام بتفاصيل الأبعاد التخطيطية (الزمنية والقطاعية والإقليمية والمؤسسية) ستنعكس فيما بعد على مرحلتي التنفيذ وتقويم المتابعة. وصدق من قال أن تخصيص دقيقة في صياغة الخطة يعادل عشر دقائق في تنفيذها ومثلها عند المتابعة والتقويم. وذلك لأن هذا الالتزام سيجنب الكثير من الهفوات بسبب الغموض أو الإهمال أو التعارض، كما وأنه يحافظ بل يعزز القيم الإيجابية في احترام الأوقات والجداول الزمنية المحددة. هذا فضلا عما يستتبع الالتزام المذكور الحرص على حماية الأموال المخصصة وعدم ضياعها أو تبذيرها وما يتمخض عن كل ذلك من ضمان أقصى العوائد أو أدنى التكاليف.

وهنا لابد من أن يتزامن مع الدقة في الالتزام بل ومن الأفضل أن يسبقها في الخطى تكريس المفاهيم الفكرية الحديثة وإحياء التراث الأخلاقي للمجتمع

المساند الذي يحتضن عملية التغيير وبما يضمن تعبئة الطاقات المتاحة وكشف الطاقات الكامنة وذلك في مسارات توافقية إيجابية وفاعلة ومتصاعدة للقيم الحضارية والروحية والمهنية والمادية في المجتمع.

ومما يسهم في تعاظم دور الدقة التخطيطية في إنجاز المهمة الاستراتيجية المحددة بكفاءة عالية هو التحديد الأدق للأهداف Targets فمثلا على مستوى تنظيم للأعمال قد تحدد زيادة عائد السهم الواحد بأكثر من (20%) سنويا وتحديث الإنتاج بإدخال منتوجات جديدة بما لا يقل عن (25%) سنويا وتقليل تكلفة وحدة الناتج بما لا يقل عن (15%) سنويا وتصدير ما لا يقل عن (40%) من الإنتاج الكلي السنوي.

وعلى مستوى الاقتصاد الكلي قد يقرر معدل نمو متوسط نصيب الفرد من الدخل القومي أو الإقليمي بما لا يقل عن (10%) سنويا ومعدل تكوين رأس المال الثابت الإجمالي بما لا يقل عن (15%) سنويا وتزايد حصة القطاع الصناعي التحويلي بأكثر من (25%) ونمو حصة القطاع الزراعي الحديث بأكثر من (15%) وتجاوز معدل نمو القطاع السكني بأكثر من (10%) على معدل نمو السكان خلال السنة الواحدة وتوفير فرص عمل للعاطلين عن العمل بما لا يقل عن ربع مليون فرصة سنوية.

ويجري التأكيد في هذه الأهداف بالإضافة إلى قابلية القياس على ما تحمله من تحولات جوهرية قابلة للتطبيق. وهذا ما يجعل من الضروري الاعتماد على خطط تكتيكية لتكريس فاعلية الطاقات المتاحة ولكشف الطاقات الكامنة بالإضافة إلى دورها في دمج الخطط الاستراتيجية في مستوياتها ومواقعها المتباينة وكذلك في تعزيز معدلات الإنجاز الأفضل فيما بعد.

وهكذا تسهم الخطط التكتيكية بدور نشيط في رفع كفاءة تدرج عملية التخطيط الاستراتيجي. ومما يكفل واقعية هذا التصور هو اعتماد سيناريوهات مخططة تقع

عادة ما بين حالة نموذجية مثلى وأخرى تتسم بتفاؤل أدنى وثالثة تعد وسطية. ولهذا الغرض يفضل أسلوب البدائل التخطيطية أو السيناريوهات على كافة الخطط الاستراتيجية الرئيسة والمساندة وكذلك على الخطط التكتيكية. وبذلك تزداد قدرات الاختيار وهو ما يمكن المخطط من تحقيق التفاعل ما بين التحليل الواقعي أو الإيجابي Positive Analysis الذي يهتم بـ (ما هو What is) والتحليل النمطي Normative Analysis الذي يتناول (ما لابد منه What ought to be) وهنا قد يفضل أسلوب التوقعات العقلانية Rational Expectations كأفضل طريقة لهذا التفاعل.

المبحث الثاني
التحول التخطيطي للمهمة الاستراتيجية
وأهمية تنسيق الخطط وتقييم مشروعاتها

يعالج هذا المبحث الموضوعات الرئيسة الآتية:

أولا/ تحويل المهمة الاستراتيجية الرئيسة إلى مجموعة من الخطط الاستراتيجية.

ثانيا/ أهمية تنسيق الخطط الاستراتيجية.

ثالثا/ تقييم الجدوى الاقتصادية لمشروعات الخطط الاستراتيجية.

أولا/ تحويل المهمة الاستراتيجية الرئيسة إلى مجموعة من الخطط الاستراتيجية[2]

إن هناك مؤسسات عديدة خاصة أو عامة تدعي بأنها تتبنى استراتيجيات معينة. غير أن المراقب لإنجازات هذه المؤسسات ومدى تطبيقها للاستراتيجيات المعلنة قد يكتشف بأن هذه الاستراتيجيات كانت مجرد تمنيات أو تأكيدات لأهداف محورية لتلك المؤسسات وذلك لأن الاستراتيجيات المعلنة لم تقترن بصياغات علمية دقيقة لخطط واقعية تعمل على ترجمة طموحات أصحاب المصالح في أي مجال كان إلى مسارات محددة من حيث تخصيص الموارد وأسبقية المشروعات وموازنات البرامج...وهذا ما يطبق على تنظيم خاص للأعمال وكذلك على تنظيم تخطيطي للدولة.

وهنا يفترض بالتنظيم المسؤول عن المهمة الاستراتيجية الاهتمام بالخطط الآتية:

1- خطط استراتيجية لتطوير الطاقات البشرية والتكنولوجية والطبيعية...الفعلية الخاضعة للإنتاج وذلك عن طريق تعزيز قدرات الاقتباس والابتكار التكنولوجيين خلال فترة المهمة الاستراتيجية وإدخالها في نشاطات الإنتاج، مما يضيف احتياطات جديدة (كامنة) إلى الطاقات المتاحة.

2- خطط استراتيجية للتطوير الإداري بما فيه الهيكل التنظيمي ومهمات القيادات ووظائف المنشأة. وما يحمله هذا التطوير من تطبيق مبادئ الإدارة الحديثة وخاصة بالنسبة لمطابقة المواصفات الوظيفية مع المؤهلات الشخصية ومنح الصلاحيات المتوافقة مع المسؤوليات وتحديد نطاق الإشراف والرقابة وكل ذلك بما يزيد من الاعتماد على الطاقات الأكثر إبداعا وإنتاجية في التنظيم والمجتمع.

3- وضع خارطة طريق Road Map للسنوات التي تغطيها المهمة الاستراتيجية، وذلك بما يحدد بدقة وحسب جداول زمنية تعد وفق أسس علمية واقعية (للتنبؤات القياسية)، تتضمن التطورات المستقبلية للإنتاج، وذلك بما يكفل:

أ- إدخال منتوجات جديدة وتجريبها من خلال بحوث تسويق متطورة ومستمرة وبما يضمن توافق هذه المنتوجات من حيث النوع والشكل والاستخدام مع تغيير الأذواق في كافة المناطق والبلدان من جانب ومع تقلب الظروف البيئية من جانب أخرى.

ب- استخدام مستلزمات جديدة من المواد و/أو السلع الوسيطة للإنتاج وذلك بما يعزز قدرة الشركة أو المنشأة على تطوير الجودة النوعية والبيئية وعلى تطويعها لتكاليف الإنتاج والنقل والاتصالات والخزن. فمثلا أن التحكم في هذه التكاليف قد ساعد اليابانيين على تبني نظام الطلب (في حينه تماما Just-in-time) والذي أسهم كتغذية خلفية إيجابية Positive Feedback

في تلافي تكاليف وخسائر التراكم المخزني وربط المستلزمات بالهدف واستتبع كذلك تعزيز المواصفات النوعية بشكل أكبر.

ت- تبني أساليب جديدة في الإنتاج وذلك من خلال التحول نحو السيطرة الإلكترونية (والأتمتة) مع إعطاء مجال كاف لابتكارات المنتسبين وتعزيز بيئة العمل.

ث- تخصيص موارد كافية لدعم وتطوير استراتيجي مخطط لمركز البحث

والتطوير (R&D) وذلك بما يزيد من الاعتماد على الذات في توليد الاختراعات والابتكارات، وهذا ما يسهم في أسبقية التنظيم المعني في إدخال التكنولوجيات الحديثة وتجاوز تكاليف براءات الاختراع والاقتباس من المصادر الخارجية.

4- توسيع نطاق أصحاب المصالح الأولى من عاملين ومساهمين وزبائن ومجهزين وباحثين وإعلاميين وأجهزة حكومية.

5- اعتماد خطة استراتيجية لتحقيق التوازن الديناميكي ما بين (التحصين الذاتي من التبعات الخاصة بالمخالفات التشريعية وبكافة تكاليفها المالية والمعنوية من خلال تعزيز استراتيجي للشفافية في كافة النشاطات والعمليات وتبني الرقابة الداخلية) من جانب و(الحفاظ على الرؤية الاستراتيجية في التفوق التنافسي للتنظيم أو في التحول الهيكلي للاقتصاد) من جانب آخر.

6- إعداد خطة استراتيجية إعلامية توجه حسب نطاق المهمة. تتضمن على مستوى تنظيمات الأعمال تغييرا سريعا أو تحديثا دائما في أساليب الإعلان والترويج وبمختلف الصيغ المدروسة والجذابة وذلك بالاعتماد على بحوث مستمرة للتغذية الخلفية لكافة البرامج الموجهة خلال مختلف وسائل الاتصال المتاحة.

كما ويفترض الاهتمام الجاد بالنقد الإعلامي المثار سواء كان ذلك من أصحاب المصالح المباشرة أو من الشركات المنافسة. وذلك لأن كثيرا من الملاحظات أو الانتقادات المنشورة على الملأ حول نشاطات التنظيم المعني ومهما كان الغرض وراءها قد تتسم بشيء من الحقيقة أو الواقعية مما يستدعي المعالجات السريعة...

وتتناول (هذه الخطة) على مستوى الاقتصاد الكلي توجيه الرأي العام واستقطابه لصالح عملية النمو أو التنمية المستهدفة. وهذا ما يتطلب أساليب حديثة في نشر الوعي القائم على النقد التحليلي بدلا من فرض قوالب فكرية جاهزة للنخبة السياسية الحاكمة أو المتنفذة.

ثانيا/ أهمية تنسيق الخطط الاستراتيجية

تبين سابقا أن الخطط الاستراتيجية تتدرج في مستوياتها أو مجالاتها، سواء كان ذلك لتنظيم ما أو لاقتصاد كلى. وتتباين هذه الخطط وتتعدد من حيث الزمن والقطاع والإقليم والمؤسسة وحتى النمط Pattern. فقد عالج الكاتب في أطروحته للدكتوراه (The Strategy of Industrialization in the Developing Economy and its Locational Consequences, Iraq is the case Study) عدة أنماط استراتيجية متقابلة للتصنيع: خفيفة وثقيلة، صغيرة وكبيرة، كثيفة -العمل وكثيفة- الرأسمال، معوضة للاستيراد ومعززة للتصدير. وقد اعتمد النظام الدولي للتصنيف الصناعي (IS IC) للوصول إلى كافة التقسيمات الرئيسة والثانوية...

وعلى مستوى تنظيم الأعمال هناك خطط استراتيجية لكل وظيفة من وظائف المنشأة، وذلك في وقت لا يمكن عزل أية واحدة من هذه الوظائف عن الأخرى. فمثلا لا يمكن معالجة وظيفة إدارة تطوير العاملين بمعزل عن وظائف إدارات التسويق والمشتريات والمالية والإنتاج والبحث والتطوير (R & D) وهناك

فإن خطة استراتيجية لتطوير العاملين تتطلب خططا تكاملية Integrated Plans أخرى مثلا:

1- خطة لتوفير الموارد المالية الكافية وبما يعزز قدرات المنشأة على التمويل الذاتي وبالتالي تجنب تمويل برامج التطوير عن طريق عجز الموازنة أي من خلال القروض وشروطها المقيدة لتلك البرامج.

2- خطة استراتيجية لإعادة تنظيم مواقع الكوادر والأجهزة ضمن خطوط إنتاج تتسم بكفاءة عالية من حيث الترتيب والنقل والاتصال.

3- خطة استراتيجية لتحفيز إدارة البحث والتطوير (R & D) واستيعاب نواتجها من الابتكارات المختلفة. مع توجيه هذه الإدارة إلى وضع خططها التكتيكية أو المساندة للإفادة من التكنولوجيات المقتبسة من الخارج وتطويعها أو تطويرها وذلك بما يتلاءم مع احتياجات المنشأة.

وهكذا تدعم خطة إدارة البحث والتطوير R & D خطة أخرى لإدارة الإنتاج في توفير المتطلبات الرأسمالية (من مكائن ومعدات وأدوات) الضرورية لتشغيل أصحاب المؤهلات التكنيكية العالية. فلا يحدث تعطل أو إهمال في الموارد البشرية ولا في الأجهزة الإنتاجية وترتفع ربحية النشاطات الموجهة للاختراعات والابتكارات. وتظهر وفورات تسهم في تخفيض تكلفة وحدة الناتج وخاصة عند استخدام خبرات وأجهزة وأنظمة وأساليب عالية التكاليف.

4- خطة استراتيجية لإدارة التسويق، يمكن من خلالها الإفادة القصوى من كوادر البحوث التسويقية وكذلك من خبراء الإعلان والترويج وتطوير المنتوج. فتعزز مواقع هؤلاء من خبراتهم التطبيقية. وهذا ما يكفل في النهاية تفاعلا إيجابيا لعمليات الإنتاج والبحث والتطوير والتسويق مما يزيد من جانب في كفاءة مشروعات تطوير الموارد البشرية ويحقق من جانب آخر التوافق الضروري

بين المنتجات النهائية (من حيث النوع والنوعية والتغليف والترويج والسعر) وبين أذواق وإمكانات وطموحات (تفضيلات) الزبائن.

الشكل (1-5)

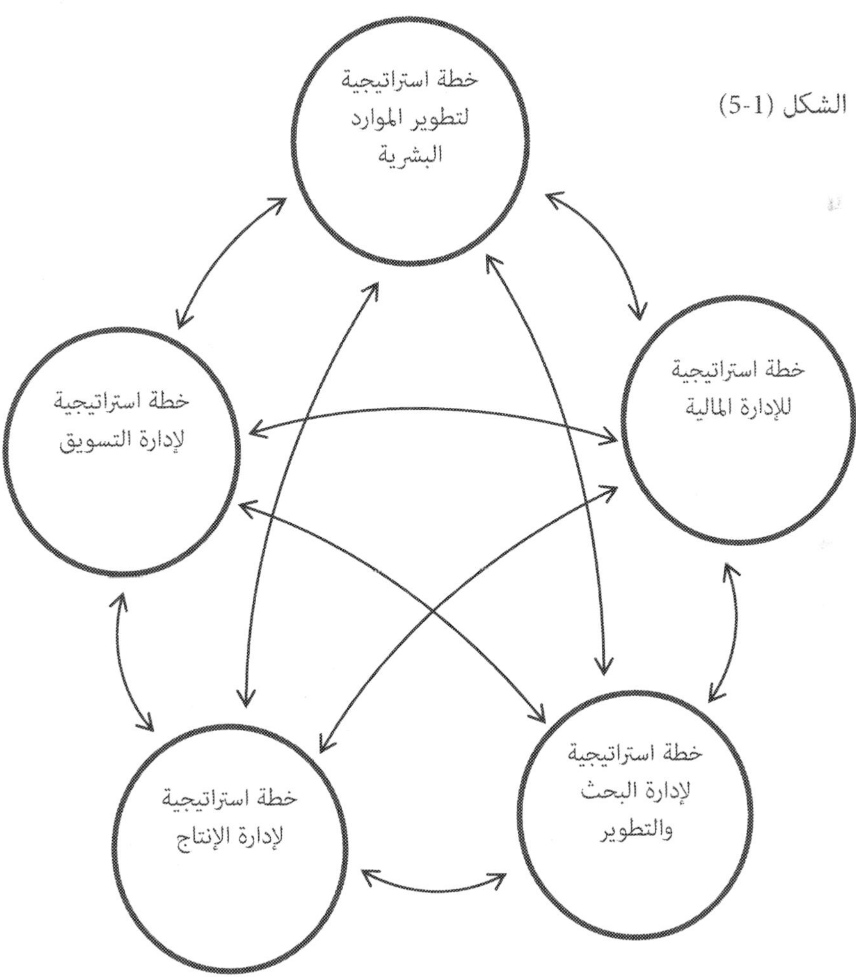

(تنسيق خطط استراتيجية لوظائف المنشأة)

وعلى أية حال تسهم عملية تنسيق الخطط الاستراتيجية (والمساندة والتكتيكية) في تحقيق نتائج إيجابية عديدة على كافة المستويات الجزئية والكلية للاقتصاد، نذكر منها:

1- رفع كفاءة أداء وظائف المنشأة في التنظيمات المسؤولة عن إعداد وتنفيذ وتقويم متابعة عملية التخطيط الاستراتيجي، حيث تتوفر وتتعزز مقومات هذه الكفاءة من الداخل وفي ظل بدائل الحاجات والطاقات والتعديلات الخاصة بالتنظيمات المعنية نفسها.

وفي هذا السياق أيضا أن عملية تنسيق الخطط الاستراتيجية لوظائف المنشأة تقلل كثيرا من تكاليف تسيير وتطوير هذه الوظائف وخاصة من خلال الوفورات المتعددة التي تخلقها لكل تنظيم وفيما بين التنظيمات المتباينة.

2- تعزيز انتمائية العاملين. ومما يزيد من هذه الميزة لتنسيق الخطط الاستراتيجية هو اعتماد خطط تكتيكية لرفع درجات تأهيلهم لوظائف أو لنشاطات متعددة، وذلك بما يسهم في زيادة المرونة المهنية والمهاراتية لكافة التكنيكيين وهو ما يساعد مستقبلا على تجاوز حالات البطالة الاحتكاكية كما ويعمل على تجاوز التنظيم لأي تعطل في أي موقع وظيفي بسبب ارتفاع معدل دوران العمل أو إدخال تكنولوجيا حديثة.

3- توحيد توجهات وطموحات الفئات ذات المصالح الأولى في المهمة الاستراتيجية وذلك في الخطة التركيبة للخطط الاستراتيجية المتعددة ستكون الخطة الوحيدة التي ستعالج هدفا محوريا رئيسا ومشتركا لكافة هذه الفئات.

4- إن التنسيق يحقق توافقا ديناميكيا بين تغيير الطاقة الإنتاجية وتغيير الطاقة الاستيعابية سواء كان لكل قسم من أقسام التنظيم الواحد أو لكل تنظيم من التنظيمات المسؤولة عن عملية التخطيط الاستراتيجي في الاقتصاد الكلي. فمثلا عند تنفيذ الجامعات والمعاهد ومراكز التدريب لخططها الاستراتيجية في

إعداد الكوادر الهندسية المختلفة فإن تنسيق هذه الخطط مع الخطط الاستراتيجية للمنشآت الإنتاجية ومراكز البحث والتطوير لاستيعاب وتطوير المزيد من الموارد البشرية يضمن توازن عرض العمل الماهر مع الطلب عليه فتزداد فرص تطبيق وتعزيز المهارات الجديدة ويتجاوز التنظيم أو الاقتصاد ظاهرة البطالة الاحتكاكية.

ولا شك أن إهمال هذا التنسيق سيؤدي إلى ترك جانب هام من المهارات المكتسبة للنسيان وذلك بعد فترة قد لا تطول كثيرا أو سيسبب ذلك في ترك أصحاب الكفاءات المعنية لوظائفهم السابقة وقد يتجه بعضهم إلى منشآت منافسة في حالة تنظيم للأعمال أو إلى خارج البلد أو الإقليم فتتفاقم ظاهرة تسرب العقول Brain Drain. وكل ذلك قد يترتب عليه تبذير كبير للأموال وارتفاع ملموس في التكاليف وتدهور في المواقع التنافسية للمنشآت المعنية أو في معدلات نمو أو تنمية الاقتصاد الكلي.

ثالثا/ تقييم الجدوى الاقتصادية لمشروعات الخطط الاستراتيجية[3]

لا يمكن شمول الخطط الاستراتيجية بأي مشروع لا يخضع لتقييم علمي كمي دقيق لربحيته التجارية الخاصة و/أو الاقتصادية العامة. ولمزيد من التفاصيل، راجع مؤلفنا:

دراسات الجدوى الاقتصادية وتقييم المشروعات، دار صفاء، عمان، 2004.

ونشير هنا إلى المعايير والمؤشرات المتعلقتين بهذا التقييم:

1- معايير الربحية التجارية الخاصة.

2- معايير الربحية الاقتصادية العامة.

3- مخاطر المشروع وتحليل الحساسية.

4- تحديد الإطار الاستراتيجي لدور المشروع الاستثماري.

1- معايير الربحية التجارية الخاصة

أ- معيار فترة استرداد التكاليف الأولية للاستثمار (PP) [Payback (or Recoupment) Period]

$$PP = \frac{\text{مجموع التكاليف الأولية للاستثمار}}{\text{العائد الصافي السنوي}}$$

ب-معيار العائد البسيط (SRR) Simple Rate of Return

$$SRR = \frac{\text{المتوسط السنوي للعوائد الكلية}}{\text{المتوسط السنوي للتكاليف الكلية}}$$

ت-معيار القيمة المضافة الحالية (NPV) Net Present Value

NPV = مجموع التدفقات النقدية الصافية (الداخلة-الخارجة) المخصومة خلال فترة عمر الجهاز الإنتاجي (المفترض).

$$NPV = \frac{CF_0}{(1+r)^0} + \frac{CF_1}{(1+r)^1} + \frac{CF_2}{(1+r)^2} + \ldots\ldots\ldots\ldots$$

CF = التدفقات النقدية الصافية خلال السنة (t):

$t = 0, 1, 2, \ldots n$

r = معدل الخصم

ث-معدل العائد المخصوم/التكلفة المخصومة (BCR) Benefit/Cost Ratio

$$BCR = \frac{\sum R_t \left[\frac{1}{1+p}\right]^t}{\sum C_t \left[\frac{1}{1+r}\right]^t}$$

Rt = العوائد الإجمالية خلال الفترة (t)

Ct = التكاليف الإجمالية خلال الفترة (t)

P = معدل الخصم (معدل التضخم عادة)

r = معدل الخصم (سعر الفائدة عادة)

ج-المعدل الداخلي للعائد Internal Rate of Return (IRR)

$$IRR = r_1 + \frac{(r_2 - r_1)NPVr_1}{NPVr_1 - NPVr_2}$$

r_1 = معدل الخصم الأدنى

r_2 = معدل الخصم الأعلى

$NPVr_1$ = القيمة الحالية الصافية عند المعدل الأدنى للخصم.

$NPVr_2$ = القيمة الحالية الصافية عند المعدل الأعلى للخصم.

2-معايير الربحية الاقتصادية العامة

أ-القيمة المضافة ومعدل التصنيع: أن القيمة المضافة هي مجموع مكافآت عناصر الإنتاج (تعويضات المشتغلين زائدا الدخول الرأسمالية: الفوائد والإيجارات والأرباح) أو هي القيمة الكلية للإنتاج ناقصا قيمة المستلزمات الوسيطة.

وأن معدل التصنيع هو نسبة القيمة المضافة إلى قيمة الإنتاج.

ب-توزيع الدخل القومي واتجاهات تراكم رأس المال

أن اتجاه هذا التوزيع نحو حصص الفوائد والإيجارات والأرباح سيزيد من تراكم رأس المال وذلك لارتفاع ميل الادخار (والاستثمار) لدى الشرائح أصحاب هذه الحصص.

ت-النمط التكنولوجي بين تكثيف رأس المال واستيعاب القوى العاملة

يمكن تحديد نمط الكثافة النسبية للعنصر الإنتاج بطرق مختلفة، منها:

1- تنسيب تكلفة أحد عنصرين إلى تكلفة العنصر الآخر.

2- تنسيب مرونة إنتاج أحد عنصرين إلى مرونة إنتاج العنصر الآخر.

ث- الميزان التجاري وميزان المدفوعات والصرف الأجنبي

يقوم الميزان التجاري على العلاقة بين تجارتي الصادرات و الاستيرادات المنظورتين بينما يعتمد ميزان المدفوعات على حسابات الحقوق والديون ويتحدد الصرف الأجنبي بعدد وحدات العملة الوطنية مقابل وحدة واحدة من عملة أجنبية أو بالعكس.

ولا شك أن لمشروعات الخطة الاستراتيجية انعكاسات عديدة قد تكون متباينة تجاه كل من الميزان التجاري وميزان المدفوعات والصرف الأجنبي، فهناك من المشروعات ما يمكن له أن يسهم في زيادة فوائض الميزانين المذكورين وبالتالي ينعكس إيجابا على قيمة العملة الوطنية وذلك بسبب اعتماده الأكبر على الموارد المحلية. وبالمقابل هناك مشروعات تعتمد على الموارد الأجنبية بمعدلات عالية جدا مما يزيد من الصعوبات للميزانين السابقين فتسهم جزئيا في الضغط على قيمة العملة الوطنية في سوق الصرف الأجنبي.

ج- معايير أخرى للجدوى الاقتصادية:

هناك معايير عديدة تكشف عن دور مشروعات الخطة الاستراتيجية في تكثيف الارتباطات الإنتاجية الأمامية والخلفية والكلية) وفي تعظيم الكفاءة التنافسية والجودة النوعية والسلامة البيئية..

3- مخاطر المشروع وتحليل الحساسية

إن من الضروري تحديد درجة المخاطر الاستثمارية المتوقعة وذلك بغرض تقييم البدائل المتاحة من حيث مستويات التأكد. ونشير هنا إلى بعض المعايير:

أ- مجال التفاوت Range of Variability

$$\Leftarrow \frac{\text{أعلى تفاوت} - \text{أدنى تفاوت}}{\text{أعلى تفاوت}}$$

ب-متوسط الانحراف المطلق (Mean of Absolute Deviation (MAD

$$MAD = \sum Pi \mid CFi - CF \mid$$

$\sum Pi = 1$ = مجموع نسب الأوزان أو الاحتمالات.

CFi = التدفقات النقدية الصافية خلال فترة عمر الجهاز الإنتاجي.

CF = المتوسط السنوي لـ (CFi)

ت-الانحراف المعياري (Standard Deviation (SD

$$SD = \sqrt{\sum P_i (CF_i - CF)^2}$$

ث- معامل التباين (Coefficient of Variance (CV

$$CV = \frac{SD}{CF}$$

ج- درجة الحساسية Degree of Sensitivity

وهـي معـدل اسـتجابة القيمـة المقـدرة لجـدوى المشرـوع بموجـب أحـد المعـايير المعتمـدة للتغييرات التي تحدث في أحد المتغيرات المستقلة لهذه القيمة.

4- تحديد الإطار الاستراتيجي لدور المشروع

إن تحديد الدور الاستراتيجي للمشروع المقترح في الخطة يعد منطلقا أساسيا لتقييم جدواه، وذلك حيث يعمل هذا المشروع على تعزيز نشاطاته ضمن أحد المجالات الاستراتيجية الآتية:

أ- المشاركة الفعالة في عملية التحول الاقتصادي (الهيكلي) و (النمطي).

ب- اقتحام الأسواق الدولية ومنافسة المشروعات الأخرى.

ت- الحفاظ على مواقع تسويقية تم تحقيقها سابقا.

إن الانتقال بالمجـال الاسـتراتيجي للمشرـوع مـن المشـاركة الفعالـة إلى اقتحـام منافـذ تسـويقية جديدة ومن ثم إلى الحفاظ عـلى فـرص قائمـة للتسـويق يعنـي التحـول مـن اسـتراتيجيات تعظـيم مراكـز السيطرة الاقتصادية (الإنتاجية والتسـويقية والماليـة) إلى فـتح نقـاط المواجهـة التنافسـية واقتنـاص بعـض المشروعات الأخرى ومن ثم إلى استجابة المشروعات لمؤثرات السيطرة السوقية والاكتفاء بتكريس الحصـص السابقة في الأسواق المعتمدة.

وتتباين المجالات الثلاثة السابقة من حيث:

أ- متطلبات التنفيذ

ب- أسس التأثير

ت- معدلات الربحية

ث- مستويات الأمان

وهنا يمكن تمييز الحالات الآتية:

أ- بالنسبة للمجال الاستراتيجي الأول المتعلق بالمشاركة الفعالة تعطى الأولوية للاحتياطات الكامنة كمتطلبات التنفيذ وتشمل أسس التأثير غالبية العلاقات الهيكلية والبيئية، وتطبق الدالة اللوجستية على معدلات نمو الربحية حيث تمر هذه المعدلات بثلاث مراحل متتابعة: منخفضة نسبيا ، مرتفعة ، منخفضة مستقرة.

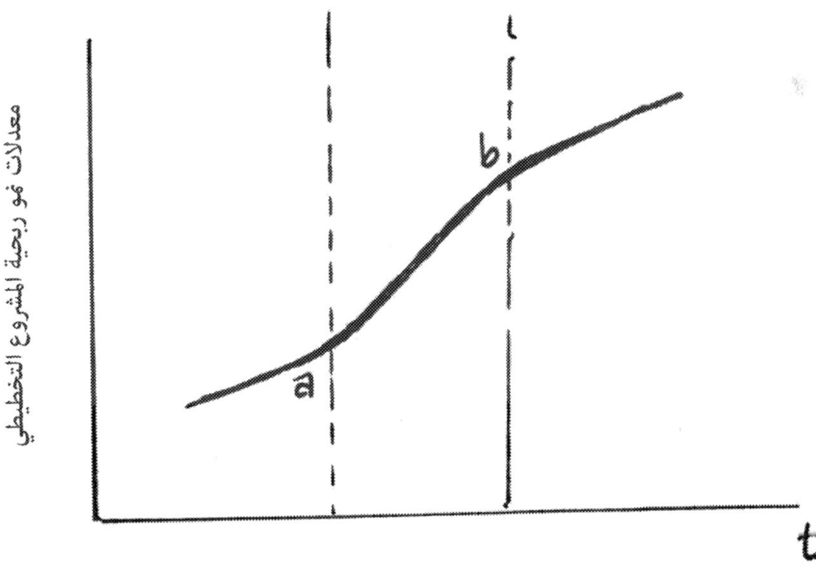

وتدفع التكاليف العالية للمجال المعني إلى دراسة دقيقة للمخاطر الاستثمارية وبما يفضي إلى حالة من التأكد فترتفع مستويات الأمان.

ب- بالنسبة للمجال الاستراتيجي الثاني (اقتحام الأسواق) لابد من تحقيق نوع من التوازن بين الاحتياطات الكامنة والاحتياطات الظاهرة كمتطلبات التنفيذ، وتتناول أسس التأثير المنافذ التسويقية الجديدة ومواقع الدعم. وتمر معدلات الربحية بمرحلتين رئيسيتين للنمو في المرحلة الأولى تستنزف تكاليف تطوير المنتوج والإعلان والترويج جزءا كبيرا نسبيا من الإيرادات وفي المرحلة الثانية تستقر عملية الاستحواذ على منافذ مهمة فتظهر الوفورات الداخلية والخارجية فترتفع الربحية. ويتسم المجال المعني بمستويات عالية نسبيا من الأمان عندما هناك خطة استراتيجية تدعم عمليات الاستقرار مع وجود بدائل متعددة ومعلومات كافية. وهنا كلما استمر التيقظ مع عملية الاقتحام يزداد الأمان أكثر.

ت- وبالنسبة للمجال الاستراتيجي الثالث (الحفاظ على المواقع التسويقية التقليدية) تعطى الأولوية للاحتياطات الفعلية أو الظاهرة وتنحصر أسس التأثير في نطاق ضيق خاص بمواقع محددة بالذات. وتتسم معدلات الربحية بالاستقرار والاعتدال، ويسود الأمان والتأكد بدرجات عالية نسبيا.

ولا شك إن لكل مجال استراتيجي هناك أساليب خاصة للتشخيص والتنبؤ: فبالنسبة للمجال الخاص بالمشاركة الفعالة في التحولات الهيكلية يمكن التأكيد على أسلوب المقاطع العرضية خلال السلاسل الزمنية Panel Data والتي تسمح بإدخال تعديلات على الاتجاهات المستمدة من كل مرحلة زمنية. كما ويمكن استخدام البرمجة الخطية للكشف عن بعض النشاطات المهملة واختيار أكثر النشاطات كفاءة. وقد يكون الاعتماد على أسلوب التوقعات العقلانية أمرا ضروريا أيضا.

وبالنسبة لمجال اقتحام الأسواق يمكن تبني نماذج الألعاب Game Models والتي قدم أسسها النظرية Von Neumann و O. Morgenstern في العام 1944.

وفي حالة الحفاظ على مواقع التسويق التقليدية يمكن الاعتماد على أي أسلوب للتعظيم المقيد لقيمة الدالة.

المبحث الثالث

نماذج التخطيط الاستراتيجي[4]

يحمل التخطيط الاستراتيجي مجالا واسعا للاجتهاد الفكري للباحثين والمخططين. وعليه ظهرت نماذج عديدة. نشير فيما يأتي إلى بعضها بشيء من التركيز:

أولا/ نموذج تخطيط الاستراتيجيات المتناغمة على خط مستقيم

Line-Tune Strategies

يعتمد هذا النموذج على فرضية العلاقة الخطية التي تجعل معدلات التغير ثابتة. سواء كان ذلك ما بين مراحل بناء الخطة أو ما بين الخطط المختلفة. فإن هناك علاقة خطية مباشرة ما بين التحديد الأولي للاحتياطات (الفعلية) و (الكامنة) للموارد ورؤية التنظيم أو الاقتصاد تجاه الهدف الاستراتيجي الرئيس لعملية التغير. كما وأن هناك علاقة مستقيمة أيضا ما بين صياغة الخطة وتنفيذها ومن ثم ومتابعتها وتقويمها أخيرا.

وهنا تكون العلاقة تناسبية مباشرة بين حالة معينة وأخرى سابقة وبالتالي حيث يكون التغير ثابتا في معدله فإن عنصر التأكد في التحديد الكمي للهدف المستقبلي يكون أكثر وضوحا أي تكون اتجاهات التغيير المخطط معروفة مسبقا. ولا يظهر تسرب أو نقص أو فائض غير مخطط ما بين مدخلات عمليات الإنتاج ومخرجاتها.

وعليه تعتمد البرمجة الخطية Linear Programming وقد تكون لثلاث حالات: نشاطات Activities ومواقع Spaces وتنظيمات Organizations ونستمد من كل تطبيق للبرمجة الخطية ولأي من هذه الحالات القيم القصوى (للإيرادات) والقيم

الدنيا (للتكاليف) وكذلك أسعار الظل أو التكاليف الفرصية. ومن ثم يمكن تنسيق تطبيقات البرمجة للحالات المذكورة.

ثانيا/ نموذج التخطيط القائم على قضية أو هدف

Issue or Goal-Based Model

يجري التركيز في هذا النموذج على موضوع محدد بالذات مثلا توسيع حصة السوق في بلد مجاور مثل معجون الطماطة. فتكون القضية التسويق والهدف خلق منفذ لتصريف معجون الطماطة. وهناك تعد الخطة الاستراتيجية حسب مراحلها:

1- مسوحات سوقية للمنتوج المعني في البلد المستهدف. وذلك بما يفضي إلى تحديد كيفية تحقق الواقع السائد من حيث كميات العرض والطلب والشركات المنافسة ومناشيئها والأسعار السائدة والتشريعات والسياسات والإجراءات المعتمدة ومعدلات الدخول واتجاهات الأذواق (وتفضيلات المستهلكين) والمؤثرات الخارجية ومرونات الطلب والإحلال...

2- بيان الرؤية وتحديد واقع البيئتين: الداخلية والخارجية للمنشأة المخططة (وحسب المهمة أن كانت خاصة بتنظيم معين بالذات أو بمجموعة من التنظيمات، فيتم تشخيص عناصر SWOT. أي تحدد نقاط القوة والضعف في بلد المنشأ باعتباره البيئة الداخلية والتي قد تكون بالنسبة للتكلفة التنافسية وضغوط الطلب المحلي ومؤثرات التشريعات والسياسات والإجراءات (الإدارية)، والفرص المواتية والمخاطر المتوقعة عند مواجهة قوى السوق لنفس المنتوج في البلد المستورد باعتباره البيئة الخارجية.

وكل ذلك يدعم بتحليل كمي لتشخيص نهائي للرؤية.

3- صياغة خطط دعم لإنجاز المهمة والتي تتعلق بكل من:

أ- دعم حكومي: مثل إعفاءات ضريبية، قروض بدون فوائد أو بفوائد متدنية جدا، منح تصدير، تدريب كوادر ضرورية على نفقة الحكومة أو بالاعتماد على مؤسساتها التعليمية والتدريبية، تقديم استشارات من الدوائر المختصة وخاصة الملحقيات التجارية...

ب- دعم مالي من المؤسسات الائتمانية كتقديم تعهدات مصرفية وتسهيلات قروض بفوائد خاصة وتأمين عمليات الشحن والنقل والخزن...

ت- ازدواجية الأسعار حيث يكون سعر السلعة في الداخل أعلى مما هو في البلد المستهدف.

ويفضل وضع خطط سيناريوهات للخطة الاستراتيجية الرئيسة لخلق منافذ التسويق المستهدفة وكذلك للخطط التكتيكية.

4- تحديث الرؤية من خلال القيم السائدة سواء كانت بالنسبة للعلاقات المؤسسية أو للتنافس السوقي ومن ثم يتم اختيار البديل الوحيد فتنفرد خطة واحدة للاستراتيجية المقررة، مع تحديد الموارد والأدوار والمسؤوليات الخاصة بالإنجاز.

5- إعداد خطط عمليات سنوية للخطة الاستراتيجية بعيدة المدى. وتتدرج هذه الخطط حتى تبلغ كافة وظائف المنشأة.

6- تمر الخطط الأخيرة بالمراجعة والتقويم من خلال خطة تفصيلية للرقابة. وكل ذلك بما يتوافق مع الخطة الاستراتيجية بعيدة المدى.

ثالثا/ النموذج العضوي أو ذاتي التنظيم للتخطيط الاستراتيجي

Organic or Self-Organizing Model

يعتمد هذا النموذج على المراجعة المستمرة وإجراء تحليل SWOT مع كل مرحلة. وبذلك تصبح الخطة الاستراتيجية مرنة جدا وقابلة للتعديل الذاتي مع أي تغيير يحدث في الظروف التي تواجه المهمة الاستراتيجية.

ويتطلب ذلك توضيح وتعزيز للقيم الثقافية التنظيمية ولكفاءة عناصر الخطة المعتمدة وظروفها الداخلية والخارجية. وهنا تتعدل هذه القيم من خلال الحوار الهادف والحر لكافة الأطراف ذات المصالح الأولى بما فيها القادة والعاملين وذلك لتتطابق الرؤية المعتمدة مع روح الفريق والعمل الجماعي. ويقتضي هذا التوجه التعديل المستمر مع بروز نقاط قوة جديدة أو مع الكشف عن فرص أو إمكانات إيجابية تسهم في إزالة نقاط الضعف وعدم التأكد. وهذا واضح عندما يؤدي تحول الاحتياطات الكامنة للموارد إلى احتياطات فعلية خاضعة للاستثمار إلى رفع سقف الهدف الاستراتيجي.

وعليه من الضروري حسب هذا النموذج أن يتسم المخطط بالصبر والمرونة والتركيز على ما يعزز تنويع وتطوير الكفاءات الإنتاجية للكوادر العاملة وذلك من خلال التعليم والتدريب واستقصاء التغذية الخلفية الإيجابية للخطط الاستراتيجية بالنسبة لأصحاب المصالح الأولى.

رابعا/ نموذج التخطيط الاستراتيجي للتنظيمات غير الهادفة إلى الربح

Non-Profit Organization Model

تتباين التنظيمات غير الهادفة إلى الربح ما بين مؤسسات حكومية وأخرى (خاصة أو تعاونية) محلية أو تابعة لتشكيلات أو ترتيبات أجنبية أو لهيئات دولية. وبالتالي لكل تنظيم فلسفته وثقافته ومن ثم رسالته. وهذا ما يقتضي تحديد الرؤية

وإعادة تعريفها حسب ظروف التنظيم المعني، وبما يتوافق مع تحليل وتحديث المعلومات المتوافرة لدى المخططين.

وهنا لابد من الاعتماد على تحليل SWOT بغرض تشخيص الفجوات القيمية الحرجة بين واقع التنظيم المعني ومستقبله خاصة وأن هذه الفجوات تتسع مع تفاقم مشكلات التمويل وذلك لأن مثل هذا التنظيم يعاني غالبا من قصور في الموارد المالية كنقطة ضعف رئيسة. هذا فضلا عن حالات عدم التأكد التي تخلق صعوبات من البيئة الخارجية كمخاطر تهدد خطط التنظيم. وهو ما يتطلب تعبئة مخططة لروح الفريق والاندفاع الذاتي للأعضاء أو المنتسبين بغرض تجاوز بعض الصعوبات المالية والمادية الأخرى.

وهكذا يفترض لإعادة الرؤية القيام بالإجراءات الآتية:

1- دمج أطراف المصلحة الأولى بالخطة الاستراتيجية. وهذا ما يتحقق من خلال المشاركة الجماعية لأعضاء التنظيم غير الهادف إلى الربح والعاملين فيه كتقليد أساس لأي تنظيم طوعي، وذلك مقارنة بالتنظيمات الأخرى (الهادفة إلى الربح) والتي ترتبط المشاركة فيها بتوجهات الإدارة العليا وقناعاتها وحسب.

2- تنظيم مسح بيئي شامل لظروف المجتمع وموارده وخصائصه المؤسسية. وهنا يجري التركيز على الإمكانات المالية وكيفية ضمان موارد كافية.

ويفضل في هذا المجال إعداد خطة استراتيجية للتمويل الذاتي ودون المساس بالمبدأ الرئيس في عدم البحث عن الربحية كباعث لعمل التنظيم.

3- دعم خطة التمويل الذاتي بترتيب الأولويات الخاصة بمشروعات التنظيم المعني وذلك بما يحفظ الموارد المتاحة من الاستنزاف وهذا ما يستلزم تكريس القيم غير المادية لهذا التنظيم.

ولاشك أن الترتيب المذكور للأولويات يعتمد على الإجابة على بعض الأسئلة والتي منها: ما هي مصادر الموارد المطلوبة؟ وكيف يمكن الاعتماد على هذه المصادر؟ ومتى وأين تتوفر الموارد الضرورية؟

خامسا/ نموذج التخطيط الاستراتيجي بأسلوب Hoshin

إن كلمة Hoshin يابانية تدل على (توجيه Direction). واستخدم هذا الأسلوب لأول مرة في العام 1976 من قبل Hewlett - Packard.

إن المبدأ الرئيس الذي تقوم عليه خطة Hoshin هو (أن أفضل أسلوب لبلوغ النتيجة المرغوبة هو فهم كافة العاملين للاتجاه طويل الأجل وربط جهودهم لتحقيق الرؤية بخطة محددة تخضع لرقابة مستمرة).

وتتضمن خطة Hoshin تشخيص القضايا الحرجة التي تواجه التنظيم المسؤول عن الخطة وكيفية مواجهة هذه القضايا بخطط استراتيجية أو مساندة أو تكتيكية، حيث يحدد لكل خطة هدف بغرض معالجة قضية معينة.

كما وتشمل الخطة المذكورة وضع الإجراءات الكفيلة بإنجاز العمليات والنشاطات الموجهتين نحو تحقيق الهدف الاستراتيجي العام. فتتدرج الخطط نحو هذا الهدف وتراقب بشكل يومي وذلك كلما تعززت الثقافة المؤسسية.

ولهذا الغرض يعد جدول أساسيات الأعمال (BF Table or Business Fundamentals Table) الموجه نحو نشاطات تتسم بإنتاجية أكثر للقيمة المضافة أي بأعلى معدلات التصنيع. فتتم جدولة المعلومات بالأوقات والمعدلات وشروط الجودة.

سادسا/ نموذج الالتزام بالسوق The Market Commitment

اقترح هذا النموذج في العام 1997 من قبل K. Silver وهو يخص تنظيما للأعمال واستراتيجية في مواجهة مخاطر تنافسية مستمدة من البيئة الخارجية لهذا

التنظيم، مع كيفية إعداد الخطة الاستراتيجية بعيدة المدى لكسب الميزة التنافسية من خلال فهم عميق لتفضيلات الزبائن وتشخيص احتياجاتهم الحقيقية. وهذا ما يكون من خلال متابعة مستمرة للأسواق التي يدخلها التنظيم عن طريق مسوحات متكررة للفرص والمخاطر في هذه الأسواق.

علما بأن الميزة التنافسية تقاس عادة بالفرق بين القيمة المضافة التي يخلقها تنظيم ما وما تحققه التنظيمات المنافسة. فحددت المحاور الآتية للميزة التنافسية ضمن الخطة الاستراتيجية للتنظيم.

1- السعر وبضمنه هامش منخفض للربح.

2- اقتحام نشط للسوق يمهد له ويقترن أيضا بتحسين خصائص المنتوج وتعقيد أجزائه وبالأسبقية في الابتكارات الجديدة خاصة في إدخال تصاميم جديدة متميزة وجذابة تتسم بالاستجابة السريعة لتغييرات الطلب وبالتنويع في الاستعمال بالإضافة إلى الإفادة من مزايا التكامل العمودي خلال سلسلة القيمة.

المبحث الرابع

تقرير الخطة الاستراتيجية [5]

يتناول هذا التقرير الموضوعات الآتية بتركيز شديد:

أولا/ الإطار الفلسفي والفكري والثقافي لعملية التخطيط.

ثانيا/ تحول الأهداف والموارد.

ثالثا/ القيود والمحددات والشروط.

رابعا/ تغييرات البيئة (الداخلية والخارجية).

خامسا/ السياسات والتشريعات والإجراءات.

سادسا/ الأساليب (الكمية والوصفية) التحليلية.

سابعا/ بدائل البرامج المعدة.

ثامنا/ التنظيمات المسؤولة عن التنفيذ والمتابعة والتقويم.

أولا/ الإطار الفلسفي والفكري والثقافي لعملية التخطيط

يحدد نوع التنظيم الذي يكون مسؤولا عن عملية التخطيط إن كان خاصا ويعمل بغرض الربح أو كان عاما خدميا أو خاصا أو تعاونيا أو خيريا لا يهدف إلى الربح أو فيما إذا كان التنظيم المعني مختصا بعملية التخطيط لإحداث تغيير استراتيجي في مجال اقتصادي كلي (وطني أو إقليمي أو قطاعي أو مؤسسي).

وإن لكل واحد من هذه التنظيمات اتجاها فلسفيا يقود مبادراته ونمطا فكريا يحدد خياراته وخلفية ثقافية تقرر قدراته التكنيكية.

فيما يخص الاتجاه الفلسفي فأنه يكون المحدد الأساس للدولة في اختيارها للنظام الاقتصادي. وهنا يجري التمييز عادة بين الحالات الآتية:

1- ملكية الدولة وسيطرتها على وسائل الإنتاج فيظهر نظام توليتاري يتبنى التخطيط المركزي الإلزامي الشامل. فيكون التنظيم المسؤول عن التخطيط المؤسسة المعتمدة لدى السلطات القائمة (التنفيذية والتشريعية والقضائية) التي عادة يقودها حزب واحد. فتكون كافة التحولات الاستراتيجية لصالح أهداف الجهة القيادية وتنتفي هنا المبادرات الفردية ويتلاشى باعث الربح الخاص. ويكون التنفيذ التزاما تشريعيا من كافة الأطراف المسؤولة عن هذه المهمة. وفيما يخص التقويم فأن الشعار المفروض في الغالب هو نفذ ثم ناقش!

ومنذ بداية الستينات ومع موجة الحركات الإصلاحية في الاتحاد السوفيتي السابق ودول أوروبا الشرقية ظهرت تنظيمات فردية وفي نطاق استمر محدودا حتى سقوط الأنظمة المذكورة في بداية التسعينات. ورغم اختلاف التوجه الفلسفي لهذه التنظيمات إلا أن التشريعات القائمة آنذاك قد قيدت حرية المبادرات الخاصة إلى حد كبير في كثير من الدول المعنية وبالتالي كان من الصعب ضمن القيود السائدة إعداد خطط بعيدة المدى بهدف التفوق في أسواق تنافسية والتي كانت غير موجودة أصلاً في بلادها الأم أما على مستويات العاملين فانهم (ومع بقية الأطراف ذات المصلحة الأولى) مقيدين بنفس القيود التشريعية لتنظيماتهم ومهما اختلفت فلسفاتهم الشخصية عن التوجهات الرسمية للسلطات المتنفذة فكان من الصعب أن يجد هؤلاء مجالات كافية لوضع مبادراتهم الشخصية في الاختراعات والابتكارات -وبدافع المصالح الذاتية- موضع التنفيذ.

2- استمرار الأنظمة الاشتراكية القائمة على ملكية الدولة وسيطرتها على وسائل الإنتاج ولكن مع القبول بالدور الريادي للقطاع الخاص وتبني آلية السوق وقوانين العرض والطب. وتعد الصين نموذجاً لهذا الواقع في الوقت الحاضر حيث يسود نظام اشتراكية السوق الذي كما أشرنا إليه سابقاً، يعود إلى ثلاثينات القرن العشرين وقد وضع أسسه النظرية كل من O. Lang و M. Kaletsky

وحول هذا الموضوع يمكن مراجعة كتاب The Theory of Socialism لمجموعة من الكتاب ونشر من قبل SGPIS في وارشو في العام 1976.

ويمكن في ظل هذا النظام أن نجد وضعاً مزدوجاً حيث يقوم كل تنظيم للأعمال بتبني التخطيط الاستراتيجي بعيد الأمد وذلك بغرض الحصول على المزيد من الحصص في الأسواق المحلية والخارجية. وقد حققت المنشآت الصينية نجاحات باهرة في كافة الأسواق العالمية من خلال خططها الاستراتيجية المعتمدة.

وبالنسبة للقطاع العام يستمر هو الآخر بوضع الخطط المركزية والإقليمية ولأهداف نمو وتنمية الاقتصاد الكلي. ولاشك بان هذه الخطط قد وجهت جزئياً لدعم مبادرات القطاع الخاص. وهذا ما يلاحظ بشأن تسهيلات التعليم والتدريب والبحث العلمي والتكنولوجي لتطوير الموارد البشرية والمعلوماتية وكذلك فيما يتعلق بمشروعات البنية التحتية المادية للنشاطات الإنتاجية المباشرة. وكل ذلك قد اسهم في تحقيق وفورات خارجية عالية كما وحفز المنظمين على مزيد من المبادرات الاستراتيجية في ظروف تتسم بالتأكد على الأمد البعيد.

3- استقرار نسبي للدول الرأسمالية المتقدمة على أنظمة المنافسة الاحتكارية كما دعاها في العام 1933 E. Chamberlin والمنافسة غير الكاملة كما سمتها في العام 1934 J. Robinson.

ومع ظهور هذه الأنظمة تحولت فكرة الميزة النسبية إلى الميزة التنافسية وذلك بسبب الاعتماد على فرضيتين رئيسيتين:

أ- تمييز كل منشأة لمنتجاتها عن منتجات المنشآت الأخرى المنافسة لها وذلك من حيث تطوير المنتوج عند التغليف والعرض والترويج أو من حيث تطوير الإنتاج عند إدخال نوعيات جديدة من المستلزمات الوسيطة أو تنويع استخدامات المنتوج ومزايا أخرى.

ب- إهمال أسعار الآخرين وفرض الأسعار المناسبة حسب المزايا السابقة.

واعتماداً على هاتين الفرضيتين فأن المنشاة المنافسة تحقق قيماً أعلى للمبيعات كلما ازداد حجم الطلب على إنتاج الصناعة وكلما كان مستوى أسعار المنافسين أعلى.

ويمكن القول بأن التخطيط الاستراتيجي في العلوم الإدارية الحديثة قد استمد فلسفته العامة من الأنظمة المذكورة (للمنافسة الاحتكارية أو غير الكاملة). وبالتالي يدور الهدف المحوري في نماذج هذا التخطيط وعلى مستوى التحليل الجزئي حول التفوق التنافسي وهذا ما يلاحظ مثلا في نموذج M. Porter الذي اقترح ثلاث إستراتيجيات: 1) قيادة التكلفة و 2) تمييز المنتوج و 3) مجال المهمة.

4- سيطرة اتجاهات فلسفية متباينة وقلقة على الاقتصادات النامية والتي تضطرب معها الأنظمة الاقتصادية السائدة، خاصة وان التشوهات الهيكلية لهذه الاقتصادات قد انعكست سلبا على الأنظمة بعدم اكتمالها، حيث يصعب معها بناء نظام رأسمالي أو اشتراكي متكامل. وبالتالي لم تستقر الدول المعنية في الغالب على فلسفة اقتصادية معينة.

وباستثناء حالات محدودة في آسيا وأمريكا الجنوبية والتي حققت إنجازات متميزة في النمو الاقتصادي وتعزيز الصادرات الصناعية التحويلية وقدمت نماذج ناجحة في التخطيط الاستراتيجي وعلى المستويين: الجزئي والكلي. فان أكثرية البلدان النامية تعاني من تشوهات هيكلية معقدة وظواهر متراكمة للتخلف في كافة المجالات الإدارية والاجتماعية والسياسية والثقافية ولدتها التشوهات الهيكلية في اقتصاداتها. مما أصبحت عملية التخطيط الاستراتيجي (مع كل هذه التشوهات) صعبة المنال تعترضها عوائق عديدة ومن اشدها تشوه هياكل الأجهزة الإدارية وتعقد ظواهر تخلفها.

ولسوء الحظ جاء التخطيط الاستراتيجي في الآونة الأخيرة مجرد نزهة فكرية! جذبت مسؤولي الأجهزة التخطيطية دون فهم لأبعاده ومقوماته ومؤشراته. وقد أستغل هذا الواقع أحيانا بسبب ضعف القدرات العلمية والتكنيكية في مجال التخطيط للبعض من هذه الأجهزة وذلك كذريعة لتنظيم ندوات ودورات وورشات عمل استعراضية أو إعلامية !! خارج البلد وداخله. ومما زاد من هذا الارتباك هو الخلط بين التحليل الجزئي لتنظيم للأعمال يبحث عن الربح التجاري والتفوق التنافسي والتحليل الكلي لاقتصاد وطني أو إقليمي أو مؤسسي يكون هدفه الاستراتيجي رفع معدلات النمو و/أو التحول الهيكلي لمجمل الاقتصاد المعني.

وهكذا فأن الإطار الفلسفي الذي يقود المبادرات الاستراتيجية المخططة، يتكامل مع النمط الفكري الذي يشخص هذا الإطار ويكرسه فتحدد من خلال هذا النمط خيارات التنظيم للأهداف والموارد ضمن عملية التخطيط الاستراتيجي. فمثلا إن النمط الفكري المنفتح اجتماعيا يعتمد في كافة القرارات الاستراتيجية على مشاركة أطراف هذه العملية وفي مقدمتها العاملين. ويعمل دائماً على خلق الابتكارات وكل ما يضمن التنويع والاستخدام الكفؤ للموارد وما يرافق ذلك من تعزيز الأهداف الاستراتيجية. وبالمقابل فإن الإطار الفكري المغلق والمؤمن بالتحفظ الشديد يحصر القرارات الاستراتيجية في الإدارة العليا ويتحذر من أي تجديد خوفا من المخاطر غير المتوقعة في السوق أو في الاقتصاد ككل فتكون الخيارات محدودة دائماً عند المستويات التقليدية السابقة.

وفضلا عما سبق فإن الاتجاه الفلسفي السابق في الدولة والتنظيم والنمط الفكري السائد قد ينعكسان سلبا أو إيجابا على الخلفية الثقافية التي تقرر في النهاية القدرات العملية والتكنيكية التي يمكن من خلالها إعداد الخطط الاستراتيجية الطموحة أو المتحفظة أو السطحية!!

ثانيا/ تحول الأهداف والموارد :

يتطلب التخطيط الاستراتيجي تحويل الحاجات الحقيقية لأطراف ذات مصالح أولى مشتركة إلى قيم محورية تسهم في ترتيب الأولويات فيما بعد وذلك اعتمادا" على مسوحات SWOT و PESTING فتصبح هذه الحاجات أهدافا عامة Goals ولكن بأطر معينة تسمح باجتهادات متعددة وتباين في الخيارات. ومن خلال المزيد من المراجعة وتكرار المسوحات السابقة ولكن من خلال صياغات تعتمد على قيود تكنيكية واقتصادية يمكن تضييق مجالات الأهداف لتكون ما يعرف بالأهداف المقيدة Constrained Objectives. ومع مزيد من التحليل الكمي والوصفي المنطقي يقترب المخطط من نقاط التغيير الاستراتيجي لتخرج بهدف وحيد أو بأهداف محدودة جداً (مقاسة كميا في أحجام أو قيم أو نسب) Targets ....

وفيما يخص الموارد فان التخطيط الاستراتيجي يعمل على تجاوز حالة حصر الطاقات الإنتاجية المتاحة باحتياطات فعلية (أو ظاهرة) للموارد وذلك لتشمل الاحتياطات الكامنة Potential Reserves التي ستظهر عن طريق عمليات التطوير والاستكشاف. فمثلا أن تنفيذ برامج تطوير الموارد البشرية وتحول الأنماط التكنولوجية وبناء شبكات الطرق الريفية وربطها بمراكز المدن ومد السكك الحديد مع المناطق النائية وإجراء المسوحات الجيولوجية يعمل على ظهور تغييرات جوهرية في أنواع وأحجام ونوعيات الاحتياطات الموردية وذلك من خلال تنفيذ عملية التخطيط (بعيدة المدى).

ثالثا/ القيود والمحددات والشروط

يمكن تمييز الحالات الآتية التي تؤثر على الحلول النمطية أو المثلى لتصبح العملية التخطيطية أكثر واقعية.

1- قيود تكنيكية تتعلق بنسب الارتباطات الإنتاجية وبمعدلات توليفات المدخلات Input Combinations وبالمرونات ومعدلات التغيير المختلفتين.

2- قيود اقتصادية تخص فرض القيم الموجبة للإنتاج وتحديد مجالات أو حدود معينة لبعض المعدلات مثل الميل الحدي للاستهلاك Marginal Propensity to Consume (MPC) والذي هو ما بين الصفر والواحد الصحيح

(0 < MPC < 1). وعدم تجاوز معامل الارتباط للواحد الصحيح...

3- محددات المسلمات الفكرية Axioms والفرضيات المقيدة مثل تحديد اتجاهات بعض الارتباطات إن كانت موجبة أو سالبة. فمثلا العلاقة ما بين الاستثمار وسعر الفائدة والتي تكون سالبة والعلاقة ما بين الدخل والاستثمار والتي هي موجبة.

4- شروط دعم لنجاح الخطة الاستراتيجية مثل توفير حجم معين للطلب كعتبة أو مدخل شرطي Threshold أو ضرورة إجراء بعض التعاقدات الثانوية أو إنشاء نشاطات صغيرة ومتوسطة لدعم العمليات الإنتاجية للوحدات الكبيرة.

5- نقاط ضعف في مجال المهمة الاستراتيجية مثل: عدم توافر كوادر تكنيكية متخصصة وقلة الموارد المالية وعدم انتمائية العاملين وظهور أمراض مهنية...

6- مخاطر البيئة الخارجية. فمثلا على مستوى تنظيم الأعمال (حسب التحليل الجزئي) والذي ركزت عليه العلوم الإدارية. عالج M. Potter خمسة مؤشرات رئيسة وهي مستمدة من البيئة الخارجية وتنعكس على الكفاءة التنافسية.

وعلى مستوى التحليل الكلي للاقتصاد سبق وان عرضنا مؤشرات عديدة والتي يمكن أن نشتقها من تحليل PESTING.

رابعا/ تغييرات البيئتين (الداخلية) و(الخارجية)

يتوقع المخطط دائما حدوث تغييرات (متوقعة وغير متوقعة) سواء كانت في البيئة الداخلية لتتحول نقاط قوة إلى نقاط ضعف أو بالعكس أو البيئة الخارجية لتصبح الفرص مخاطرا أو بالعكس.

وهنا يفترض العمل الجاد على تمييز تحليلي كمي دقيق لكافة عناصر ومؤشرات البيئتين ومن ثم وضع البرامج الكفيلة بالحفاظ على نقاط القوة وتجاوز نقاط الضعف في البيئة الداخلية وعلى تعزيز الفرص المتاحة وتلافي المخاطر المتنوعة من خلال برامج إدارة الأزمات. ويشار في هذا المقام إلى نظرية التوقعات العقلانية Rational Expectation ودورها في تشخيص هذه المخاطر ومعالجتها التحليلية الكمية.

خامسا/ السياسات والتشريعات والإجراءات

يفترض تحقيق توافق ديناميكي دقيق ما بين السياسات والتشريعات والإجراءات، وذلك بما يتناسب مع متطلبات عملية التخطيط الاستراتيجي وتجاوز حالات التعارض والإهمال والتعقيد.

وهنا لابد من تغطية كافة جوانب المهمة الاستراتيجية وبقواها البيئية المختلفة:

أ- نفوذ المجهز Supplier Power الذي يعتمد على نسبة مساهمته في قيمة الإنتاج الكلية للمنشاة (التنافسية) وكذلك على مستوى الكفاءة النوعية المتميزة للمدخلات الرئيسة للمجهز المعني ودور هذه المدخلات في التمايز التنافسي للمنشاة المنتجة. ويتقلص هذا النفوذ مع تزايد قدرات المنشاة على إيجاد بدائل لمدخلات ذلك المجهز.

ب- مخاطر البدائل لمنتجات المنشاة التنافسية في الأسواق المحلية والخارجية. وذلك لان تفضيلات المشترين قد تتحول بسبب ظهور هذه البدائل. مما يدفع

المنشاة المعينة إلى متابعة يومية بغرض تقويم الخطط المعتمدة وبما يتوافق مع التحولات الجديدة.

ت- نفوذ المشتري Buyer Power: فكلما كانت نسبة مشتريات أحد الزبائن (أو مجموعة مؤسسية) أكبر فان مخاطر هذا النفوذ تكون أكبر خاصة عند ما يتسم الطلب على منتجات المنشأة التنافسية بمرونة كافية تجاه تغييرات الأسعار وفي المقابل كلما تعاظم التمايز التنافسي النسبي لهذه المنتجات فان نفوذ المشتري المعني يتقلص.

ث- تنافسية السوق والصناعة، والتي تبرز مع إمكانات الدخول والخروج حسب علاقة الإيراد الحدي بالتكلفة الحدية. وهنا كلما تقيدت هذه التنافسية ازداد تحكم أحدهم بسبب عامل التركز في السوق أو الصناعة. وهنا مع وجود خطط استراتيجية لتوسيع السوق أو التنويع وزيادة معدلات نمو الصناعة فان قدرات المنافسة للمنشاة المعينة تزداد اكثر فتظهر فرص النجاح بدلاً من مخاطر الفشل. وهنا لابد من الحذر من ارتفاع نسبة التكاليف الثابتة إلى القيمة المضافة وانعكاساتها على تقييد التأثيرات الإيجابية للقوى التنافسية في السوق والصناعة.

5- قيود الدخول إلى السوق والصناعة Barriers to Entry المتعلقة بالتكاليف الكلية والوفورات (الداخلية والخارجية) الخاصتين بالمنشاة المعينة والمقارنتين بما هما في المنشات الأخرى في السوق والصناعة ككل.

وهنا فأن دعم الحكومة للنشاط الخاص ولآلية السوق الحرة من جانب والتنويع المشترك لعدة منشات في صناعة من جانب آخر يسهمان في تجاوز القيود المذكورة.

ولهذا الغرض، يقترح:

أ- تعديل وتكامل السياسات التجارية والمالية والنقدية وغيرها وذلك لان أي تعارض فيما بين هذه السياسات سينعكس بالضرورة على عملية التخطيط المعتمدة. فمثلاً إن استخدام البنك المركزي للأدوات النقدية وخاصة السوق المفتوحة بغرض رفع قيمة العملة الوطنية كما هو جار حالياً في العراق، قد يصطدم بسياسة مالية توسعية في زيادة النفقات العامة وبمبالغ طائلة تقيد بل وقد تجمد السياسة النقدية.

ويمكن أن يطبق السياق نفسه على العلاقة ما بين السياسة التعليمية وسياسة تشغيل القوى العاملة عندما تتسع الفجوات ما بين نواتج مؤسسات التعليم العالي والمهني وشروط الطلب في سوق العمل.

ب- تحديث وتكملة التشريعات المرعية وذلك بما يتوافق مع متطلبات عملية التخطيط بعيدة المدى. فقد يظهر العديد من القوانين والأنظمة والتعليمات المتعارضة. كما وان هناك الكثير من النواقص التشريعية.

ت- تطوير إجراءات العمل وتجاوز تعقيدات الروتين وتسهيل سبل الاتصال والتنسيق داخل الأجهزة الإدارية وفيما بينها وذلك من خلال تعميم شبكات الاتصالات الإلكترونية ضمن كل من القطاع العام والقطاع الخاص وفيما بينهما.

سادسا/ الأساليب (الكمية والوصفية) التحليلية

أن هناك العديد من الأساليب التحليلية لابد من استخدامها في التخطيط الاستراتيجي. ونذكر منها:

1- التحليل العنقودي Cluster Analysis (الهرمي وغير الهرمي)

2- التحليل العاملي Factorial Analysis

3- تحليل المستخدم/ المنتج مع بيان الارتباطات الأمامية والخلفية وسلسلة القيمة.

4- البرمجة الخطية والبرمجة غير الخطية.

5- تحليل المسار Path Analysis

6- التوقعات العقلانية Rational Expectations

7- صوة التمييز (أو القياس) للمقارنة Benchmarking

8- مؤشرات The Consumer Price Index (CPI) ومخفض السعر الضمني للناتج والسعر المبرمج وتعادل أسعار الصرف وسعر الصرف الفعال وسعر الصرف الآجل وسعر الصرف المعدل ومعدلات التبادل الدولي ومعامل جيني Geni

9- تحليل التأخير الزمني Time-Lag Analysis لكل من R. F. Harrod و E. Domar

10- خرائط التأثير ومؤشرات الإنجاز الأساسي Key Performance Indicators

11- معاملات التركز والتشتت والتحديد والإمكان الأعظم...

12- معايير الجدوى الاقتصادية وتقييم المشروعات.

سابعا/ بدائل البرامج المعدة

تشمل عملية التخطيط الاستراتيجي خططا وبرامج عديدة، نذكر منها:

1- الخطة الاستراتيجية الرئيسة وهي تركز غالبا على هدف محوري وحيد، وتضم مجموعة من البرامج التي تتكون بدورها من عدة مشروعات.

2- برامج استراتيجية ثانوية بغرض اكتمال النواقص في الخطة الرئيسة ودعم هذه الخطة تكنيكيا في الإعداد الأولي والصياغة.

3- خطط تكتيكية تتعلق بالعمليات اللوجستية ومعالجة القضايا التكنيكية لتطبيق الخطط أو البرامج المعتمدة.

4- خطط العمليات وهي تخص تفاصيل التغييرات الخاصة بتعبئة الموارد لصالح مجالات أو مواقع أو مراحل معينة في الخطة الاستراتيجية. وقد تختلف هذه

الخطط عن الخطط التكتيكية في أنها ترتبط كليا بمعالجات الخطة الاستراتيجية وذلك في وقت يمكن أن تعتمد الخطط التكتيكية على أساليب وأدوات وصيغ مختلفة تماما عن السياق الرئيس للخطة الاستراتيجية حيث إن التركيز يكون في تحقق هدف ثانوي بوسائل أو أساليب قد تكون استثنائية وخارجية أو معالجة مشكلات تظهر بسبب تغييرات متوقعة أو غير متوقعة في البيئة.

5- خطط الأعمال أو النشاطات حيث يفترض وضع خطة لكل عمل أو نشاط.

أن المخطط يعد دائما عدة بدائل لكل من الخطط والبرامج السابقة. وتتوزع هذه البدائل عادة ما بين النظرة التفاؤلية والنظرة التشاؤمية والنظرة البينية.

وقد تفرض الحالة الموضوعية للخطط الاستراتيجية اعتماد بدائل متعددة. فمثلا عند تبني خطط استراتيجية لأنماط عملية التصنيع يجري التمييز بين بديلين أو أكثر لكل نمط. كما هو واضح أدناه:

1- الوحدات الصغيرة والمتوسطة والكبيرة.

2- الوحدات الخفيفة والثقيلة ويتركز التمييز هنا على مصدر المستلزمات الوسيطة للإنتاج أن كان زراعيا في حالة الصناعات الخفيفة أو تعدينيا في حالة الصناعات الثقيلة.

3- الوحدات كثيفة -العمل وكثيفة- الرأسمال.

4- الوحدات المعوضة للاستيراد والمعوضة للتصدير والوحدات المعتمدة على الداخل.

5- النمو المتوازن والنمو غير المتوازن.

ولكل حالة من الحالات الخمس السابقة هناك مجال لانفراد نمط معين أو للجمع بين نمطين آنيا أو لتحول تناوبي وبما يكفل في نهاية الخطة الاستراتيجية تعميم أحد النمطين. ولا يعني وفي أي تعامل استراتيجي اعتبار نمط معين بديل لنمط آخر بشكل كامل.

ومما يشار إليه هنا، إن الخيار الاستراتيجي المعتمد فيما يخص الأنماط الاستراتيجية السابقة أو القطاعات أو الصناعات المقارنة ضمن البدائل المتاحة وحتى على مستوى التنظيم المنفرد فإنه في الحقيقة عبارة عن مجموعة مركبة من الخيارات المتداخلة:

1- نوعيات النشاطات الإنتاجية السلعية و/ أو الخدمية.

2- حصص المنتجات في الأسواق المحلية والخارجية. فقد يأتي التركيز هنا على دخول سوق جديدة أو توسيع المجال في سوق تقليدية.

3- الأسلوب The Process: إن كان آنيا بتبني النمو المتوازن The Balanced Growth كما قدمه R. Rodan و R. Nurkse و Skitovsky حيث تنهض كافة الأنماط أو القطاعات أو الصناعات وحتى النشاطات مرة واحدة بحيث يصبح كل مكون منتجا لمدخل أو مستخدما لناتج مكون آخر ضمن نفس المجموعة. وإن كان متباينا من حيث الزمان والمكان بتبني النمو غير المتوازن The Imbalanced Growth كما قدمه F. Perroux و A. O. Hirschman حيث يظهر التركز Concentration والتمركز Centralization و الاستقطاب Polarization والانتشار Dispersion وقد اقترح الكاتب أسلوب التناوب Trade-off في دراسة له حول نشر التكنولوجيا وذلك في نموذج قدمه في مؤلفه تحليل الاقتصاد التكنولوجي المنشور في طبعتين أولاهما من قبل المجلس الأعلى لعلوم التكنولوجيا في عمان بالأردن وذلك في العام 2003 والأخرى في العام 2006. ويعتمد هذا الأسلوب على تناوب زمني ومكاني ما بين نمط وآخر وحتى يسود ويستقر النمط المستهدف ستراتيجيا.

4- تحريك مجموعة من الموارد: البشرية والمالية والتكنولوجية والطبيعية...ولكن في إطار متوافق تماما مع الهدف المحور لعملية التغيير الاستراتيجي وكذلك فيما بين عناصر هذه المجموعة.

5- تحقيق توازن ديناميكي لكافة الأطراف:

أ- السوق: حصص المنشأة أو الاقتصاد كمجموعة في الأسواق أو في العلاقات التكنيكية.

ب-الوعي بالفرص المختلفة: (الاستثمارية والتسويقية والاستهلاكية والتشغيلية والتعليمية والتدريبية...).

ت-الأسعار السائدة وكيفية التحكم في التكاليف ومن ثم في تقرير الأسعار التنافسية الخاصة.

ث-الإنجازات الإدارية والتكنولوجية والتسويقية الحقيقية.

ج-التصاميم الابتكارية ونشرها لصالح الهدف الاستراتيجي وبما يتوافق مع متطلبات أو شروط التشريعات النافذة.

ح-الفرص المتاحة وذلك بتحفيزها وبما يسهم في تعزيز هذه الفرص وتجاوزها للمخاطر المتوقعة. وهنا من الضروري زيادة مرونة العرض والإفادة القصوى من الطاقات الفعلية والكامنة التي تطلقها أو تولدها هذه الفرص.

خ-الخبرات الخارجية والمشاورات التكنيكية والتي يفترض استخدامها بأسلوب لا ينحصر في شكليات مصطنعة تنفق عليها الموارد دون أن تخلق نواتج حقيقية لا في إغناء الخلفيات العملية والثقافية ولا في توفير مهارات جديدة ولا في تغيير سلوكيات مؤسسية معينة. كل ذلك في وقت قد يزخر البلد وفي الداخل بخبرات وطاقات بشرية أفضل!

ثامنا/ التنظيمات المسؤولة عن التنفيذ والمتابعة والتقويم

إن تنفيذ الخطط (الاستراتيجية والتكتيكية) وغيرها في التنظيم الخاص للأعمال، يقع على عاتق وظائف المنشأة المختلفة. غير أن الإعداد التكنيكي والعلمي للصياغة النهائية لهذه الخطط والقيام بمتابعتها وتقويمها يكون من

مسؤوليات إدارة خاصة بالمهمة الاستراتيجية والتي هي (إدارة التخطيط والمتابعة) والتي تتولى الإشراف على كافة مراحل العملية التخطيطية في صيغها التكنيكية بشكل عام.

وبالنسبة لعملية التخطيط الاستراتيجي على مستوى الاقتصاد الكلي فإن هناك تنظيما مركزيا مسؤولا عن هذه العملية يتولى إنجاز كافة المراحل من الناحية التكنيكية إلا أن تحديد الحاجات وتطوير الأهداف المستمدة منها يعود إلى المؤسسات والمجموعات والمناطق ذات المصلحة الأولى في الخطط والبرامج والمشروعات المعنية. وهنا فأن غالبية عمليات التنفيذ والمتابعة والتقويم تنجزها نفس المؤسسات والمجموعات والمناطق السابقة. وهذا لا يعني إهمال التنظيم المسؤول عن التخطيط للعمليات الثلاثة الأخيرة. أن هذا التنظيم سيفتح دورات متخصصة في إعداد وتعديل وتطوير خطط هذه العمليات من جانب وسيعمل على تحليل التقارير الميدانية بشكل دوري مستمر من جانب آخر.

وهكذا يمارس التنظيم المسؤول عن التخطيط دور القيادي المرشد والناصح والمحلل لمجمل العملية التخطيطية وفي كافة مراحلها.

الهوامش

1) قارن:

- R. M. Grant, Contemorary Strategic Analysis, Blackwell, London, 1995
- G. Hanel and C. K. Prahalad, Competition for the Future. Harvard Business School Press, Cambridge-Massachusetts, 1994.
- P. McKiernan; Strategies of Growth Maturity and Internationalization, Routledge, London, 1992.
  http://www.quickmba.com/strategy/levels/

2) قارن:

- J. Martin, The Great Transition, Amaconn, New York, 1995.
- B. Henderson, The Logic of Business Strategy, Ballinger, New York, 1984.
- K. Ohmac, The Mind of the Strategist, McGraw-Hill, New York, 1982.

3) راجع:

- هوشيار معروف: دراسات الجدوى الاقتصادية وتقييم المشروعات، دار صفاء، عمان، 2004 ص ص114-160.

وقارن:

- L. Squire and H. G. Van Der Tak; Economic Analysis of Projects, The Johns Hopkins University Press, Baltimore, 1995 pp21-27, 44.
- Shtub, et. al; Project Management, Prentice-Hall, Englewood Cliffs, 1994 pp71-73.
- P. Chandra, Projects, Tata McGraw-Hill, Delhi, 1999 pp384-421.
- K. A. Hickman. et. al; Foundations of Corporate Finance, South-Western, Cincinnati, 2002, p317.

4)

- H. Macmillan and M. Tampoe; op. cit pp86-87, 110-111.
- P. Drucker, Managing The Non-Profit Organization, Butter worth Heinemann, Oxford 1990.

  http://www.manogementhhelp.org/plan_dec/str_plan
- D. A. Kenyon; (Strategic Planning with the Hoshin Process).
- htt://qualitydigest.com/may97/html/hoshin.html

5) لمزيد من التفاصيل:

- H. Macmillan and M. Tampoe; op. cit pp161-168.
- T. Cannon, Corporate Responsibility, PITMAN, London, 1994.
- M. E. Porter, Competitive Strategy.
- M. E. Porter, Competitive Advantage.
- H. I. Ansoff, Corporate Strategy.
- هوشيار معروف: القيادة والتنظيم، ص ص102-135 158-176.

الفصل السادس

التنفيذ والمتابعة والتقويم

إن تنفيذ الخطة الاستراتيجية، يعني تحويل أو ترجمة الاستراتيجيات التي أعدها المخططون المختصون وتبنتها القيادة العليا المخولة في التنظيم إلى برامج وسياسات وإجراءات وممارسات تفصيلية، تتدرج من حيث المستويات التنظيمية للقرار حتى وظائف المنشأة: تسويق، إنتاج، (R& D) ، موارد بشرية، شؤون مالية... ومن حيث فترات الزمن إلى قصيرة حتى أسابيع محدودة أحيانا. ومن حيث التخصيص المكاني حتى مواقع إنجاز المهمة الاستراتيجية: حقل زراعي أو مصنع.

وإذا كان التنفيذ هو الذي يجعل التخطيط الاستراتيجي حقيقة، وبدونه يكون هذا التخطيط مجرد هدر في الموارد والأوقات والجهود، فإن متابعة التنفيذ تحقق عنصر التأكد في الحفاظ على هذه الموارد واستثمارها الكفؤ. وبالنتيجة فإن تقويم التنفيذ يكفل التوافق الديناميكي بين الخطط المعتمدة ورؤاها الأساسية وحتى إنجاز كامل الهدف الاستراتيجي على الأمد البعيد.

وعليه يعالج هذا الفصل الموضوعات الآتية في ثلاثة مباحث متتالية:

المبحث الأول/ سمات التنفيذ وأساليبه.

المبحث الثاني/ ركائز التنفيذ.

المبحث الثالث/ تخطيط التنفيذ باستخدام شبكة النشاطات (والأحداث).

المبحث الرابع/ رقابة التنفيذ.

المبحث الأول

سمات التنفيذ وأساليبه(1)

إن لتنفيذ الخطة الاستراتيجية سمات مميزة تختلف تماما عن سمات تنفيذ الخطط الاعتيادية. وأن هذه السمات تفرض بدورها أساليب خاصة بالتنفيذ.

وعليه يتناول هذا المبحث الموضوعين الآتيين:

أولا/ السمات المميزة لتنفيذ الخطة الاستراتيجية.

ثانيا/ أساليب تنفيذ الخطة الاستراتيجية.

أولا/ السمات المميزة لتنفيذ الخطة الاستراتيجية:

يتطلب التنفيذ إعداد خطة ملائمة تتوافق تماما مع الخطة الاستراتيجية. وتتميز هذه الخطة بالسمات الآتية:

1- التركيز على القيم المحورية ومن ثم على الأهداف المركزية التي تتسم بجدوى اقتصادية عالية والتي تتباين من تنظيم للأعمال يعمل على تحقيق أقصى الأرباح التجارية عن تنظيم تخطيطي يهدف إلى بلوغ أقصى معدلات النمو لمتوسط نصيب الفرد من الدخل القومي وتكوين رأس المال الثابت الإجمالي وتشغيل القوى العاملة أو إلى إحداث تحولات هيكلية في الاقتصاد (الكلى).

2- القبول العام للبرنامج ومن ثم للمشروع الخاص بالتنفيذ. وقد اقترح في هذاالمجال N. Kaldor و J. R. Hicks في دراستين مستقلتين معيار العلاقة بين المكاسب Gains (G) والخسائر Losses (L). فحينما يحدث تغيير ما فإن الفرد المستفيد يسأل عن أقصى مبلغ يمكن له أن يدفع مقابل هذا التغيير. وبالمقابل يسأل الذي يخسر كم يدفع لمنع حدوث التغيير المعني. فإذا كان: $G > L$ فإن

المستفيد يعوض الخاسر ولا يزال يكون في موقع أفضل. فيأتي التغيير بوضع مربح.

	مكاسب صافية عالية	مكاسب صافية منخفضة
تأثير واسع للمشروع	تنموي مربح	تنموي مكلف
تأثير ضيق للمشروع	ركودي مربح	ركودي مكلف

3- يكشف التنفيذ عن أقصى ما يمكن للمشروع والبرنامج أن يصل إليه في القوى والفرص المتاحتين. وذلك بشكل افضل وبمعدلات أكبر مما يمكن أن يتاح في الصيغة الأساسية للخطة الاستراتيجية. وهو ما يكون لأن التنفيذ يدفع إلى تعبئة ميدانية أكبر للموارد فتبرز الطاقات الكامنة لتندمج مع الطاقات الفعلية. وهذا ما قد يسهم في تخفيض تكلفة وحدة المنتوج وبالتالي يمكن التحكم في السعر التنافسي. هذا بالإضافة إلى ما قد يحققه تفعيل دور الطاقات المعينة في التمايز التنافسي- لمنتجات المنشأة. فتتوسع الطاقات الإنتاجية وتزداد المكاسب الصافية للبرامج ومشروعاتها المتباينة.

وعليه يفترض بخطة التنفيذ أن تتسم بمرونة أكبر من الصيغة المعتمدة للخطة الاستراتيجية. وهذا ما يتطلب الدقة العالية عند وضع مخططات تنسيق وترتيب الأولويات في الصيغة الأخيرة وذلك بما يسمح باستيعاب الطاقات الاستيعابية من جانب و يحفظ خطة التنفيذ موازية في برامجها ومشروعاتها للخطة الاستراتيجية.

وهنا فإن تنفيذ الخطة الاستراتيجية وبقية الخطط يعكس مدى واقعية المخططين بشأن تقييمهم للطاقات الكامنة والظروف المتغيرة التي تواجهها

المشروعات المدرجة في البرامج المعدة. فليس خافيا على أحد من المهتمين، إذا كانت الطاقات الكامنة تخلق -عند عرضها أثناء التنفيذ- فرصا جديدة فإن التضخم المفتوح يحمل -عند انفجاره بمعدلات تراكمية متصاعدة-تهديدات حقيقية لجانب هام من عملية التنفيذ. فإذا لم يأخذ المخطط في الاعتبار تقديرات مدروسة لمعدلات الخصم للقيم المستقبلية (للاستثمارات وعوائدها) التي تعتمد غالبا على المعدلات المتوقعة للتضخم فإن مشروعات عديدة ستتوقف في مراحلها الأولى أو قبل إكمالها.

4- إن تغييرات استراتيجية معينة قد تحمل خلال التنفيذ صدمات قوية في العلاقات الهيكلية سواء كانت لتنظيم خاص للأعمال أو لاقتصاد كلي ما. فمثلا أن تبني نمط كثيف -الرأسمال والأتمتة على حساب نمط كثيف- العمل، قد يسبب في حدوث بطالة احتكاكية ضمن المنشآت التي تبادر بهذا التحول مما قد يدفع العاملين فيها إلى القيام بمختلف الأعمال والضغوط وكل ما يمكن أن يحمل إدارات هذه المنشآت على التخلي عن التحول الاستراتيجي نحو النمط التكنولوجي والإنتاجي الجديد. وهذا ما يفرض على المختصين وضع خطط تكتيكية لمعالجة هذا الموقف أثناء التنفيذ. وفي غياب هذه الخطط فإن خسائر كبيرة قد تنجم في الممتلكات والطاقات الإنتاجية الضائعة.

وهكذا الحال عند تبني الأجهزة الرسمية في الدولة لما يعرف بالحكومةالإلكترونية (E-G) حيث تعمم شبكات الاتصالات في مختلف الدوائر والمؤسسات والهيئات، وتحل الاتصالات الإلكترونية ووسائل الحفظ الإلكتروني محل الاتصالات المباشرة من فرد إلى فرد والملفات التقليدية للحفظ والمخاطبات المكتبية حسب الأصول البيروقراطية التقليدية...

ولا شك أن هذا التحول يؤدى عادة إلى الاستغناء عن وظائف عديدة ويتطلب في نفس الوقت ترتيب دورات تدريبية واختبار أفراد جدد وبخلفيات جديدة تتناسب مع مواصفات وظائف الحكومة الإلكترونية كتخصصات أكاديمية في هندسة

وعلوم الحاسبات والشبكات. أي تتولد عن التحول الاستراتيجي السابق تغييرات كبيرة في الهياكل التنظيمية وفي هيئات العاملين وفي المؤهلات الشخصية المطلوبة.

وهنا سيكون من الضروري إعداد خطط تكتيكية أثناء التنفيذ لوضع حلول مرضية للأشخاص غير الملائمين لعملية التحول الاستراتيجي ولاختيار أصحاب المؤهلات المطلوبة ولتأهيل وتطوير الموظفين المتبقين ولإعادة هيكلة التنظيمات المعنية بالتحول المذكور.

وهكذا الحال مع إدخال أسلوب جديد مثل: في حينه تماما Just-in-time والذي يتطلب معلومات سريعة ودقيقة تربط احتياجات إدارة الإنتاج بعمليات البحث والتطوير (R&D) وبنظم السيطرة على الخزين وبشروط وظروف وطاقات المناشئ المعتمدة. وكل ذلك يفرض على المنشآت المعنية وضع تخصيصات مالية كافية وإعداد برامج طموحة لتدريب وتطوير العاملين وبناء مخططات جديدة للهيكل التنظيمي والإصلاح الإداري.

ثانيا/ أساليب تنفيذ الخطة الاستراتيجية

1- تطوير من الداخل Endogenous Growth وذلك بالاعتماد على الموارد المحلية.

لقد ازداد اهتمام عدد كبير من الاقتصاديين[2] بهذه الطروحة في العقدين الأخيرين. فقد رفض هؤلاء بأن تكون المتغيرات الأساسية المسؤولية عن رفع الكفاءة التنافسية معطاة من الخارج بل ذكروا أن محور التنمية الاقتصادية يكمن في متغيرات داخلية.

إن الطروحة المذكورة، تعود بأصولها الفكرية إلى A. Smith الذي أكد على مبدأين رئيسين: (إن عملية التنمية ترتبط برفع الإنتاجية) و(إن التحول التكنولوجي يأتي من ظروف سابقة).

وهنا لتحسين الإنتاجية تم التأكيد على أمرين:

أ- تبني المزيد من الابتكارات الحديثة وبالاعتماد أساسا على مراكز البحث والتطوير الخاصة بالمنشآت المبادرة.

ب- القيام باستثمارات أكبر في الرأسمال البشري وفي تطوير ونشر المعلومات العلمية والتكنولوجية. وذلك لأن مستويات أعلى للاستثمار في التعليم والتدريب والتأهيل وفي تكثيف شبكات الاتصالات وفي تحليل وتعزيز المعلومات تصاحبها بالضرورة معدلات متزايدة (كامنة) للعوائد.

2- الاعتماد على مؤسسات أجنبية. ويمكن أن يتأتى ذلك بطرق ووسائل وترتيبات متباينة[3]، منها:

أ- قيام شركات أجنبية للتعهدات الاستثمارية والتجارية والائتمانية بالتزام التحول الاستراتيجي سواء كان في وضع خطط استراتيجية و/أو تنفيذية لاقتحام أسواق معينة أو لتوسيع حصص التنظيم المعني في هذه الأسواق... أو في إعداد خطط إستراتيجية و/أو تنفيذية لإنجاز مشروعات تنموية محددة. وهنا قد يكون هذا الإنجاز من خلال:

1) حزمة الأساليب Process Package والتي تضم المعلومات الخاصة بالأساليب والعمليات دون أن تتناول التجهيزات القائمة بالتغيير أو التعديل.

2) حزمة المشروع Project Package وهي تمثل عادة الأساليب والتجهيزات معا. فيجرى النقل كمشروع متكامل يضم الدراسات الأولية والتصميمات الهندسية وتوريد المعدات وتركيبها وتشغيلها وتقديم الخبرات في مختلف الجوانب الإدارية. ويعرف هذا المشروع بـ (Turn-key Project).

3) المشروع المشترك Common Project أو المجازفة المشتركة Joint Venture. ففيما يخص الدول الصناعية المتقدمة يؤسس هذا المشروع

غالبا على العلاقة بين شركاء متكافئين. وهناك أمثلة عديدة على مشروعات استراتيجية في مجالات عديدة مثل: الصناعات الفضائية وطائرات كونكورد الفرنسية البريطانية والسيارات وحتى التلفونات النقالة...

غير أن الوضع يختلف تماما بالنسبة للمشروعات المشتركة بين المؤسسات الاقتصادية الرأسمالية المتقدمة ومؤسسات البلدان النامية، حيث يلاحظ أن هذه المشروعات تركز على:

أ) صناعات تتسم بالتقادم التكنولوجي السريع.

ب)صناعات تعتمد على مواد خام قابلة للنضوب السريع.

ت)صناعات تزيد من تلوث البيئة.

ث)صناعات مهملة في مناشيئها بسبب التحول نحو الأتمتة.

ب- الاعتماد على مكاتب الخبرة الأجنبية لإعداد تصاميم المشروعات و/أو لإدارتها وهو ما يكون من خلال صيغ التعاقدات المختلفة.

ت- الاعتماد على الخبرات المحلية ولكن الأجهزة الرأسمالية وموارد التمويل والمستلزمات الوسيطة تكون مستوردة.

ث- اتخاذ أساليب أخرى لاقتباس المعلومات وتوريد الأجهزة وخاصة بالنسبة للابتكارات التكنولوجية الحديثة، والتي منها:

1) دمج الشركات المحلية بشركات كبرى أجنبية.

2) سيطرة الشركات القابضة.

3) الاتفاق بشأن امتيازات صناعية.

4) إتباع الهندسة العكسية.

5) فرض الشفافية قانونا كما حدث من قبل الاتحاد الأوربي على شركة Microsoft الأمريكية في العام 2007.

6) طرق غير مشروعة مثل التجسس الصناعي.

وهكذا فإن هناك خيارات عديدة عند التنفيذ، وهي تشمل: أسلوب التنفيذ المباشر للتنظيم المسؤول والاعتماد على عقود المقاولات مع جهات محلية (خاصة أو حكومية) والالتجاء إلى مؤسسات أجنبية، سواء كان ذلك بغرض التركيز على أساليب العمل (في الاستثمار أو الإنتاج) أو على المشروع الجاهز بكامل مكوناته أو المشاركة في التنفيذ.

ويفرض المنطق العام أن يعتمد الاختيار على الطاقات الإنتاجية المطلوبة لعملية التنفيذ بالإضافة إلى إرادة الاندفاع الذاتي لدى المنظمين والقادة الاستراتيجيين ومستويات المشاركة الفاعلة للعاملين وأصحاب المصلحة الأولى في صنع القرارات الاستراتيجية. غير أن في الحقيقة تتدخل أمور أخرى، تجعل عملية الاختيار السابقة غير منطقية أو مضطربة، ومن هذه الأمور تدخل النخبة الحاكمة أو المتنفذة وقيام مدراء وموظفي المؤسسات ذات العلاقة بمساومات خفية وضعف القدرات التكنيكية في التفاوض والتعاقد والمتابعة.

المبحث الثاني

ركائز التنفيذ [4]

تتطلب عملية التنفيذ ركائز عديدة تعد من أهم دعائم نجاح التخطيط الاستراتيجي. نذكر منها:

أولا/ تفكير استراتيجي (تخطيطي):

يتبنى هذا التفكير أصحاب المصالح الأولى والقادة الإداريون والعاملون المتخصصون. وذلك بعد أن يمر هؤلاء بقناعات أساسية وثقافات مؤسسية ومدارك واعية بالتخطيط الاستراتيجي. فيتحقق لديه استيعاب كاف للتوجيهات التنفيذية وإلمام مسبق بالظروف المتغيرة.

ويؤكد في هذا المجال على الأساليب العلمية في إقناع الآخرين وعلى الحوافز المختلفة لخلق الاندفاع الذاتي في نفوسهم، مع إبراز الفروقات الفردية على أسس موضوعية عادلة (تقوم على مبدأ تكافؤ الفرص). فتظهر الشخصيات العلمية والتكنيكية المتميزة، ويكون لكل منتسب كيانه الخاص.

وبذلك يمكن ضمان المستوى الكافي لتحمل المنظمة والمدراء والعاملين فيها تجاه الظروف المتغيرة. وهو ما يرتبط بالقيم التي يتبناها هؤلاء عند الاختيار بين الإنجاز الحقيقي والطموح الذاتي، وبين الاستقلال الشخصي المعتمد على الكفاءات المتميزة والالتزام المبدئي بالخطط التنفيذية، وبين التفكير الموضوعي العقلاني والانحياز القائم على الانتمائية للتنظيم، وبين الأفعال الجارية كممارسات يومية والمفردات السلوكية من جهة والتغييرات الاستراتيجية المطلوبة في وظائف المنشأة ونشاطاتها من جهة أخرى.

وهكذا فأن القيم المعنية ستساعد على تكريس قواعد معينة في أداء الوظائف وتقويم نواتج التنفيذ، وذلك بما يرفع من مستويات التنسيق للخطط الاستراتيجية فيما بين التنظيمات ذات العلاقة بأهداف هذه الخطط، ومع تصاعد المستويات الإدارية داخل تنظيم أو اقتصاد ما.

كما وأن تلاؤم السياسات والإجراءات والنشاطات المرافقة للخطط المعتمدة مع ميول وتفضيلات وثقافات المساهمين في التنفيذ سيخلق مناخا إنتاجيا نشيطا ومرنا يسهم في استقرار الوتائر المتنامية لكفاءة الأداء ويستجيب للتغييرات التي تتبناها الخطط المذكورة ويعالج التقلبات التي تحدث في ظروف التنفيذ.

وفضلا عما سبق يسهم التوسع في القاعدة الثقافية لدى العاملين في ضمان التوازن الداخلي ما بين التوجهات الاستراتيجية ضمن الطموحات الجماعية من ناحية والطاقات الكامنة التي يمكن تعبئتها عند التنفيذ من ناحية أخرى. وقد يتمخض هذا التوازن عن مزيد من الابتكار والتجديد.

ولكل ما سبق من الضروري أن يقترن توسيع القاعدة الثقافية بتطوير الخبرات العلمية والتكنيكية من خلال برامج مساندة للتدريب والإعداد والتأهيل والبحث والتحليل...مع العمل على وضع قواعد حديثة متطورة وكافية للمعلومات تغطي متطلبات التغييرات الاستراتيجية.

كما ولابد من تبني أفضل وأنجح الممارسات داخل المنظمة وخارجها. ولهذا الغرض يفترض الانفتاح على تجارب الآخرين ولكن دون فرض نماذج أو حالات مستنسخة، لأن لكل مجال استراتيجي مقوماته وظروفه ورؤاه الخاصة. وبالتالي لا تتطابق التجارب وإن اتفقت على الأصول العلمية والتكنيكية في عملية التخطيط الاستراتيجي بشكل عام. ولكن الأهم هنا الإفادة من تجارب الآخرين وخاصة بالنسبة لانعكاس الثقافات والقيم والميول السائدة في المجتمعات المعنية على مدى نجاح أو فشل عمليات تنفيذ الخطط الاستراتيجية.

ويشار هنا إلى دور التنظيمات غير الرسمية في تكريس القيم الموافقة أو القيم المعارضة للتغييرات الاستراتيجية المخططة. وهذا ما يتطلب التمييز بين مجموعتي القيم وذلك لفهم المبررات الحقيقية وبما يساعد على تشخيص النواقص والهفوات والتناقضات بغرض معالجتها وإخراج خطط التنفيذ في صيغ تزيد من القيم الموافقة للتغييرات المعنية. وهنا كلما اتسمت الخطط المذكورة بقابليتي الاتساق adaptability والمرونة flexibility تنامت القيم الأخيرة على حساب القيم المعارضة. علما بأن قابلية الاتساق تحمل تغييرا في طبيعة الأشخاص والأشياء وذلك استجابة لحاجة ملموسة، في حين أن قابلية المرونة تقوم على استمرار الأشخاص والأشياء في عطائهما حتى مع تغييرات خارجية ولكن دون حدوث أي تغيير في طبيعتهما.

ثانيا/ إدارات متطورة لبرامج ومشروعات التغيير الاستراتيجي:

وتعد هذه الإدارات وبصيغها العلمية والتكنيكية الكفوْة ضرورة حيوية وبما يتناسب مع أعباء المسؤوليات المؤسسية في مرحلة التنفيذ، وذلك لأن المدراء يستلمون الخطة الاستراتيجية، فيعملون على وضع برامج تنفيذية لها، في حدود وظائفهم وسلطاتهم. على أن يضم كل برنامج عددا من المشروعات تعتمد في تسلسل أسبقياتها على علاقة متوازنة ما بين القيود أو المحددات التكنيكية للخطة الاستراتيجية من جانب ومستجدات الظروف الواقعية (المتغيرة) من جانب آخر. فيسود توافق تام ما بين متطلبات الخطة المعينة وتوسعات الطاقات الإنتاجية. وهذا ما يعتمد (ومن خلال المشاركة الفاعلة في صنع القرارات) على تقسيم جديد للعمل يتلاءم مع تدرج الأهمية النسبية للمشروعات في تحقيق الهدف الاستراتيجي وتبرر أسبقياته (من حيث الترتيب الزمني والتكنيكي) الاحتياطات المتاحة (والكامنة) للموارد البشرية والتكنولوجية والمالية والمادية الأخرى.

ويهدف هذا التحليل الواقعي Positive Analysis إلى إنجاز المهمات المحددة دون أي تآكل زمني لنشاط أو ناتج ما وذلك بما يحفظ أيضا مراحل الخطة وسلاسل القيم في تداخل اندماجي هادف.

ومما يشار إليه هنا، إن إدارات التنفيذ قد تسهم في نشاطات أخرى لعملية التخطيط بالإضافة إلى دورها الرسمي الاعتيادي، حيث أنها قد تقوم بإرسال بعض الملاحظات حول الخطة المعتمدة إلى المبادرين والمصممين وبما يسهم في تنقيح الخطط تحت التنفيذ أو في تصميم خطط جديدة في المستقبل.

ومن ناحية أخرى، يمكن لمسؤولي التنفيذ الإسهام مع المختصين بالمراجعة في تشخيص حالات الانحراف عن التخطيط مع بيان أسباب نشوء هذه الحالات واقتراح طرق معالجتها وذلك حسب سياقات إدارية تمنع أي تجاوز لأي خطوة أو حلقة إنتاجية أو توقيتاتها الحيوية.

وهنا يمكن منح الصلاحيات الكفيلة باستدامة عملية التخطيط في أطر أهدافها وتحولاتها بعيدة المدى، وذلك لأن في بعض الحالات تؤدي اختناقات مؤقتة أو ما يعرف بصعوبات عنق الزجاجة Bottlenecks -في غياب معالجات موقعية وسريعة- إلى حدوث تأخيرات متراكمة في توقيتات الإنجاز، وهو ما قد يستتبع بالتالي تعطل كبير قد يهدد إنجاز الخطة المقررة بالكامل.

وبغرض التنفيذ النشط والحيوي ودون الوقوع في الأخطاء التكنيكية التي تسبب في تحمل تكاليف إضافية وحتى تهديد العملية يفترض الالتزام بالعمل الجماعي من خلال إعداد فرق متكاملة لكل مشروع أو نشاط مخطط من حيث الاختصاصات أو المهارات المطلوبة وعدم التفريط بمبدأ الرجل المناسب في المكان المناسب أو بإهمال أي خبرة أو مهارة مطلوبة في هذه الفرق.

كما ويفترض تفويض الصلاحيات الكافية لإعداد الخطط الإدارية وتنفيذها وهذا ما يجعل الاستقلال الإداري والمالي النسبي لجميع المستويات والمفاصل التنظيمية أمرا ضروريا.

ويؤكد في هذا الشأن على توافق السلطات الممنوحة مع المسؤوليات التخطيطية وفضلا عما سبق لابد من تحقيق التفاعل الاستراتيجي بين القيادة والتنظيم في مؤسسة المهمة الاستراتيجية وكذلك في كافة المؤسسات ذات العلاقة بتنفيذ الخطط المعتمدة على أن يكرس هذا التفاعل التكثيف الفعال والكفؤ لعمليات التنسيق والاتصالات داخل المؤسسة أو المؤسسات المعنية وخارجها. وهنا فإن أي تطوير أو إصلاح إداري للإعداد المؤسسي للتنفيذ لابد وأن يطبق بشكل كامل على أطراف العلاقة الأولي بإقرار الخطط الاستراتيجية والتكتيكية وتنفيذها ودون أي استثناء فلا يمكن أن يستمر القائمون على الإدارة العليا وهم لا تؤهلهم خلفياتهم الأكاديمية أو العلمية أو الثقافية (حسب نوع المهمة إن كان جزئيا أو كليا...) لفهم واستيعاب ومن ثم تبني تفاصيل الخطط المعتمدة. وهذا ما يفرض تغيير هؤلاء المسؤولين أو تدريبهم وتعليمهم وإعدادهم لهذا الغرض مع الأخذ في الاعتبار مسألة الوقت التي تكون حساسة بالنسبة للمنافسة السوقية لأن أي تعطل قد ينعكس سلبا على القدرة التنافسية حيث يمكن أن يخسر التنظيم فرصا للتسويق والنمو. وهكذا الحال بالنسبة للاقتصاد الكلي وعمليات النمو والتنمية فيه. ودون هذا الاعتبار قد تظهر فجوات واسعة عند التنفيذ خاصة وأن المتنفذين الأكثر تخلفا سيعيقون غالبية التحولات الاستراتيجية خوفا على مصالحهم الذاتية أو جهلا بمنافع هذه التحولات ومزاياها التنموية.

لقد أشار P. Holman في بحث له (Turning Great Strategy into Effective Action) المنشور في Strategy Planning Society, London, Sept 1999إلى أن (80%) من المدراء في المؤسسات الخاضعة لدراسته يعتقدون بأن لهم

استراتيجيات ولكن (14%) منهم فقط يرون بأنهم قد نفذوها فعلا. وفي مسح سريع لمجموعة من الشركات العالمية بلغت 114 شركة طبقت 39 منها فقط استراتيجيات معينة.

وعليه فأن تنفيذ الخطط الاستراتيجية يتطلب قادة مؤهلين يتصفون بسمات القيادة الإدارية ويعملون على إقناع الآخرين في التنظيم وخارجه على أن التحولات الاستراتيجية المستهدفة لا تنعكس بمصلحة ذاتية لهم كرؤساء أو كمتنفذين بل أنها جوهرية للحفاظ على مركز الشركة أو المنشاة في الصناعة أو السوق على المستوى الجزئي ولتحقيق التوازن الهيكلي والتنمية المستديمة للاقتصاد على المستوى الكلي.

ولاشك بأن العاملين وخاصة من الكوادر التنموية الواعية والمسؤولة عن تنفيذ الخطط الاستراتيجية يميزون تماما التوجهات المعلنة ويقيمونها وبالتالي يعملون بوعي وفعالية في تحقيقها. وهذا ما يكون محسوسا لديهم تماما عندما يجدون أنفسهم أعضاء في مجموعات (فرق عمل) ملائمة لمسؤولياتهم الوظيفية والتي تتقرر بتأثيراتهم الجماعية نواتج المبادرات والنشاطات التي تتضمنها الخطة الاستراتيجية.

كما ويقتضي التنفيذ الناجح للخطط الاستراتيجية تبني أنظمة حديثة للمكافآت والحوافز ترتبط تماما بإنجاز الأهداف وبنتائج الأداء (والمخرجات) المرتبطة بالاستراتيجيات المقررة. فتتحول الإدارات المعنية إلى إدارات منقادة بالأهداف Goal-Directed Managements وبالتالي تصبح النواتج المتولدة عن تنفيذ الخطة الاستراتيجية محصلة خبرات القيادات الإدارية الواعية والقوى العاملة المتخصصة والماهرة، حيث تكفل شبكة علاقاتهم الشخصية ضمن التنظيم والمجتمع تسهيل مهمات التنفيذ.

وهنا يندمج القادة والمدراء والعاملون في عمليتين رئيستين لإدارة التنفيذ وهما إدارة البرنامج وإدارة المشروع، علما بأن البرنامج الواحد يشمل عدة مشروعات.

ومما يشار إليه، إن هذا الاندماج الفكري البدني قد يخلق بعض الاضطرابات السيكولوجية (الفردية والجماعية) لأطراف التنفيذ وذلك إذا لم يعتادوا من قبل على أي تحول إستراتيجي مخطط في حين يأتي هذا التحول بتغيير هيكل العلاقات التنظيمية وبإعادة تخصيص الموارد البشرية وما يترتب عليها من ترك الوظائف التقليدية السابقة وإهمال سلطات بعض المدراء وإحلال قيم حديثة محل القيم القديمة. وتزداد هذه التغييرات وانعكاساتها السلوكية كلما ازداد الاعتماد على الحوسبة الإدارية والأتمتة التشغيلية والشبكات الإلكترونية.

ثالثا/ محتوى التحول الاستراتيجي:

ينظر إلى هذا المحتوى بكافة تفاصيله وأبعاده وتأثيراته: الداخلية والخارجية، وهو ما يعتمد على جداول سنوية، تتضمن الأهداف المقررة والموارد اللازمة لتحقيقها مع تمييز الطاقات الكامنة التي يمكن أن تظهر أو يكشف عنها بسبب النشاطات أو العمليات أو القرارات التحفيزية المثيرة لمختلف القوى الظاهرة والمخفية.

ونشير في هذا المقام إلى أن الخطة الاستراتيجية عندما تكون ضعيفة بمحتواها الفكري والتكنيكي والعلمي فإن تنفيذها قد يكون مجرد تبذير للوقت والجهد والمال.

وعليه لابد وأن تتناول عملية التخطيط الاستراتيجي توفير المستلزمات الأساسية من مختلف الموارد لها، وبما يزيد من التيقن حول كفاية هذه المستلزمات خلال عمليات التنفيذ، وذلك مع تطوير الموازنات المالية وجعلها قائمة على أساس

البرامج والمشروعات وبما يكفل نجاح عمليات ومهمات إنجاز المشروعات الموجهة نحو دعم النشاطات الإنتاجية المختلفة، وبذلك تكون الموازنات مستمدة من الخطط الاستراتيجية بدلا من محاسبة مالية بحتة.

كما ويذكر في هذا الشأن بناء وتطوير نظم حديثة للمعلومات والاتصالات. وبذلك يمكن ربط الموازنة المالية بمتطلبات تنفيذ الخطط المعينة. وذلك لمنع أي اختناق أو تعطل في تدفق عمليات الإنتاج ونشاطاتها أو أي ارتداد للتنفيذ عن تحقيق الأهداف وخاصة حدوث اضطرابات في تسلسل الأولويات وهدر في الموارد المستخدمة.

ومن ناحية أخرى مع عدم توافر الموارد البشرية الكافية لإدارة واستخدام الأجهزة الرأسمالية المتاحة من مكائن ومعدات وأدوات وسلع أو مواد وسيطة فأن تعطل أعمال التدريب والإعداد والتأهيل قد يؤدي إلى تبذير في رؤوس الأموال المذكورة أو إلى تقادم تكنولوجي ينعكس على الكفاءة التنافسية للمنشآت الإنتاجية. وهذا بالتأكيد يتنافى مع أصول التخطيط الاستراتيجي الذي يتطلب توفير كافة المستلزمات وبتوقيت مناسب لأولويات المشروعات. وإذا ظهرت أية فجوة زمنية بين متطلبات التنفيذ والموارد الفعلية المتاحة فلابد من وضع خطط طوارئ واعتماد إجراءات احترازية لتجاوز أية اختناقات أو بطالة احتكاكية بسبب تفوق مواصفات الوظائف الجديدة مع التحول التكنولوجي على مؤهلات العاملين، من خلال استقدام أصحاب الخبرات الأجنبية بصورة مؤقتة حتى يتم إعداد الكوادر المحلية.

وهكذا فأن توفير المستلزمات الأساسية يتطلب خطط استراتيجية ومساندة وتكتيكية ويتم تحليل الحاجات بالاعتماد على التوقعات العقلانية Rational Expectations التي تسمح بوجود هامش للخطأ (أو الاضطراب) مع تحديث المعلومات بشكل دائم. فمثلا عند الإعداد لربط استراتيجي لخريجي كليات الهندسة بأسواق العمل يفترض إعداد قاعات للمحاضرات مجهزة بكافة وسائل الإيضاح

الحديثة ومختبرات علمية متكاملة مع مستلزماتها من المواد والأدوات وقطع الغيار المختلفة ومكتبات حديثة مفتوحة لساعات متأخرة من المساء...

ومع هذه التسهيلات للبنية التحتية من الضروري تعديل المناهج وبالاتفاق مع المختصين من أصحاب الشهادات الأكاديمية (والمهنية) العليا في سوق العمل وذلك للتوفيق بين الطاقات العلمية والتكنولوجية والثقافية والمالية المتاحة في الجامعة والحاجات الحقيقية لأصحاب الأعمال وبما يجعل مؤهلات الخريجين متطابقة مع مواصفات الوظائف المعروضة.

المبحث الثالث

تخطيط التنفيذ باستخدام شبكة النشاطات (والأحداث)[5]

تبين سابقا أن التخطيط الاستراتيجي يعمل على تكثيف الارتباطات الإنتاجية، فيزداد تداخل النشاطات في مسارات تكفل إنجاز البرامج والمشروعات في أقصر الفترات وبأدنى التكاليف.

وعليه صار من الضروري، أن يتضمن تخطيط التنفيذ إعداد شبكات ذكية لتداخل النشاطات (والأحداث Events).

فظهر لهذا الغرض أسلوبان وهما: Program Evaluation and Review Technique (PERT) أسلوب تقييم وتقويم البرامج و Critical Path Method (CPM) طريقة المسار الحرج. وقد انبثق هذا الأسلوبان من مخطط H. L. Gantt في العام 1908 الذي يعد أقدم أداة تخطيطية مرتبة.

لقد اعتمد (PERT) في أواخر خمسينات القرن العشرين لأغراض التخطيط والجدولة الزمنية والرقابة في مشروع صاروخ Polaris وذلك في ظل حالات من عدم التأكد بينما اعتمد في المقابل (CPM) في بداية ستينات القرن العشرين لجدولة ورقابة المشروعات الصناعية حيث كانت أوقات النشاطات المتضمنة معروفة. وبالتالي فأن التأكد وفق الأسلوب الأخير أكثر وضوحا مما هو مع الأسلوب الأول. وعليه فأن (PERT) يعالج المسائل الاحتمالية وأن (CPM) بالمقابل يتناول القضايا القطعية، حيث لا يرتبط الأسلوب الأخير بعوامل عشوائية كما هو الحال مع الأول بل يقوم على تقليص أزمنة النشاطات بإضافة موارد أكثر للإسراع بزمن الإنجاز.

وعلى أية حال فإن الأسلوبين يستخدمان معا لتخطيط وجدولة ورقابة العديد من المشروعات من خلال:

1- بحث وتطوير منتجات جديدة أو أساليب جديدة للإنتاج.

2- بناء المشروعات الاستثمارية.

3- صيانة الأجهزة والمعدات والمباني.

4- تصميم وتأسيس أنظمة جديدة.

وهكذا مع تكريس استخدامات الأسلوبين لنفس الموضوعات ومع تعاظم دور الحاسبات في الدراسات الكمية صار التمييز بين PERT و CPM في حكم الاختفاء تقريبا.

وبشكل عام يتضمن مخطط الشبكة المفاهيم الآتية:

1- النشاط (Activity) وهو أحد عمليات أو مهمات المشروع، التي يتطلب إنجازها إنفاق موارد إنتاجية معينة وبعض الوقت.

2- حدث (Event) وهو إنجاز نشاط أو سلسلة من النشاطات في نقطة زمنية معينة.

3- شبكة (Network) وهي مجموعة كافة نشاطات المشروع والتي تتداخل (بيانيا) خلال علاقات متتالية، وخلالها تمثل (الأسهم) النشاطات و(المفاصل Nodes) أو (الدوائر) فيما بين الخطوط أو الأسهم الأحداث.

المسار (Path) وهو سلسلة من النشاطات المترابطة من بداية المشروع إلى نهايته.

4- المسار الحرج (Critical path) وهو أي مسار إذا تأخر بعض الوقت تتأخر عملية استكمال المشروع ككل.

5- النشاطات الحرجة Critical Activities وهي النشاطات التي تقع على المسار الحرج.

ولتكوين مخطط الشبكة لابد من اتباع الخطوات الآتية:

1- تجزئة المشروع (أو العمل المقرر) إلى أحداث متداخلة حيث تحدد التداخلات تكنيكيا وتقيم اقتصاديا، فيكون لكل نشاط حدث سابق وآخر لاحق، وبالتالي يشار إلى كل نشاط برقم مزدوج مثل (1-2) وهنا يجري تمثيل بياني لكافة العلاقات المتتالية ضمن النشاطات المحددة. ففي المخطط الآتي (1-6) تمثل (الدوائر) مفاصل الربط (Nodes) و(الأسهم) استدامة النشاط Duration بوحدات زمنية معينة لتتابع الربط بين حدثين وفقط بين حدثين.

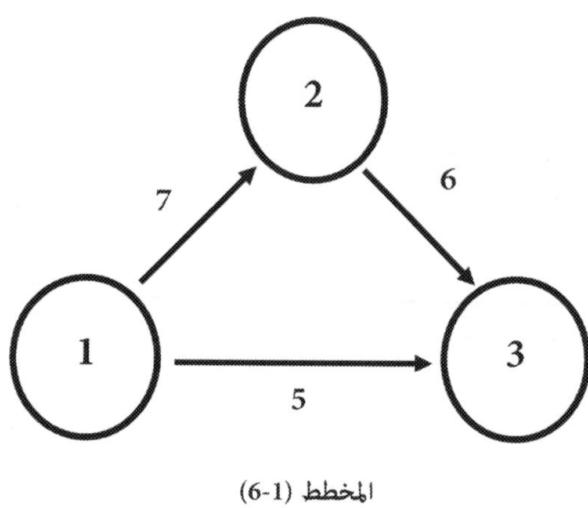

المخطط (1-6)

2- تحديد وقت إنجاز كل نشاط مع بيان بدائل الوقت حسب أسلوب الإنجاز وظروفه.

3- يستخدم أحيانا ما يعرف بالنشاط الأصم Dummy والذي يشار إليه بسهم منقط عادة ويعتبر نشاطا تصوريا أو قيدا لبناء العلاقات الملائمة بين النشاطات ولا يتطلب لتنفيذه أزمنة أو مواردا معينة، كما هو واضح في المخطط الآتي (2-6)

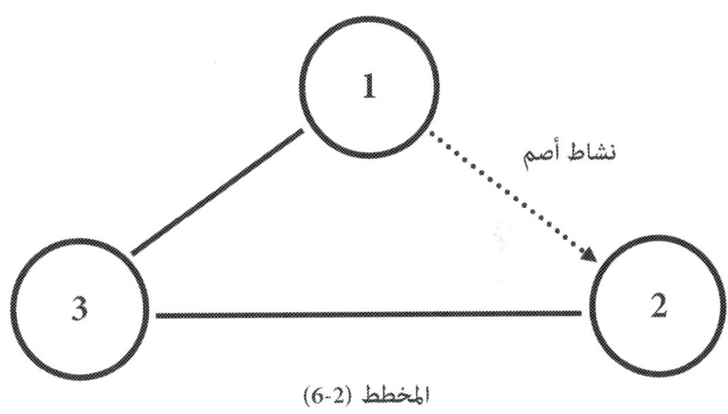

المخطط (6-2)

إن النشاط الأصم يسهم في حل مشكلة عدم تتابع النشاطات، كما هو واضح في المخططين (6-3) و (6-4) الآتيين حيث يغيب التتابع في المخطط الأول وهذا ما يصححه النشاط الأصم في المخطط الثاني:

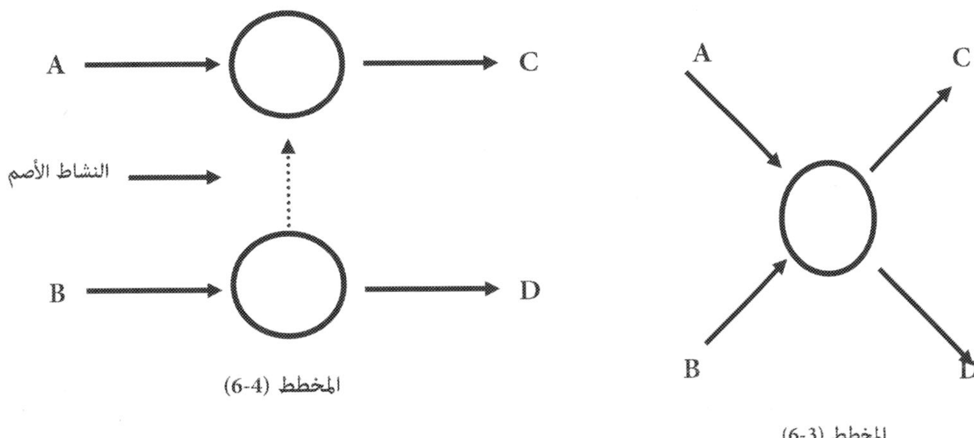

المخطط (6-4)

المخطط (6-3)

4- احتساب المسارات وثم النشاطات الحرجة والزمن الاحتياط ولهذا الغرض يفترض التمييز بين الأوقات الآتية:

أ- الوقت الابتدائي للحدث (EOT) (Earliest Occurrence Time) والذي يحتسب بإضافة وقت النشاط وباتجاه الأمام نحو حدث الهدف.

ب- الوقت الأخير للحدث (LOT) (Latest Occurrence Time) والذي يحتسب بالارتداد إلى الخلف باتجاه حدث البداية وطرح وقت النشاط بين الحدثين.

ت- وقت التعويم الكلي (TF) Total Float لنشاط ما هو الفرق بين (LOT) لحدث الهدف و (EOT) لحدث البداية ناقصا وقت النشاط.

ث- وقت التعويم الحر (FF) Float Free لنشاط ما هو الفرق بين (LOT) لحدث الهدف و (EOT) لحدث البداية ناقصا وقت النشاط.

ج- وقت التعويم المستقل (LOT) لحدث البداية ناقصا وقت النشاط.

ح- وقت الابتداء الأكثر مبكرا (EST) Earliest Start Time الوقت الأكثر مبكرا عنده قد يبدأ نشاط ما.

خ- وقت الانتهاء الأكثر مبكرا (EFT) (Earliest Finish Time) الوقت الأكثر مبكرا عنده قد يكتمل نشاط ما.

د- وقت الابتداء الأكثر تأخيرا (LST) (Latest Start Time) الوقت الأكثر تأخيرا عنده نشاط ما قد يبدأ دون شرط اكتمال المشروع.

ذ- وقت الانتهاء الأكثر تأخيرا (LFT) (Latest Finish Time).

ر- تعطل (S) Slack وهو طول الوقت الذي يمكن تأخيره في إنجاز نشاط ما وذلك دون أن يترتب على ذلك أي تأخير على فترة إكمال المشروع.

ولتوضيح هذه الحقائق نتصور مشروعا استثماريا لبناء معمل للنسيج، كما يأتي:

يحدد الزمن المتوقع من خلال توزيع Beta الاحتمالي:

حيث أن (to) هو الزمن التفاؤلي Optimistic الذي هو دون عوائق وأن (tp) هو الزمن التشاؤمي Pessimistic الذي تسود خلاله صعوبات.

وأن tm هو الزمن الأكثر إمكانا Likely Most عند تنفيذ النشاط على وجهه الأكمل.

ومع اعتماد الصيغة السابقة فإن الزمن المتوقع لإنجاز كل من النشاطات التي سيضمنها المشروع المذكور، يمكن تحديده كما هو وارد في الجدول الآتي:

الجدول رقم (6-1)

الزمن المتوقع لكل من النشاطات الخاصة بتنفيذ المشروع المقترح

نوع النشاط	tm	tp	to	T
إجراءات التأسيس	8	10	6	8
التصاميم والإنشاءات	11	20	8	12
توريد ونصب المكائن	6	8	4	6
أسس حماية البيئة	5	7	3	5
أنظمة الخزن والصيانة	15	20	10	15
إعداد وتدريب العاملين	10	18	6	14
تنظيم خطوط الوكلاء	9	14	10	10
أنظمة السيطرة النوعية	8	16	6	9
خطة الإنتاج ومستلزماتها	4	6	2	4
التشغيل التجريبي	6	14	4	7

وبغرض تحديد كل من (LOT) و (EOT) و (TF) و (FF) و (IF) و (EST) و (EFT) و (LST) و (LFT) وثم (S) الذي يعادل (TF) وذلك ضمن تحليل الزمن المتوقع لكل نشاط يمكن إدخاله في المشروع الاستثماري المقترح السابق، نعرض الجدول رقم (2-6) الآتي والذي يفسر في المخططين رقم (5-6) ورقم (6-6) اللاحقين.

الجدول رقم (2-6)

ترتيب نشاطات مشروع استثماري مقترح

نوع النشاط	اتجاه النشاط	LOT	EOT	TF	FF	IF	EST	EFT	LST	LFT	S	الزمن المتوقع لكل نشاط
إجراءات التأسيس	1-2	8	8	0	0	0	0	8	0	8	0	8
التصاميم والإنشاءات	2-3	24	20	4	0	0	8	20	12	24	4	12
توريد ونصب المكائن	3-6	29	25	4	0	-4	20	25	24	29	4	5
أسس حماية البيئة	2-6	29	23	6	2	2	8	23	14	29	6	15
أنظمة الخزن والصيانة	2-7	33	22	11	11	11	8	22	19	33	11	14
إعداد وتدريب العاملين	2-4	14	14	0	0	0	8	14	8	14	0	6
تنظيم خطوط الوكلاء	4-5	24	24	0	0	0	14	24	14	24	0	10
أنظمة السيطرة النوعية	5-7	33	33	0	0	0	24	33	24	33	0	9
خطة الانتاج	6-7	33	29	4	4	0	25	29	29	33	4	4
التشغيل التجريبي	7-8	40	40	0	0	0	33	40	33	40	0	7

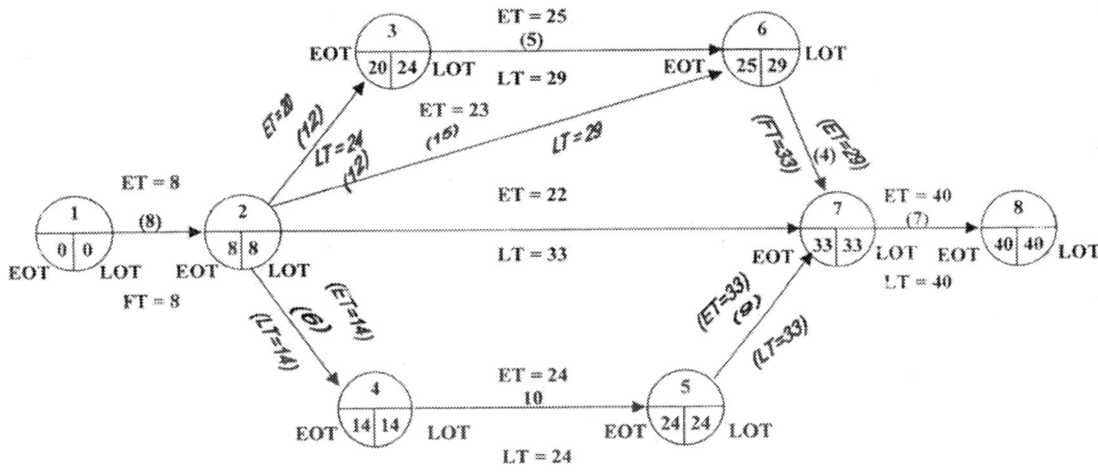

المخطط (5-6)

ويلاحظ في هذا المخطط بأن المرور الأمامي باتجاه أي مفصل (أي حدث) يحتسب أقصى مسافة.

فمثلا بالنسبة للمفصل (6) يكون الزمن (25) وذلك باحتساب:

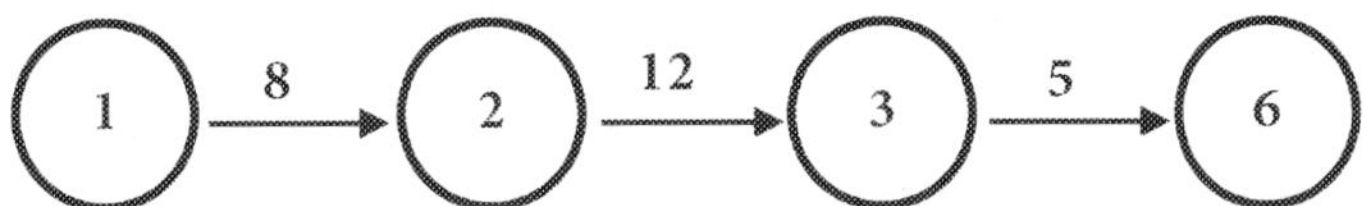

بدلا من:

كذلك الحال بالنسبة للمرور الخلفي، فمثلا بالنسبة للمفصل (2) انطلاقا من (7) يحتسب الزمن كما يأتي:

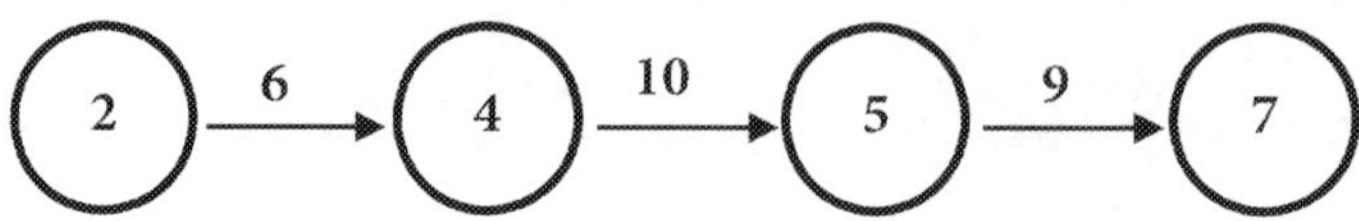

وذلك بدلا من:

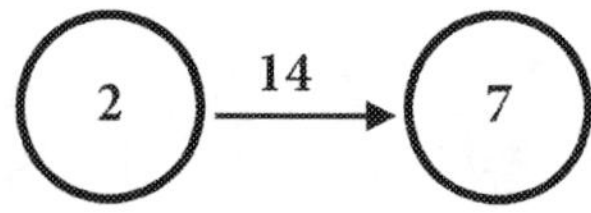

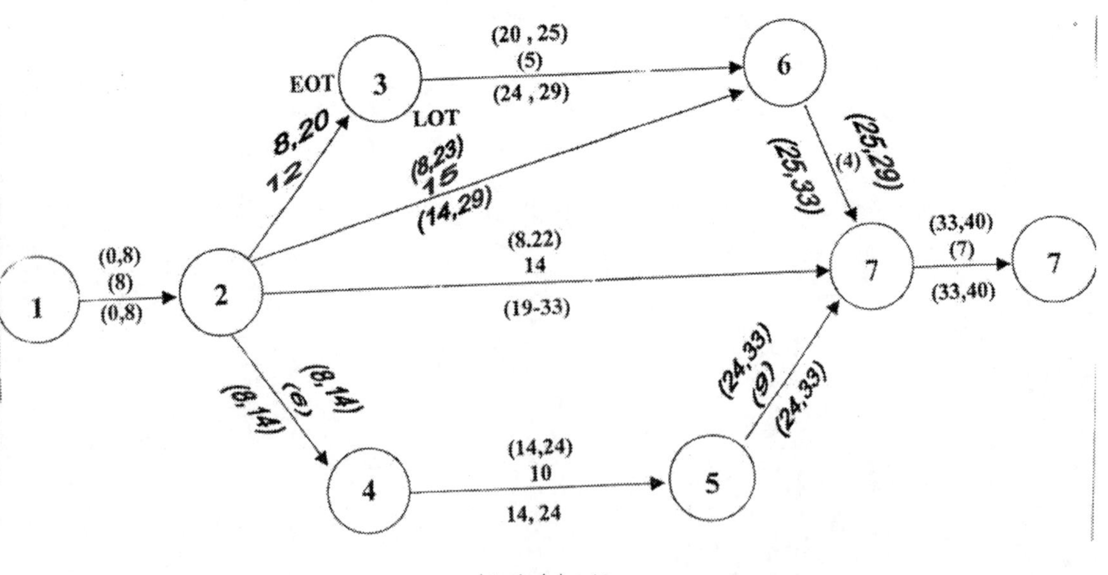

المخطط (6-6)

أسلوب PERT:

لتطبيق هذا الأسلوب، يعتمد جدول تفصيلي ومخطط شبكة لنشاطات المشروع-كما عرضناهما سابقا-ثم تميز الأوقات المعطلة (Slacks) من الأوقات المقدرة لهذه النشاطات، فتحدد نشاطات المسار الحرج بتلك التي تكون قيم هذه الأوقات المعطلة صفرا، ففي المشروع السابق تكون النشاطات الحرجة (1-2) و (2-4) و (4-5) و (5-7) و (7-8).

ويعتمد أسلوب PERT على مقاييس التباين والانحراف المعياري والتوزيع الطبيعي حيث يحدد التباين لمجال إدامة كل نشاط على انفراد وثم للمجال الكلي للمسار الحرج، وهنا نحتاج إلى ثلاث قيم من التوزيع الاحتمالي للزمن:

1-الزمن المتفائل: Optimistic (to) والذي هو دون عوائق أو اختناقات.

2-الزمن المتشائم: (Pessimistic) (tp) حيث هناك صعوبات أو اختناقات.

3-الزمن الأكثر إمكانا أو احتمالا Most Likely (tm) عند تنفيذ النشاط على وجهه الأكمل.

ومع اعتماد صيغة التوزيع الطبيعي

$$Z = \frac{D - T}{\sigma}$$

الوسط الحسابي = T

وهو الوقت المتوقع لإكمال المشروع أو توزيع beta الاحتمالي، والذي سبق وأن ذكرنا بأنه يتحدد على وفق الصيغة الآتية:

$$T = \frac{to + 4tm + tp}{\sigma}$$

الزمن المرغوب لإكمال المشروع = D

عند احتساب (σ) للنشاط الواحد:

$$\sigma_{\bullet} = \frac{tp - to}{\sigma}$$

وعند احتساب (σ) لمجمل المسار الحرج

$$\sigma = \sqrt{\sum_{i=1}^{n} \sigma_i^2}$$

ولتطبيق الصيغ السابقة نعرض الجدول الآتي المستمد من حقائق المشروع السابق.

الجدول رقم (6-3)

نشاطات المسار الحرج وتقديرات t, σ

الأنشطة الحرجة	tm	tp	to	σ	σ^2	T
1-2	8	10	6	0.67	0.45	8
2-4	10	18	6	2.00	4.00	6
4-5	9	14	10	0.67	0.45	10
5-7	8	16	6	1.67	2.79	9
7-8	6	14	4	1.67	2.79	7
					10.481	**40**

وعليه فإن:

$$\sum_{i=1}^{n} \sigma_i^2 = 10.48$$

وبالتالي فإن σ لمجمل المسار الحرج سيكون مساويا:

$$\sqrt{\sum_{i=1}^{n} \sigma_i^2} = \sqrt{10.48} \cong 3.238$$

ومع تطبيق الصيغة السابقة للتوزيع الطبيعي، وإذا تصورنا الزمن المرغوب لإكمال المشروع (48) , (45).

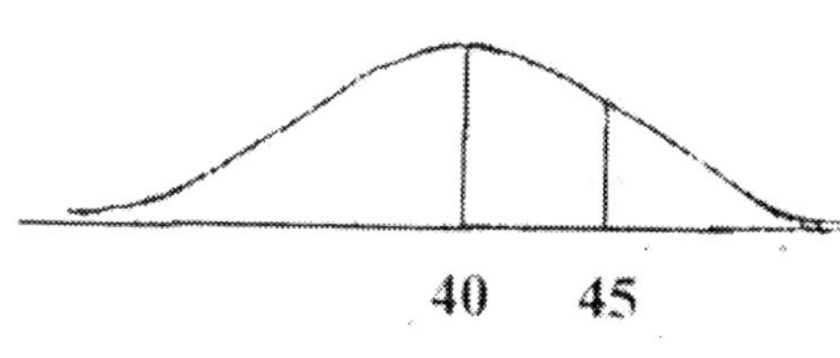

الشكل (6-12)

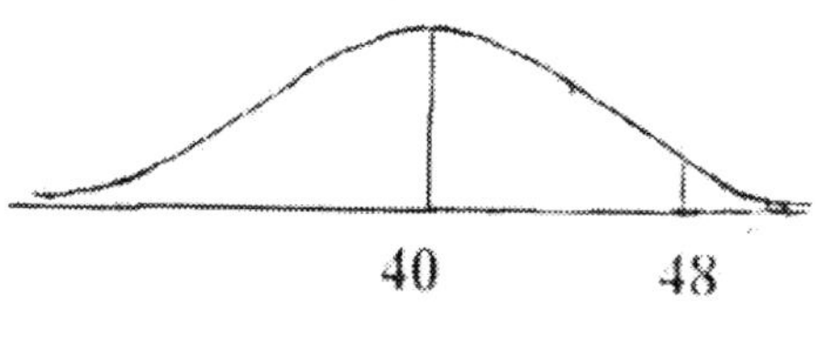

الشكل (6-13)

$$Z = \frac{45-40}{3.238}$$

$$= 1.54$$

عند Z = 1.54 فإن احتمالية إكمال المشروع مع D = 45 تبلغ 0.9382

$$Z = \frac{48-40}{3.238}$$

$$= 2.47$$

عند Z = 2.47 فإن احتمالية إكمال المشروع مع D = 48 تبلغ 0.9934

أسلوب CPM:

أشرنا سابقا بأن أسلوبي PERT و CPM يبدأن بتطوير شبكة لمسار النشاطات والأحداث. غير أن CPM مقابل PERT يعد تحديديا.

وبموجب هذا الأسلوب تصنف التكاليف بين (مباشرة) والتي تضم العمل ورأس المال و(غير مباشرة) التي تتعلق بالإيجارات والتأمين والخدمات الإدارية.

وثم تحدد النشاطات التي تتسم بتصادم أوقاتها Crashing مما يساعد على اختصار الزمن، إلا أن ذلك يتطلب تكاليف توسعية (تحفيزية) Expanding Costs للإسراع بالنشاطات، وهنا فإن العلاقة بين زمن استدامة نشاطات المسار والتكاليف المباشرة اللازمة تكون عكسية، ويعتمد لهذا الغرض على ميل التكلفة/الزمن لكل نشاط على انفراد حسب الصيغة الآتية:

$$\text{الميل} = \frac{\text{التكلفة المتوقعة (أو الطبيعية) - تكلفة تصادم النشاط}}{\text{الزمن المتوقع (أو الطبيعي) - زمن تصادم النشاط}}$$

وفي سلسلة من التحولات الممكنة من مسار إلى آخر وبعد تلافي الأزمنة المتصادمة يتم اختصار الوقت الكلي للمسار الحرج إلى أدنى فترة ممكنة.

واعتمادا على مثال المشروع الاستثماري المقترح سابقا نعرض الجدول الآتي علما بأن التكلفة غير المباشرة هي (2000) دينار لوحدة الزمن (الأسبوع مثلا).

جدول (4-6)

ميل الكلفة المباشرة/الزمن لنشاطات مشروع مقترح

النشاط	الزمن المتوقع	زمن التصادم	الكلفة المتوقعة	كلفة التصادم	ميل الكلفة/الزمن
1-2	8	4	4000	7000	750
2-3	12	9	5000	6800	600
3-6	5	3	3000	5400	1200
2-6	15	9	6000	12000	1000
2-7	14	8	2000	7400	900
2-4	6	2	7000	9000	500
4-5	10	5	2000	5250	650
5-7	9	5	4000	7200	800
6-7	4	3	5000	6500	1500
7-8	7	4	3000	5100	700
			41000		

وكما عرضنا سابقا يوضح المخطط الآتي الجدول السابق:

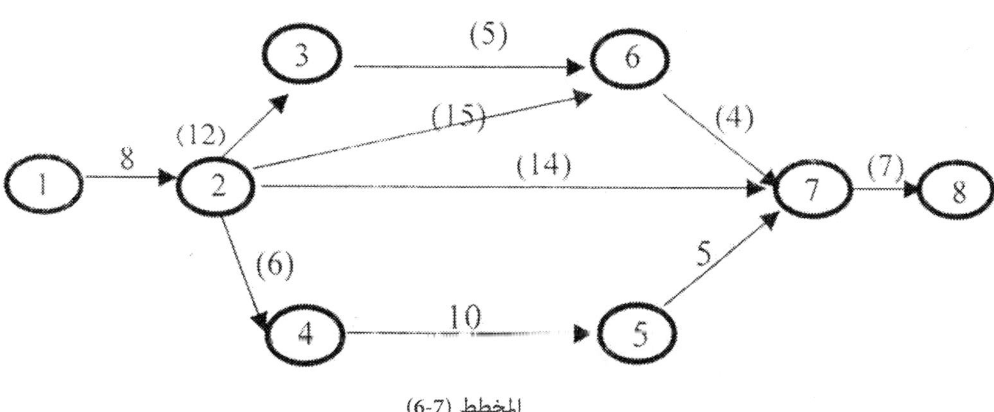

المخطط (7-6)

إن المسار الحرج في هذا المخطط هو (8-7-6-5-4-3-2-1) والذي يستغرق (40) أسبوعا وتبلغ تكلفته المباشرة الكلية (41000) دينار وباعتماد مؤشر الميل نجد بأن النشاط (4-2) يعد مصطدما Crashed لأن لهذا النشاط الميل الأدنى وبعد هذا الاصطدام الزمني فإن زمن النشاط يصبح أسبوعين.

وإذا ما جعلنا المسار الحرج (8-7-6-3-2-1) فإن زمنه يكون (36) أسبوعا وتبلغ تكلفته المباشرة الكلية 43000 دينار وذلك بإضافة الفرق بين الكلفة الطبيعية (المتوقعة) وتكلفة الاصطدام إلى التكلفة المباشرة الكلية الخاصة بالمسار السابق. ويلاحظ في هذا المسار أن للنشاط (3-2) الميل الأدنى وبالتالي سيصبح هذا النشاط مصطدما.

وعندما نعود إلى المسار الحرج (8-7-6-5-4-3-2-1) وذلك بزمن يبلغ (36) أسبوعا وبتكلفة مباشرة كلية تصل (44600) دينار، وهنا يلاحظ النشاط (5-4) نشاطا مصطدما بسبب ميله الأدنى.

وفيما بعد نتحول إلى المسار (8-7-6-2-1) والذي (34) أسبوعا وتبلغ تكلفته المباشرة الكلية (47850) دينارا، ويعد في المسار النشاط (8-7) لميله الأدنى للنشاط المصطدم.

وبالرجوع مرة أخرى إلى المسار الحرج الأول (8-7-5-4-2-1) والذي يستغرق (28) أسبوعا وتبلغ تكلفته المباشرة الكلية (49950) دينارا، يعد النشاط (2-1) مصطدما لكونه يمتلك ميلا أدنى.

وحيث أن الميل الأدنى في الجدول السابق-فيما بين النشاطات المتبقية غير المصطمة-يكون للنشاط (7-5) الذي هو على المسار الحرج السابق فيصبح هذا النشاط مصطدما، وبالتالي يكون الزمن الكلي لإكمال المشروع ضمن هذا المسار (20) أسبوعا وتكون التكلفة المباشرة الكلية (56150) دينارا.

وبما أن كافة نشاطات المسار المذكور قد أصبحت مصطدمة فلا يوجد بعد ذلك أي مجال لتجاوز زمن آخر.

وفيما يلي نعرض جدولا بالتحولات السابقة للمسار الحرج وحتى تبلغ أدنى زمن لإنجاز المشروع وذلك المشروع وذلك مع احتساب تفاصيل التكاليف المباشرة وغير المباشرة.

الجدول رقم (5-6)

تغيير التكاليف والأوقات حسب المسارات المقترحة

الكلفة الكلية بالدنانير	الكلفة غير المباشرة الكلية بالدنانير	الكلفة المباشرة الكلية بالدنانير	وقت المشروع بالأسابيع	النشاطات المصطدمة المتراكمة	المسارات المقترحة
121000	80000	41000	40	2-4	(1-2-4-5-7-8)
115000	72000	43000	36	(2-3) ,(2-4)	(1-2-3-5-6-7-8)
116600	72000	44600	36	(2-3),(2-4),(4-5)	(1-2-4-5-7-8)
115850	68000	47850	34	(2-3)،(2-4) ،(4-5)(7-8)	(1-2-6-7-8)
105950	56000	49950	28	(1-2)،(2-3)،(2-4)،(4-5)(7-8)	(1-2-4-5-7-8)
96150	40000	56150	20	(1-2)،(2-3)،(2-4)،(4-5)،(5-7)،(7-8)	(1-2-4-5-7-8)

وبالإضافة إلى أسلوبي (CPM) و (PERT)، ظهر في العام 1964 أسلوب مخطط الأسبقية The (PDM) Precedence Diagram Method وذلك لتجاوز حالة الربط التقليدي المباشر والمنفرد بين (الانتهاء) من النشاط السابق Predecessor و(الابتداء) بالنشاط اللاحق Successor.

لقد أضاف أسلوب (PDM) إلى العلاقة السابقة التي لازالت تعد جوهرية، عدة علاقات أخرى، والتي منها:

1-الابتداء-إلى-الابتداء Start-to-Start

يتحقق هذا المسار عند ربط (الابتداء) تجميع المحاصيل في الحقل (M) مثلا و (الابتداء) إعداد الشاحنات لنقلها (N) في نفس الوقت مثلا في الساعة الثامنة صباحا (المخطط 8-6):

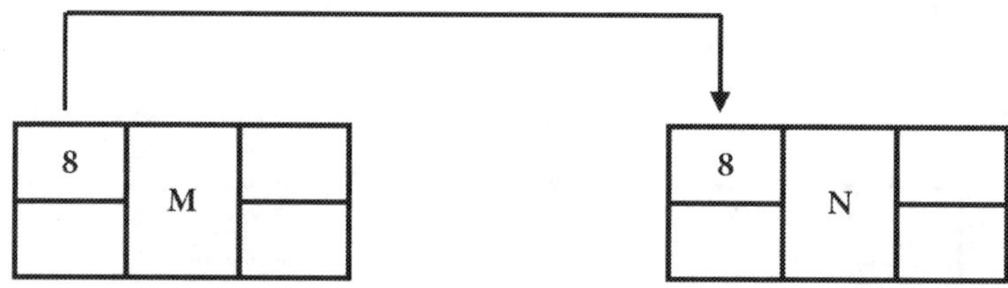

المخطط (6-8)

2-الانتهاء-إلى-الانتهاء Final-to-Final

يقوم هذا المسار على ربط (الانتهاء) من تجميع المحاصيل الزراعية (K) مثلا بـ(الانتهاء) من بناء مخزن مبرد لهذه المحاصيل (L) مثلا في الساعة العاشرة صباحا (المخطط 9-6).

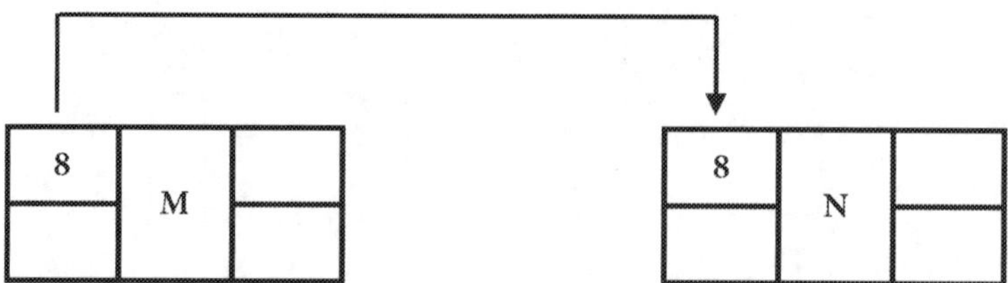

المخطط (6-9)

3-الابتداء-إلى-الانتهاء Start-to-Finish

يربط هذا المسار (الانتهاء) من إغلاق خلايا النحل (T) مثلا بـ(الابتداء) من رش الحقل بالمبيدات الحشرية (S).

ويعد هذا المسار غير اعتيادي، بل ويظهر من حيث الاتجاه الأمامي Forward كعلاقـة (الانتهـاء-إلى-الابتداء (Final-to-Start (FS)). غير أن المسألة ينظر إليها من اتجاه خلفي Backward (المخطط 10-6).

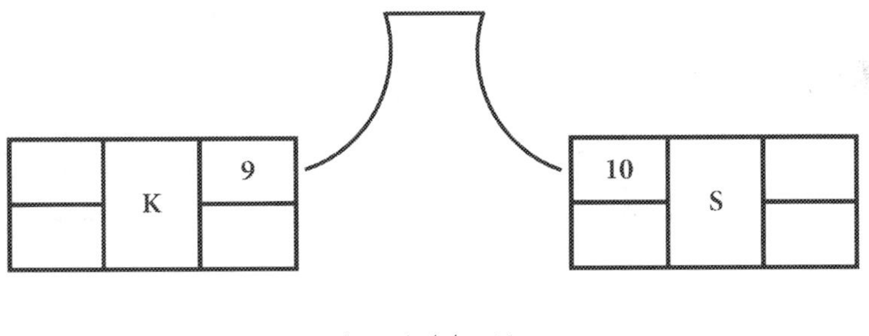

المخطط (6-10)

المبحث الرابع

رقابة التنفيذ[6]

تقوم رقابة التنفيذ على متابعة وتقويم التطبيقات الميدانية للخطط المعتمدة. وفي سبيل ذلك توضع آلية يصممها ويشرف عليها مجلس من الخبراء المتخصصين. فتتم الرقابة من خلال مقارنة خطة التنفيذ التي تعد النسخة التطبيقية المستمدة من الخطة الاستراتيجية المقررة مع الوقائع الجارية لعملية التنفيذ.

ولاشك أن لخطة التنفيذ دورا هاما عند المتابعة والتقويم وذلك لأنها تضم مجموعة من المشروعات تخضع لسيناريوهات تطبيقية ولتكتيكات لوجستية، مما يجعل برامج الخطة الاستراتيجية محصنة من حالات تعارض مشروعاتها أو مما يمكن أن يولده مشروع ما من ناتج حرج لمشروعات أخرى ضمن نفس البرنامج أو في سياق الخطة المعنية، وخاصة عندما يعيق أي تأخير لمشروع معين إنجاز مشروع آخر وحتى كامل البرنامج، وما يترتب على ذلك من تكاليف إضافية في الوقت والموارد والتي قد تكون غير محتسبة.

وعليه فإن تنسيق المشروعات ضمن البرنامج الواحد من جهة وتنسيق البرامج المتعددة ضمن الخطة الواحدة من جهة أخرى سيتحققان من خلال فرق الأعمال ولا يتأتيان من قرارات فردية يصدرها مدراء المشروعات. كما لا يتجاوز دور هؤلاء المدراء عن تقديم النصح بالإفادة من خبراتهم الشخصية في التخطيط و/أو المتابعة.

وعلى أية حال، تتطلب رقابة التنفيذ قيام المجلس المذكور بوضع برامج خاصة بالرقابة الدورية بالإضافة إلى القيام ببعض المسوحات الاستثنائية لكشف الانحرافات عن الخطة الاستراتيجية من حيث التوقيتات والأولويات والتكاليف

والنواتج...مع اقتراح المعالجات الكفيلة بتجاوز الانحرافات السلبية ودعم نقاط القوة واستثمار الفرص الجديدة.

وهنا فأن القيام بممارسات ملائمة في التنفيذ وبما يعكس تطبيقا دقيقا للخطة الاستراتيجية يعد أفضل بكثير من مجرد الانشغال بالتحديث.

ويؤكد في هذا المجال على تشخيص التغذيتين الخلفية Feedback والأمامية Feed forward وبحالتيهما الإيجابية Positive والسلبية Negative. وهذا ما يتطلب إجراء اختبارات SWOT وتحليلات PESTING وبطبيعة لا يتم كل ذلك بنفس التفاصيل بشكل متكرر فمثلا يصعب تحقيق هذا الأمر مع المراجعات الدورية الشهرية التي اقترحت في نموذج Hoshin. وآنذاك قد يفضل هذا العمل بشكل سنوي. ويوضع لهذا الغرض جدول نتائج المسح الميداني للتحليل المقارن وذلك بواقع جدول واحد لكل هدف وذلك بالتشاور مع فرق الأعمال المشكلة فتحدد مسؤوليات كافة الأقسام وتوثق في الخطط السنوية.

كما ويفترض تطوير مقاييس أو مؤشرات معينة لتحديد مدى التقدم في التنفيذ من حيث الزمن والقطاع والمؤسسة.

وفي هذا الشأن نشير (على مستوى التنظيم الخاص بالأعمال) إلى بعض مؤشرات التنفيذ مثل:

1- نسبة إنجاز المشروع ضمن البرنامج المقرر.

2- تغيير كل من أحجام المبيعات وحصة الشركة في الأسواق.

3- معدل الابتكارات المنجزة وانعكاساتها الملموسة على كفاءة إنجاز المشروع وإنتاجية كل عنصر إنتاجي أولي.

4- معدل عائد الاستثمار.

5- تمايز المنتوج عند الاستعمال.

6- نسبة التوازن الديناميكي ما بين تحقق الأهداف واستثمار الموارد ومعدلات الاحتياطات الموردية لكل برنامج ومشروع.

ويجري التأكيد (على مستوى الاقتصاد الكلي) على المؤشرات الآتية للإنجاز:

1- التفاوت ما بين التشغيل الفعلي والتشغيل المخطط لكل من القوى العاملة والطاقات الإنتاجية المتاحة.

2- التفاوت ما بين المعدل الفعلي والمعدل المخطط لتكوين رأس المال الثابت الإجمالي.

3- التفاوت ما بين المعدل الفعلي والمعدل المخطط لاستثمار الأراضي الصالحة للزراعة والمياه المتوفرة للأغراض الإنتاجية.

4- التفاوت ما بين الحصص الفعلية والحصص المخططة لكل قطاع إنتاجي في كل من الناتج المحلي الإجمالي وتكوين رأس المال الثابت الإجمالي وتشغيل القوى العاملة والقطاع الخارجي... والقطاع الخاص.

5- تحليل المستخدم/المنتج (المقارن).

6- الفائض أو العجز في كل من الميزان الجاري وميزان المدفوعات...

وهكذا يمكن تحديد مسؤوليات التنفيذ وتشخيص نقاط الانحراف وتقويم العمليات الجارية من خلال تطوير أو إعادة تعريف العمليات الضرورية للاتجاه الاستراتيجي الجديد أو إلغاء العمليات القديمة.

ويقترح في هذا المجال ترتيب منتديات ملائمة للقيام بترويج نشط وواسع للخطط الاستراتيجية ونشرها عن طريق ندوات وورشات عمل ولقاءات متخصصة. وبذلك يمكن تعديل بعض الخطط الخاصة بمهام معينة وبإضافة عمليات جديدة تؤسس لها وحدات ملائمة. وكل هذا حسب مقاييس تكشف عن توافق النشاطات مع الموارد.

وقد يتطلب الأمر الالتجاء إلى حالات من التحالف مع شركات مماثلة أو الاندماج بشركات كبرى أو الارتباط المالي والإداري بشركات قابضة أو زيادة الانخراط بالبيئة Synergy... وكل ذلك لمواجهة الظروف المتقلبة وتطويعها لمتطلبات الخطة الاستراتيجية.

وفضلا عن ذلك قد يكون من الضروري تغيير الثقافة التنظيمية لدعم عمليات تنفيذ الخطة الاستراتيجية. وهو ما يتحقق من خلال تطوير خبرات صانعي القرارات من جانب وتفسير الأفكار التي تحملها تفاصيل التغييرات التي تتضمنها الخطط الاستراتيجية. وان المهم هنا هو إحاطة كافة المدراء والعاملين بالأمان. ومع تطوير أساليب التنفيذ يمكن إنجاز البرامج ومشروعاتها بكفاءة عالية وهناك يمكن تعميق القناعات على مختلف الصعد الإدارية والاجتماعية.

وعلى ما سبق فإن مع تكريس السلوك المؤسسي تصبح لكل تنظيم ثقافته الخاصة المستمدة من فلسفته وقيمه ومعتقداته وتقاليده ومؤثراته الاجتماعية والبيئية الأخرى.

ولاشك إن تعميق الثقافة المؤسسية ونشرها وتوكيدها يسهم في دعم نقاط القوة وتجنب نقاط الضعف فتتولد الابتكارات وتبرز عوامل التجديد وآنذاك يمكن تقبل التزامات التغيير الاستراتيجي بكافة أبعادها وآثارها الاقتصادية والاجتماعية والسياسية والسيكولوجية...

وهنا يثار تساؤل: عند التعارض بين التغييرات الاستراتيجية والثقافات القائمة، أيهما تتعدل تجاه الأخرى؟

بصورة عامة، يمكن القول أن المخطط يجب أن يحتاط تجاه أي حالة من هذا التعارض وذلك بالاعتماد على تحليلي SWOT و PESTING اللذين لابد وأن يتبعا ابتداء بإعداد بيان الرسالة وانتهاء بالتنفيذ والمتابعة والتقويم. ومن تكرار هذه التطبيقات الاختبارية يمكن تضييق الفجوة بين التغييرات السلوكية التي تظهر خلال

الممارسة في العمل والمتطلبات السلوكية لإنجاز المهمة التخطيطية الاستراتيجية. وبالتالي فإن من المتوقع ألا يحدث تعارض شديد ومؤثر ومزمن في وقت يسود تحول مؤسسي على كافة مستويات القيادة والتنظيم والتنسيق والاتصالات والسياسات والإجراءات وكل ذلك مع تكريس القيم المؤسسية الحديثة القائمة على مبادئ الإدارة العلمية الديموقراطية وشبكات المعلومات المتقدمة. ففي ظل هذه المعطيات تترسخ روح المخاطرة والابتكار والاندفاع الذاتي وتسيطر بالتالي السلوكيات الإنتاجية المعتمدة على انتمائية كافة القادة والعاملين وأصحاب الأسهم والزبائن وحتى المجتمع المحيط للتنظيم المعني ومهما كانت صفته تنافسية خاصة أو تنموية اقتصادية عامة.

ومما يكفل أكثر هذا التوافق بين الثقافة التنظيمية والخطة الاستراتيجية هو إعطاء نوع من الاستقلالية لإبراز السمات الخاصة المتميزة للأقسام والأشخاص ولما يولده ذلك من زيادة الإحساس بحرية المبادرة والتقويم والابتكار.

كما ويفترض بالتنظيم وبكافة مكوناته، ابتداء بالإدارة العليا وانتهاء بالإشراف الأولي إبداء الحرص التام على التجاوب السريع مع التغييرات التي تحدث أحيانا وتحت مؤثرات ظروف معينة، غالبا ما تكون خارجية، وذلك للحفاظ على مسار التكييف الاستراتيجي للسلوك والمهارة. وهنا تسهم القيم المستمدة من الأصول الاجتماعية (والأسرية) والعلاقات الإنسانية وأنظمة الحوافز وبرامج التدريب السلوكي والمهني دورا بارزا في هذا التكيف.

ومما يشار إليه في هذا المقام، أن الصعوبات التي تتأتى من مخاطر غير متوقعة من البيئة الخارجية كحدوث كوارث طبيعية أو اضطرابات سياسية أو اجتماعية...في كافة هذه الحالات وغيرها فإن الخطة الاستراتيجية سوف تصطدم بعقبات كبيرة قد تنعكس-عند تعطل التنفيذ ولفترات معينة-على الثقافة السائدة سواء كانت ضمن تنظيم معين للأعمال أو في اقتصاد كلى ما وبكافة تنظيماته المسؤولة

أو ذات العلاقة بإعداد وتنفيذ ومتابعة وتقويم الخطة الاستراتيجية. وهو ما يمكن معالجته جزئيا عن طريق وضع خطط أزمات تعتمد على برامج هادفة للأعلام يضعها المختصون في هذا المجال وكذلك على برامج أخرى للاتصالات المباشرة ضمن التنظيمات المعينة ومع الزبائن وقادة المجتمع بالإضافة إلى أنظمة الحوافز المختلفة...

ومهما يكن من الأمر فإن رقابة التنفيذ تعتمد أساسا على تقارير متابعة والتي تأتي من مصادر متعددة، أهمها:

1- تقارير الجهات المنفذة

والتي تسجل ملاحظاتها اليومية حول وقائع التنفيذ وتغذيتها الخلفية للأهداف والأولويات والتخصيصات الواردة في الخطط المقررة، ومن ثم تحدد عوائق التنفيذ ومشكلاته وبالتالي تشخص الانحرافات عن مسارات الخطط المذكورة.

وهكذا يمكن عرض أهم المعالجات الضرورية لتصحيح هذه الانحرافات وبما يكفل التوفيق بين الأهداف المقررة والإمكانات المتاحة في إطار متسق ومتكامل.

2-تقارير المختصين برقابة التنفيذ

يعين أشخاص يتسمون بالكفاءة والدقة والأمانة للقيام بمتابعة ميدانية لتنفيذ الخطط المقررة. وتتسم تقارير هؤلاء عادة بثقة أكبر وذلك لما يفترض فيها أن تعد بمهنية عالية.

كما وأن هؤلاء الأشخاص لا يجدون غالبا أي مصلحة في إخفاء أخطاء التنفيذ لأنهم يمارسون وظيفة المتابعة ولا يتحملون أي وزر من هذه الأخطاء كما وأنهم لا يتحملون مسؤولية النواقص أو الضعف في صياغة الخطة المعتمدة.

ويقف مع هؤلاء المختصين المتفرغين لمتابعة تنفيذ الخطط أشخاص آخرون يعملون في مؤسسات رقابية رسمية مثل دوائر الرقابة المالية والصحية والبيئية...

3- تقارير منظمات المجتمع المدني والإعلاميين

أن أعضاء منظمات المجتمع المدني والعاملين في المجال الإعلامي يعتبرون من بين أصحاب المصالح المتأثرة بالتخطيط الاستراتيجي. وبالتالي من الضروري الاهتمام بملاحظات وانتقادات ومقترحات هؤلاء، وذلك لأن المهم هو محتويات الأفكار التي تجري إثارتها وليس البحث عن مبررات لدحض هذه الأفكار أو لاتخاذ موقف دفاعي أو مواجهتها باعتبارها صادرة عن جهات غير مختصة في التخطيط أو غير مسؤولة عن التنفيذ.

وبالنسبة لكافة هذه التقارير يؤكد على ضرورة تسجيل كافة الملاحظات والمقترحات عن نشاطات التنفيذ اليومية وصعوباتها ومعالجتها بدقة وعدم التأخير وذلك لأن أي تأجيل أو إهمال لهذه العملية قد يؤدي فيما بعد إلى نسيان تفاصيل الملاحظات والمقترحات المعنيتين حيث تصبحان من الأمور الاعتيادية فيما بعد، لا تستحقان الاهتمام.

الهوامش

1) لمزيد من التفاصيل:

تومسون و أ.ج. ستريكلاند: المرجع السابق، ص ص 372-401, 407-409, 439-470.

- H. Macmillan and M. Tampoe; op.cit PP139-140, 186-195, 210, 233-234, 247-270.
- J. B. Barney and W. S. Hesterly; op.cit PP154-155.
- H. I. Ansoff; Corporate Strategy.
- M. E. Porter; Competitive Advantage, Creating Superior Performance, Free Press, New York, 1985.

2) قارن:

- هوشيار معروف، تحليل الاقتصاد الكلي ص ص 379-399 وللمزيد من التفاصيل، راجع:

- P. Aghion and P. Howitt, Endogenous, Growth, MIT, Cambridge, 1988.
- R. J. Barno, et.al; Economic Growth, McGraw-Hill, New York, 1995.
- D. Romar; Advanced Macroeconomics, McGraw-Hill, Boston, 1996.
- M. E. Scott; A New View of Economic Grow, Clarendon Press, Oxford, 1991.

3) هوشيار معروف: تحليل الاقتصاد التكنولوجي، ص ص100-.101

4) لمزيد من التفاصيل:

- G. H. Watson; Strategic Benchmarking, John Wiley, New York, 1993.
- J. Y. Wind and J. Main; Driving Change, Kogan Page, London, 1998.

- G. Hofstede; Cultures and Organization, McGraw-Hill, New York, 1991.
- E. H. Schein; Organizational Culture and Leadership, Jossey-Bass, San Francisco, 1992.
- هوشيار معروف: القيادة والتنظيم.

5) قارن:

- هوشيار معروف: الاستثمارات والأسواق المالية، ص ص 198-213.

ولمزيد من التفاصيل، راجع:

- P. Chandra; op.cit PP509-544.
- P. K. Gupta and D. S. Hira, Operations Research, S. Chand, New Delhi, 1997 PP976-987.
- D. R. Anderson, et.al; Quantitative Methods for Business, Cassell, London, 1995.
- S. A. Devaux; Total Project Control, Wilet, New York, 1999 PP81-109, 147-206.

6) قارن:

- P. Lorango and J. Roos; Strategic Alliances; Formation, Implementation and Evaluation, Blackwell, Oxford, 1992.
- J. B. Barney and W. S. Hesterly; op. cit PP259-260.
- H. I. Ansoff, et.al; From Strategic Planning to Strategic Management, John Wiley, London, 1976.

كتب صدرت للمؤلف		
-1	الدليل الإداري للجمهورية العراقية (مجلدان)	1972
-2	مبادئ الإدارة	1974
-3	الاقتصاد الدولي (مدخل)	1975
-4	الاقتصاد العراقي بين التبعية والاستقلال	1977
-5	نحو قيام جهاز إداري متطور في العراق	1977
-6	أزمة علم الاقتصاد وبناء النظرية الاقتصادية	1986
-7	تصنيع الريف في الأقطار النامية	1989
-8	القيادة والتنظيم	1992
-9	الاستثمارات والأسواق المالية	2003
-10	التنمية الصناعية في العالم العربي ومواجهة التحديات الدولية	2003
-11	دراسات الجدوى الاقتصادية وتقييم المشروعات	2004
-12	دراسات في التنمية الاقتصادية (استراتيجيات التصنيع والتحول الهيكلي)	2005
-13	تحليل الاقتصاد الكلي	2005
-14	تحليل الاقتصاد التكنولوجي (الطبعة الثانية)	2006
-15	تحليل الاقتصاد الإقليمي والحضري	2006
-16	تحليل الاقتصاد الدولي	2006

Printed in the United States
By Bookmasters